中国城市规划设计研究院学术研究成果

低冲击　低消耗 低影响　低风险 的城乡绿色发展路径

Low Impact　Low Consumption
Low Pollution　Low Risk

Green development paths of urban and rural areas

董珂　谭静　王亮　胡晶　董琦 ◎ 编著

中国建筑工业出版社

图书在版编目（CIP）数据

低冲击　低消耗　低影响　低风险的城乡绿色发展路径 = Low Impact Low Consumption Low Pollution Low Risk Green development paths of urban and rural areas / 董珂等编著. —北京：中国建筑工业出版社，2022.1

ISBN 978-7-112-26919-8

Ⅰ.①低… Ⅱ.①董… Ⅲ.①城乡建设—绿色经济—经济发展—研究—中国 Ⅳ.①F299.21

中国版本图书馆CIP数据核字（2021）第249597号

本书脱胎于2017年8月中国城市规划设计研究院绿色城市研究所申请的院内科研基金重点研究项目"绿色生态城乡学研究"。初始研究目标是在生态文明新时代的背景下，以绿色发展为导向，深入总结国内外绿色生态发展理论和空间规划实践经验，对现有的规划理论范式和技术方法进行拓展、延伸和优化，形成以绿色生态为导向的、面向全域"城、乡、野"空间的规划理论体系与技术体系。经历4年，国内规划理论与实践都有了长足进展，空间规划体系改革如火如荼，"生态优先、绿色发展"理念深入人心，"碳达峰、碳中和"的目标推动全社会、全行业的发展转型，本书的内容也在不断更新完善。"城乡绿色发展"是一个需要长期研究、探索的课题，将在我国实现社会主义现代化的进程中不断深化、创新。本书只是一个初步的框架性构想，理论与实践都还远未成熟，仅希望发挥"抛砖引玉"的作用，吸引越来越多的专家学者、在校学生、公职人员、企业家及社会各界人士投身到这项事业中来，为破解新发展阶段的主导矛盾出谋划策。

责任编辑：李春敏　杨　杰
责任校对：赵　菲

低冲击　低消耗　低影响　低风险的城乡绿色发展路径
Low Impact Low Consumption Low Pollution Low Risk Green development paths of urban and rural areas
董珂　谭静　王亮　胡晶　董琦 ◎ 编著

*

中国建筑工业出版社出版、发行（北京海淀三里河路9号）
各地新华书店、建筑书店经销
逸品书装设计制版
天津图文方嘉印刷有限公司印刷

*

开本：787毫米×1092毫米　1/16　印张：21¼　字数：412千字
2022年1月第一版　2022年1月第一次印刷
定价：**288.00** 元
ISBN 978-7-112-26919-8
（38164）

版权所有　翻印必究
如有印装质量问题，可寄本社图书出版中心退换
（邮政编码 100037）

序言（一）

> 结庐在人境，而无车马喧。
> 问君何能尔？心远地自偏。
> 采菊东篱下，悠然见南山。
> 山气日夕佳，飞鸟相与还。
> 此中有真意，欲辨已忘言。

这是东晋文人陶渊明对理想人居环境的诗意描绘，摆脱尘世喧嚣、寄情山水田园之间，是何等的逍遥洒脱。这种"人与天调然后天下之美生"的状态是古人处理人与自然关系的最高境界，也是人类获得心灵慰藉和精神满足的最佳途径。

回望当代社会，城乡居民在生活水平上虽然已有了极大飞跃，但在物质和精神生活品质上，还远未达到中国古代文人的情怀和意境。个体在过度追求金钱财富、物质享受之时，灵魂难以找到栖身之所；城市在过度追求经济增长、外延扩张的同时，自然环境遭到严重破坏。这不禁让我们反思的一个问题：人类不断奋斗需要回归的初心是什么？人类谋求发展需要恪守的底线又是什么？

展望美好未来，中国特色社会主义现代化必然是"五位一体"、统筹兼顾、均衡协调的现代化。在"紧约束"的条件下，必然要走一条统筹发展与安全、兼顾开发与保护、协调幸福与低碳、实现"人与天调"的可持续发展道路，必然要走一条创新、协调、绿色、开放、共享相统一的高质量发展道路。

2021年是实施"十四五"规划和2035年远景目标的开局之年，也是"生态优先、绿色发展"的关键之年。在中国承诺"力争2030年前实现碳达峰、2060年前实现碳中和"之后，中共中央国务院印发了《关于完整准确全面贯彻新发展理念做好碳达峰碳中和工作的意见》，中共中央办公厅、国务院办公厅印发了《关于推动城乡建设绿色发展的意见》，"绿色发展"将成为开启新征程的"必答题"，成为从中央到地方、从政府到市场、从生产到生活、从技术到制度的"必选项"。而城乡空间是人类社会经济活动聚集的场所，也是生态环境问题的焦点地区和碳排放的主要源头，因此推动新时期的绿色城镇化是避免"高碳"锁定的关键途径，城乡建设领域是推动绿色发展、实现消费侧减碳的主战场。

本书从理论体系、评价体系、技术体系、示范体系四个层面梳理了国内外的相关探索，初步搭建了"城乡绿色发展"从理论到实践的框架。尤其是对"城乡绿色发展"的内涵和路径进行了独创性的阐释，将其概括为"生态低冲击、资源低消耗、环境低影响、安全低风险"四个方面。我们既可从中华文明传统智慧中寻找到与之相呼应的理念和规则，又可从当代中国实践面临的问题与挑战中寻找到其具有的现实性、指导性、实用性意义：可以通过"四个低"的路径，探索符合中国国情、具有中国特色的绿色发展道路。

生态低冲击——构建山水林田湖草与城乡生命共同体

"天地与我并生，而万物与我为一"（庄子·《齐物论》）。

人类与自然生态的关系要从工业文明时代的"征服/被征服"关系回归到"共生、共荣"关系。人类必须认识自然、尊重自然、顺应自然、保护自然。城乡建设中应统筹生产、生活、生态空间，构建自然生态环境与人工建设环境、社会人文环境共轭、耦合的空间格局，保障生态系统的整体性、系统性、连通性，兼顾其生态服务价值和社会服务价值。

资源低消耗——推动资源消耗与国民幸福提升脱钩

"天育物有时，地生财有限，而人之欲无极"（白居易·《策林二》）。

人类文明始终要解决好"有限的自然资源"与"持续的经济社会发展"之间的关系。纵观历史，人类文明的进步伴随着这对矛盾不断冲突和破解的过程。城乡建设既要满足人民对美好生活需要、提供高品质的物质产品和公共服务，又要"量地以制邑，度地以居民"，以资源环境承载力为前提、合理控制资源能源供给的总量和人均水平。唯一可行的两全之策是通过技术和制度创新，逐步实现资源消耗与国民幸福提升脱钩，这恰恰是人类文明进步的真谛。

环境低影响——以环境污染控制倒逼新旧动能转换

"不涸泽而渔，不焚林而猎"（刘安·《淮南子·主术训》）。

人类社会活动对自然环境造成负面影响的速度，应低于自然环境的自我修复能力。城乡建设既要用好政府"有形之手"促进高能耗、高污染产业腾退，刺激产业转型升级、能源结构调整、技术更新迭代，又要用好市场"无形之手"引导绿色建筑、绿色建造、新能源生产、输送和储能设施、新型交通工具、传统基础设施绿色化、新型基础设施建设等新一轮绿色产业投资和固定资产投资需求。让天蓝地净、山清水秀的诗意栖居之地成为容纳新人才、孕育新经济的载体。

安全低风险——通过备份冗余和基于自然的解决方案提升城市韧性

"国有郊牧，疆有寓望，薮有圃草，囿有林池，所以御灾也"（佚名·《周制》）。

为提升"安全系数"，需要一定程度上牺牲"效率"，在"硬件"上预留"备份"和"冗余"，包括在城乡空间中"留白"，以及在工程建设中"留量"；在"软件"上健全城市公共安全应急管理机制，推进城市管理智慧化和社会治理精细化。同时，应当借鉴古人基于自然的解决方案，将山、薮、川、泽认作天地万物本源的状态，人生活在其中，应该"不堕山、不崇薮、不防川、不窦泽"，只有这样才能"聚不阤崩，而物有所归，气不沉滞，而亦不散越。"（《周语·国语》）这些尊重自然的原则当时被称为"圣人之道"。

"乘之愈往，识之愈真。如将不尽，与古为新。"（《二十四诗品·纤秾篇》）时至今日，中国的理论与实践需要冲出"古今之异"与"中西之争"的羁绊，畅达人心之自由、胸襟之开放，不固守于任何时代、任何地区、任何领域，以博览古今、横亘中西之实践为我当代所鉴，以广瞻寰宇、远眺未来之卓识为我当代所向，以体察秋毫、济世安民之厚德为我当代所怀，推动我国城乡建设绿色发展的不断探索与前进。

杨保军

2021 年 12 月

序言（二）

实现了第一个百年奋斗目标之后，在中国共产党的带领下，全国人民正意气风发地向着全面建成社会主义现代化强国的第二个百年奋斗目标迈进。我们比历史上任何时期都更接近、更有信心和能力实现中华民族伟大复兴的目标，但也要认识到，全党全国人民必须为之付出更为艰巨、更为艰苦的努力。

只有弄清楚特定阶段下矛盾的主导方面，才能明确这个阶段努力的方向。毛泽东在《矛盾论》中说："不能把过程中所有的矛盾平均看待，必须把它们区别为主要的和次要的两类，着重于捉住主要的矛盾，然而这种情形不是固定的，矛盾的主要和非主要的方面互相转化着，事物的性质也就随着起变化"。

新时代我国社会主要矛盾已经转化为人民日益增长的美好生活需求和不平衡、不充分发展之间的矛盾。但从更广域的"人与自然的关系"来看，我国新发展阶段矛盾的主导方面是生态资源环境安全紧约束和社会经济持续发展之间的矛盾。这个主导矛盾是由我国人均自然资源保有量偏少的客观条件所奠定的；是因我国全要素生产率增速不足、经济增长的总体质量不高所激化的；更是在我国经济总量不断攀升、城镇化步入快速发展的中后期、人民美好生活需求即将进入爆发式增长期所凸显的。这个主导矛盾将直接影响我国社会主义现代化目标的实现，因为良好生态环境是最普惠的民生福祉、是人民对美好生活需要的基本组成部分；这个主导矛盾也将直接影响我国推动构建人类命运共同体、推动共建"一带一路"高质量发展的进程，因为中国只有承诺主要依托本国资源的现代化，把发展进步的命运牢牢掌握在自己手中，才能推动建设和平、发展、合作、共赢的新型国际关系。习近平主席在第七十五届联合国大会一般性辩论上承诺："二氧化碳排放力争于2030年前达到峰值，努力争取2060年前实现碳中和。"体现了一个负责任大国的历史担当，也体现了我国勇于直面和破解新发展阶段主导矛盾的决心和勇气。

新发展阶段的努力方向就是在"生态、资源、环境、安全"这组紧约束条件下，实现"以人民为中心"的"五位一体"发展目标。紧约束条件和发展目标是事物内部辩证统一的两个方面，缺一不可。如果无视紧约束条件而空谈发展目标，目标就会成为"空中楼阁"；反之，无视发展目标而只提紧约束条件，约束就会成为"无的放矢"。因此，新发展阶段的难点不是目标选择，也不是约束设定，而是寻找约束条件下达到目标的路径。这需要在技术上打破"生态资源环境安全"投入和"社会经济"产出之间的"正相关"关系，实现两个"脱钩"：经济增长与资源环境消耗脱钩（经济增长快于资源环境消耗），人民生活质量提升与经济增长脱钩（人民生活质量提升快于经济增长）。本书提出的"城乡绿色发展"，即是探索这样一条可行的"脱钩"路径，旨在通过技术和制度创新，以最小的生态资源环境安全代价，最大限度地满足人民对美好生活的向往，实现更高质量、更有效率、更加公平、更可持续、更为安全的发展。

本书脱胎于2017年8月中国城市规划设计研究院绿色城市研究所申请的院内科研基金重点研究项目"绿色生态城乡学研究"。初始研究目标是在生态文明新时代的背景下，以绿色发展为导向，深入总结国内外绿色生态发展理论和空间规划实践经验，对现有的规划理论范式和技术方法进行拓展、延伸和优化，形成以绿色生态为导向的、面向全域"城、乡、野"空间的规划理论体系与技术体系。经历4年，国内规划理论与实践都有了长足进展，空间规划体系改革如火如荼，"生态优先、绿色发展"理念深入人心，"碳达峰、碳中和"的目标推动全社会、全行业的发展转型，本书的内容也在不断更新完善。"城乡绿色发展"是一个需要长期研究、探索的课题，将在我国实现社会主义现代化的进程中不断深化、创新。本书只是一个初步的框架性构想，理论与实践都还远未成熟，仅希望发挥"抛砖引玉"的作用，吸引越来越多的专家学者、在校学生、公职人员、企业家及社会各界人士投身到这项事业中来，为破解新发展阶段的主导矛盾出谋划策。

本书共分6章。

第1章"绪论"是对宏观背景的阐述，在"把握新发展阶段"一节中，阐述"生态资源环境安全短板成为现代化进程的紧约束条件"；在"贯彻新发展理念"一节中，阐述"应完整、准确、全面贯彻习近平生态文明思想，探索以生态优先、绿色发展为导向的高质量发展新路子"；在"构建新发展格局"一节中，阐述"通过城乡空间绿色发展，实现人与自然和谐共生的现代化"。

第2章"城乡绿色发展的理念溯源与总体框架"，首先梳理了西方和中国城乡绿色发展的理念溯源；在此基础上提出概念与目标，以中义范畴的"绿色"为基础，聚焦"人与自然的关系"，通过"生态低冲击、环境低影响、资源低消耗、安全低风险"的发展方式，实现较高的综合效益；并提出了空间维度、时间维度、体系维度的总体框架。后4章将分别就理论体系、评价体系、技术体系、示范体系进行展开。

第3章"城乡绿色发展理论体系"，以人居环境科学作为"理论基础"，以"整体、共生、适应、永续"作为"核心观念"，在此基础上梳理了本体理论、支柱理论、外延理论三个层次的理论。

第4章"城乡绿色发展评价体系"，评价体系适用于前期体检评估、中期建设/改造、后期监测/考核等场景，以"生态低冲击、环境低影响、资源低消耗、安全低风险"为目标层框架，同时强调因地制宜地选择符合本地条件的指标项和指标值。

第5章"城乡绿色发展技术体系"，因为"绿色"的本质是"主体"对不断变化的"环境"的适应，所以本书强调"把握原则规律"要优于"选取技术方法"；其后从区域和城市群、城市、乡村、街区、建筑五个层次提出了可供选用的技术方法。需要再次强调的是，这些技术方法既不是城乡绿色发展的充分条件，也不是必要条件，技术人员在具体项目实践中，应因地制宜、对症下药地选择其中的一些技术方法。技术人员是"大夫"的角色，技术方法是"药方"的角色，"大夫"聪明地选择"药方"是技术之上的技术。

第6章"城乡绿色发展实践案例"是一个开放的章节，本书选取的案例仅是"冰山一角"，还有待各界同仁不断丰富本章，希望不久的将来示范体系会愈加精彩纷呈。

感谢杨保军总经济师（原院长）从2008年中新天津生态城总体规划项目开始在绿色生态规划领域的点拨和教导，以及自2015年绿色城市研究所成立以来对所科研业务发展的大力支持和对本课题的悉心指导；感谢王凯院长有关绿色人居环境科学理论总体构想对我们的启发，举全院之力对绿色低碳领域工作的大力推动，以及对所绿色低碳科研与实践的严格要求；感谢李晓江老院长近年来潜心于碳达峰和碳中和领域的研究，并带领院内多个单位开展极富学术价值的国际课题；感谢李迅老院长多年以来在生态规划领域为我们指引方向和点拨提携；感谢建筑节能与科技司汪科副司长在过去的十多年中以各种身份对我们的绿色生态研究作出的指导和帮助；感谢标准定额司田国民司长、倪江波副司长、林岚岚处长在我们的各项课题研究过程中提出的指导和建议。

感谢中规院孔彦鸿、靳东晓副总规划师对本书提出的宝贵意见和建议，感谢莫罹、陈志芬博士提供的支持和帮助，感谢作者谭静、王亮、胡晶、董琦为撰写本书倾注了大量心血和汗水，感谢王昆、刘世伟、尚晓迪、王秋杨等同事提供了实践案例，感谢常新、崔雨晨、熊毅寒等年轻的同事为本书编排付出的努力，感谢全所所有同事六年以来的科研和实践工作，以及各位家属在背后的默默支持，这本书是大家辛勤汗水的结晶。

董珂
2021.7.20

目录 CONTENTS

第1章 绪 论 ··· 001

1.1 把握新发展阶段的艰巨挑战：生态资源环境安全风险 ··············· 002
    1.1.1 应对气候变化需要全球共同行动 ·· 002
    1.1.2 生态系统脆弱、退化形势严峻 ·· 003
    1.1.3 人均资源短缺、利用效率不高 ·· 004
    1.1.4 环境容量有限、防治任务艰巨 ·· 006
    1.1.5 城市韧性不足、安全事件频发 ·· 006
    1.1.6 小结：生态资源环境安全短板成为现代化进程的紧约束条件 ··· 008

1.2 贯彻新发展理念的指导思想：习近平生态文明思想 ················· 009
    1.2.1 历史思维："生态兴则文明兴，生态衰则文明衰" ······················ 010
    1.2.2 全球思维："共谋全球生态文明建设" ···································· 011
    1.2.3 底线思维："坚守资源上限、环境底线、生态红线" ···················· 011
    1.2.4 民本思维："良好生态环境是最普惠的民生福祉" ····················· 012
    1.2.5 整体思维："坚持人与自然和谐共生" ···································· 012
    1.2.6 系统思维："山水林田湖草是生命共同体" ······························ 013
    1.2.7 辩证思维："绿水青山就是金山银山" ···································· 014
    1.2.8 法制思维："用最严格制度、最严密法治保护生态环境" ············· 015
    1.2.9 小结：探索以生态优先、绿色发展为导向的高质量发展新路子 ··· 015

1.3 构建新发展格局的重要载体：城乡空间绿色发展 ····················· 016
    1.3.1 "不平衡不充分"是当前面临的主要问题 ································ 016
    1.3.2 统筹发展与安全、把握全局与变局 ······································ 019
    1.3.3 坚持以人民为中心 ··· 020
    1.3.4 坚持系统观念 ·· 020

1.3.5 推动城乡空间绿色发展 ········· 021
1.3.6 小结：在城乡空间实现人与自然和谐共生的现代化 ········· 022

第2章 城乡绿色发展的理念溯源与总体框架 025

2.1 西方城乡绿色发展的理念溯源 ········· 026
    2.1.1 古代：人类聚居地选址和建设中朴素的生态思想 ········· 026
    2.1.2 19世纪：工业化初期对健康和景观的重视 ········· 026
    2.1.3 20世纪上半叶：生态理念在城市规划实践中的应用 ········· 028
    2.1.4 二战后：全球生态环境危机催生可持续发展思想 ········· 029
2.2 中国城乡绿色发展的理念溯源 ········· 031
    2.2.1 古代：体国经野、天人合一的朴素生态思想 ········· 031
    2.2.2 近代至中华人民共和国成立初期：西方现代规划理论输入和影响 ········· 034
    2.2.3 20世纪70～90年代：与国际前沿生态理论思潮接轨 ········· 037
    2.2.4 21世纪初：中国特色绿色城乡发展理论和实践的初步探索 ········· 038
    2.2.5 新时代：在"生命共同体"理念下继往开来 ········· 040
2.3 城乡绿色发展的概念与目标 ········· 042
    2.3.1 概念及辨析 ········· 042
    2.3.2 发展目标 ········· 044
    2.3.3 民生导向的碳达峰目标——对KAYA公式的校正 ········· 045
2.4 城乡绿色发展的总体框架 ········· 047
    2.4.1 空间维度 ········· 047
    2.4.2 时间维度 ········· 048
    2.4.3 体系维度 ········· 048

第3章 城乡绿色发展理论体系 051

3.1 理论基础 ········· 052
    3.1.1 道萨迪亚斯的"人类聚居学" ········· 052
    3.1.2 吴良镛的"人居环境科学" ········· 052
    3.1.3 新时代人居环境科学的侧重点 ········· 053
3.2 核心观念 ········· 054

    3.2.1 整体观 ··· 054
    3.2.2 共生观 ··· 055
    3.2.3 适应观 ··· 055
    3.2.4 永续观 ··· 055
3.3 理论体系结构 ··· 056
    3.3.1 三层次理论的构成 ··· 056
    3.3.2 三层次理论的关系 ··· 056
3.4 本体理论：城乡聚居理论 ·· 056
    3.4.1 概念 ··· 056
    3.4.2 基本属性 ·· 057
    3.4.3 系统构成 ·· 057
    3.4.4 研究方法 ·· 058
3.5 支柱理论 ·· 061
    3.5.1 城乡生态理论 ·· 061
    3.5.2 城乡资源理论 ·· 066
    3.5.3 城乡环境理论 ·· 070
    3.5.4 城乡安全理论 ·· 072
3.6 外延理论 ·· 075
    3.6.1 绿色经济理论 ·· 075
    3.6.2 绿色治理理论 ·· 075
    3.6.3 绿色文化理论 ·· 076
    3.6.4 绿色社会理论 ·· 076

第4章　城乡绿色发展评价体系　　079

4.1 适用场景 ·· 080
4.2 国内外相关评价体系综述 ·· 081
    4.2.1 国外相关评价体系 ··· 081
    4.2.2 国内相关评价体系 ··· 087
    4.2.3 小结 ··· 096
4.3 城乡绿色发展评价指标体系 ··· 096
    4.3.1 范围 ··· 096

4.3.2 指标体系框架 …… 097
4.3.3 指标来源 …… 099
4.3.4 指标选取原则 …… 099
4.3.5 指标库构建 …… 099
4.3.6 指标体系建立流程 …… 102

第5章 城乡绿色发展技术体系 …… 107

5.1 技术应用须遵循的原则规律 …… 108
5.2 区域和城市群绿色技术 …… 109
5.2.1 城乡野融合、大中小协调的空间体系 …… 109
5.2.2 绿色高效的组织网络 …… 112
5.2.3 区域资源一体化开发利用 …… 117
5.2.4 区域生态网络与区域"绿心" …… 123
5.2.5 区域粮食安全与农业供给侧改革 …… 128
5.2.6 区域魅力景观空间体系 …… 132
5.2.7 区域生态产品价值实现 …… 137

5.3 城市绿色发展技术 …… 142
5.3.1 全域三生空间协同 …… 142
5.3.2 城市形态引导和土地利用创新 …… 154
5.3.3 城市能源转型 …… 173
5.3.4 固体废弃物收集和处理 …… 178
5.3.5 健康循环的城市水系统 …… 189
5.3.6 提高城市韧性 …… 196
5.3.7 绿色交通 …… 206
5.3.8 绿地和开敞空间建设 …… 221
5.3.9 生态修复 …… 230

5.4 乡村绿色发展技术 …… 250
5.4.1 乡村可再生能源利用 …… 250
5.4.2 发展适合乡村的生活污染防治技术 …… 251
5.4.3 借鉴古代农田水利营建手法开展土地综合整治 …… 255

5.5 街区绿色发展技术 …… 259

5.5.1 低碳布局和交通设计 259
　　　5.5.2 在社区内生产食物和循环用水 266
　　　5.5.3 有活力的社区生活 271
　　　5.5.4 高效清洁用能 276
　　　5.5.5 老旧小区绿色化改造 280
　5.6 绿色建筑技术 281
　　　5.6.1 绿色设计 281
　　　5.6.2 绿色建造 285
　　　5.6.3 绿色建材 286
　　　5.6.4 绿色运营 287
　　　5.6.5 既有建筑绿色改造和绿色拆除 289

第6章 城乡绿色发展实践案例　　293

6.1 城市化地区的绿色技术集成实践——以天津生态城为例 294
　　　6.1.1 中新天津生态城概况 294
　　　6.1.2 保护低冲击的自然生态环境 295
　　　6.1.3 营造资源低消耗的人工建成环境 297
　　　6.1.4 搭建资源低消耗、环境低影响、安全低风险的设施支撑体系 ... 299
　　　6.1.5 小结 301
6.2 以传统山水营城理念规划城市
　　——以泰安市城乡一体空间发展战略为例 301
　　　6.2.1 泰安概况 301
　　　6.2.2 泰安城市特色 302
　　　6.2.3 以水文循环为纽带，构建有机有序的自然生命共同体 ... 304
　　　6.2.4 打造"汶河绿链"，促生态、文化和旅游相融合 305
　　　6.2.5 打造"泰山中轴"，延续城市千年发展脉络 305
　　　6.2.6 小结 306
6.3 非城市化地区的绿色技术集成实践
　　——以东平湖生态保护和高质量发展专项规划为例 307
　　　6.3.1 东平湖及周边区域概况 307
　　　6.3.2 生态低冲击方面的技术应用 308

        6.3.3 安全低风险方面的技术应用 ·· 310
        6.3.4 环境低影响、资源低消耗方面的技术应用 ····································· 312
        6.3.5 小结 ··· 313
    6.4 流域生态保护和绿色发展规划探索
        ——以赣江中游（峡江库区）生态保护与绿色发展专项规划为例 ············· 315
        6.4.1 基本情况 ··· 315
        6.4.2 生态低冲击方面的技术应用 ·· 315
        6.4.3 资源低消耗方面的技术应用 ··· 317
        6.4.4 环境低影响方面的技术应用 ··· 319
        6.4.5 安全低风险方面的技术应用 ··· 320
        6.4.6 小结 ··· 321

第1章

绪 论

1.1 把握新发展阶段的艰巨挑战：生态资源环境安全风险

当今世界正经历百年未有之大变局，我国发展的外部环境日趋复杂。新一轮科技革命和产业变革、国际力量对比深刻调整、新冠肺炎疫情全球大流行、世界进入动荡变革期等一系列趋势和变化导致全球未来发展的不确定性大大增加。

内外部不确定性要求我们坚持底线思维、增强忧患意识，提高见微知著能力，用大概率思维应对小概率事件。既要高度警惕"黑天鹅"事件，也要防范"灰犀牛"事件；既要有防范风险的先手，也要有应对和化解风险挑战的高招；既要打好防范和抵御风险的有准备之战，也要打好化险为夷、转危为机的战略主动战。

其中，生态、资源、环境、安全风险是新发展阶段的艰巨挑战，应居安思危、防患未然。

1.1.1 应对气候变化需要全球共同行动

全球气候变化是当今世界以及今后长时期内人类共同面临的巨大挑战，气候变化导致高温热浪、暴雨、雾霾等灾害增多，北方和西南干旱化趋势加强，登陆台风强度增大，加剧沿海地区咸潮入侵风险。城市人口密度大、经济集中度高，受气候变化的影响尤为严重，已经并将持续影响城市生命线系统运行、人居环境质量和居民生命财产安全。

《联合国气候变化框架公约》《京都议定书》《巴黎气候变化协定》三个国际法律文本确定了全球气候治理和低碳绿色发展的基本框架。《联合国气候变化框架公约》于1992年通过并于1994年生效，确定了"将大气温室气体浓度维持在一个稳定的水平，在该水平上人类活动对气候系统的危险干扰不会发生"的终极目标，截至2016年，全球共有197个缔约方，成为影响最广泛的环境文件。《京都议定书》是《联合国气候变化框架公约》的补充条款，1997年12月在日本京都由联合国气候变化框架公约参加国三次会议制定，其目标是"将大气中的温室气体含量稳定在一个适当的水平，进而防止剧烈的气候改变对人类造成伤害"。《巴黎气候变化协定》于2015年通过并于2016年11月正式实施，确定了"长期目标是将全球平均气温较前工业化时期上升幅度控制在2℃以内，并努力将温度上升幅度限制在1.5℃以内"。

中国于1992年签署联合国《里约宣言》，1994年发布《中国21世纪人口、环境与发展议程》，2016年加入《巴黎气候变化协定》。2020年9月22日，国家主席习近平在第七十五届联合国大会一般性辩论上向世界庄严承诺:"中国将提高国家自主贡献力度,采取更加有力的政策和措施,二氧化碳排放力争于2030年前达到峰值,努力争取2060年前实现碳中和。"2020年12月12日,习近平在气候雄心峰会上进一步承诺:"到2030年,中国单位国内生产总值二氧化碳排放将比2005年下降65%以上,非化石能源占一次能源消费比重将达到25%左右,森林蓄积量将比2005年增加60亿立方米,风电、太阳能发电总装机容量将达到12亿千瓦以上。""双碳目标"将从根本上转变我国的发展方式,推动规划建设管理模式的绿色化转型。

1.1.2 生态系统脆弱、退化形势严峻

我国生态系统整体质量和稳定性状况不容乐观。中度以上生态脆弱区域占全国陆地国土空间面积的55%,其中极度脆弱区域占9.7%,重度脆弱区域占19.8%;森林覆盖率远低于全球平均水平,草原中度和重度退化面积占1/3以上[①]。

独特的地理环境加剧了地区间的不平衡。"胡焕庸线"东南方43%的国土,居住着全国94%左右的人口,以平原、水网、低山丘陵和喀斯特地貌为主,生态环境压力巨大;该线西北方57%的国土,供养大约全国6%的人口,以草原、戈壁沙漠、绿洲和雪域高原为主,生态系统非常脆弱。

资源过度开发导致生态系统退化形势依然严峻。生物多样性指数下降,一些珍稀特有物种极度濒危;海洋生态系统问题比较突出,20世纪50年代以来,我国滨海湿地面积消失57%,红树林面积减少40%,珊瑚礁覆盖率下降,海洋自然岸线占比明显下降。因环境污染和过度捕捞,渤海等近海区域大型鱼类资源大幅减少;水资源过度开发,水生态受到影响,洞庭湖、鄱阳湖等长江流域湖泊面积大幅萎缩,导致淡水蓄水能力明显下降,大量淡水直接入海,黄河流域水资源开发利用率高达80%,远超一般流域40%的生态警戒线,上游水源涵养能力不足、中游水土流失严重、下游河口自然湿地面积减少,华北地下水超采区面积18万平方千米;根据2018年水土流失动态监测成果,全国水土流失面积273.7万km^2,占国土面积的28.5%;过度农垦、放牧导致草原生态系统失衡,2018年重点天然草原平均牲畜超载率达10.2%,2018年我国人工林面积12亿亩,超过森林总面积的1/3,且不少位于干旱、半干旱地区;不少农业开发和建设占用挤占或损毁生态空间,从历史上看,农牧交错带地区大量耕地是通过开垦优质草原、森林、湿地形成的,全国地理国情监测数据表明,2019年全国种植土地(含果树等经济作物)、建设用地(含设施农用地)均比2015年有所增加,全国草地面积有所减少,全国矿山开采占

---

① 鄂竟平.提升生态系统质量和稳定性.《中共中央关于制定国民经济和社会发展第十四个五年规划和二〇三五年远景目标的建议》辅导读本[M].北京:人民出版社.2020.

用、损毁土地问题比较严重①。

1.1.3 人均资源短缺、利用效率不高

我国资源总量丰富，但人均资源占有量远低于世界平均水平。2017年，我国耕地保有量居世界第三位，但人均耕地面积不足1.5亩，不到世界平均水平的1/2；人均森林面积仅为世界平均水平的1/5；2019年，我国人均水资源量2048立方米，约为世界平均水平的1/4，且时空分布极不平衡②；全国建制市中的缺水城市占2/3以上，其中100多个城市严重缺水；地下水资源超采严重，浅层地下水含量逐年持续下降。

2019年，原油、天然气、煤炭、铁矿石、铜精矿进口额约占我国矿产品进口总额的85%，在矿产品贸易中占有重要地位。其中，原油、煤炭、天然气进口量分别高达5.1亿吨、3亿吨、1亿吨，对外依存度分别为78%、7%、43%；铁矿石、铜精矿（实物）进口量分别为10.7亿吨、2200万吨，对外依存度分别为85%、78%。2019年，我国有2/3的战略性矿产存在较高的对外依存度，其中约有1/2的战略性矿产对外依存度超出了50%（图1-1）③。

2015～2020年中国原油进口量及增长情况

2015～2020年中国天然气进口量及增长情况

图1-1 2015～2020年中国原油和天然气进口数量和增长率（万吨，%）③④

我国有一批未来需求潜力大、但被他国"卡脖子"的矿种。2019年，我国油气、铁、铜、铝、镍、钴、锆、铬等15种战略性矿产的资源储量占全球比重均低于20%。其中，石油储量仅占全球总量的1.5%；煤炭储量也仅占全球总量的13.2%；从数量上对比看，我国2/3以上的战略性矿产资源储量在全球均处于劣势地位。

---

① 陆昊.全面提高资源利用效率.《中共中央关于制定国民经济和社会发展第十四个五年规划和二〇三五年远景目标的建议》辅导读本[M].北京：人民出版社．2020.

② 同上．

③ 吴巧生、成金华、周娜、薛双娇.全球新冠肺炎疫情变局下中国战略性矿产资源供应链安全及应对策略探析[N].中国矿业报，2020.3.25.

④ 前瞻经济学人，2020-10-13. https：//baijiahao.baidu.com/s?id=1680407028067791375&wfr=spider & for = pc.；中商产业研究院、2021-01-19. https：//www.askci.com/news/data/maoyi/20210119/ 1125111332789. shtml.

未来较长的一段时期内，我国仍然将保持国际制造业大国的地位。尤其是战略性新兴产业还将成为国家重点扶持的产业，这会导致战略性矿产消费量快速增长，加剧供需矛盾。2015年，中国稀土消费9.5万吨REO，占全球总消费量的44.8%，到2019年这一比例已超过57%；2015年，中国晶质石墨、萤石、锆、碳酸锂、钴等战略性矿产的消费量分别占世界总消费量的53.42%、60%、50%、37.2%、50%。据预测，我国钢铁、煤炭等少数矿产品需求将在"十四五"期间达峰，铜、铝等大多数矿产品将在"十五五"期间达峰，而锂、钴、稀土等战略性矿产将在2035年后才能实现达峰[①]。

资源粗放利用问题依然突出。城乡建设仍以外延扩张的发展模式为主，2018年全国人均城镇工矿建设用地146平方米、人均农村居民点用地317平方米，超过国家标准上限；2018年我国万元国内生产总值能耗0.52吨标准煤，明显高于世界平均水平；2017年万元工业增加值用水量为45.6立方米，是世界先进水平的2倍[②]。

2019年的温室气体排放达到了140.93亿吨二氧化碳当量，占全球总排放量的27%以上，远远超过了排在第二位的美国，并且首次超过经济合作与发展组织（OECD）国家的总排放量；人均排放量达到了10.1吨，略低于2019年经合组织成员国的人均10.5吨的平均水平，明显低于美国17.6吨的人均排放量；中国单位GDP碳排放强度水平较高，是世界平均水平的近两倍，欧盟的6倍多；在供给侧，火电是碳排放主要来源，需合理控制燃煤电厂的总规模，提升清洁电力在总发电量中占比；在消费侧，需要持续推进交通、供暖、工业、建筑等领域的电能替代工程。

2019年，中国能源消费总量达48.6亿吨标准煤，较2015年增加5.3亿吨标准煤，年均增速达2.9%；平均能源消费弹性系数为0.44。2019年，煤炭在一次能源消费总量中的占比约为57.7%，比2015年下降6个百分点；石油约占18.9%，较2015年略高0.6个百分点；天然气约占8.1%，提高2.2个百分点；非化石能源约占15.3%，提高3.2个百分点。2019年，中国非化石能源消费量达7.4亿吨标准煤，同比增长12.1%，约占世界非化石能源消费总量的22.7%，位居世界首位。

2019年，中国非化石能源消费占比与世界平均水平基本一致，已超过15.0%；与世界平均煤炭消费占比水平相比，中国从2015年占比的63.7%、高出36个百分点逐步降至高约30个百分点；

---

① 前瞻经济学人，2020-10-13. https：//baijiahao.baidu.com/s?id=1680407028067791375&wfr=spider&for=pc.；中商产业研究院，2021-01-19. https：//www.askci.com/news/data/maoyi/20210119/1125111332789.shtml.

② 陆昊.全面提高资源利用效率.《中共中央关于制定国民经济和社会发展第十四个五年规划和二〇三五年远景目标的建议》辅导读本[M].北京：人民出版社. 2020.

石油天然气占比虽然仍低于世界平均水平约30个百分点，但中国天然气从2015年占比的5.9%、低于18个百分点逐步降至低约16个百分点。

2019年，中国单位GDP能耗较2015年下降87.1%（以2015年价格计算，约为0.55吨标准煤/万元），能效实现稳步提升。重点高耗能领域，主要高耗能产品的能效已接近国际先进水平，2018年与2015年相比，吨钢综合能耗下降4.2%，机制纸及纸板综合能耗下降6.2%，烧碱综合能耗下降2.9%，电石综合能耗下降2.9%，合成氨综合能耗下降2.8%，水泥综合能耗下降3.6%，平板玻璃综合能耗下降4.8%。交通领域，推广新能源汽车保有量近500万辆，实施"国五"机动车排放标准，基本实现与欧美发达国家相同标准[1]。

1.1.4 环境容量有限、防治任务艰巨

根据2018年水土流失动态监测成果，全国水土流失面积273.69万平方千米，占陆地国土面积（不含港澳台）的28.6%；根据第五次全国荒漠化和沙化监测结果，全国荒漠化土地面积为261.16万平方千米，沙化土地面积为172.12万平方千米，占国土面积的18.0%；首次全国土壤污染状况调查显示全国土壤总的超标率为16.1%。

2019年，全国337个地级及以上城市中180个城市环境空气质量超标，占53.4%，以PM2.5、O_3、PM10、NO_2和CO为首要污染物的超标天数分别占总超标天数的45.0%、41.7%、12.8%、0.7%和不足0.1%，168个地级市，平均超标天数比例为27.3%；全国酸雨区面积约47.4万平方千米，占国土面积的5.0%，主要分布在长江以南—云贵高原以东地区，包括浙江、上海的大部分地区、福建北部、江西中部、湖南中东部、广东中部和重庆南部；全国地表水监测的1931个水质断面（点位）中，劣Ⅴ类占3.4%；七大流域和浙闽片河流、西北诸河、西南诸河监测的1610个水质断面中，劣Ⅴ类占3.0%；110个重要湖泊（水库）中，劣Ⅴ类占7.3%（图1-2）；10168个国家级地下水水质监测点中，Ⅴ类占18.8%；2830处浅层地下水水质监测井中，Ⅴ类占46.2%；劣四类水质海域面积2.83万平方千米；黄河口、长江口、杭州湾和珠江口近岸海域水质极差，长江三角洲近岸海域69条主要入海河流中，有60条河流水质为Ⅴ类和劣Ⅴ类[2]。

1.1.5 城市韧性不足、安全事件频发

伴随城镇化快速扩张的过程，城市公共安全事件频发，如水灾、气象灾害、环境污染、地震、火灾爆炸、危化品泄漏、交通事故、疫病疫情以及群体性事件等都

---

[1] 国务院发展研究中心资源与环境政策研究所.中国能源革命进展报告（2020）[M].北京：石油工业出版社.2020.

[2] 中华人民共和国生态环境部.中国生态环境状况公报（2019）[M]. 2020.

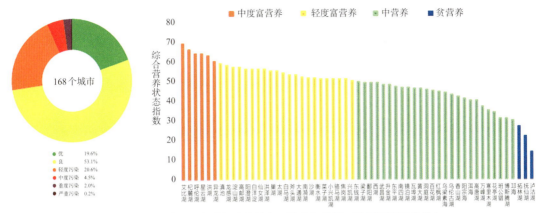

图 1-2　2019 年 168 个地级以上城市环境空气质量、重要湖泊营养状态

资料来源：中国生态环境状况公报（2019）。

会严重影响社会安全与稳定，并威胁人民生命财产安全。与城市相关的灾害种类有 30 多种，可分为自然和人为灾害两大类。

（1）城市自然灾害。我国 70% 以上的大城市集中在东部经济发达地区及沿海开放地带，其中不少地区是自然灾害的易发、多发区。从水旱灾害看，由于特殊的地理位置、地形特征和气候系统，中国洪水发生频繁，加之巨大的人口压力，使中国成为世界上洪涝灾害出现频次最高的国家之一，2012 年 7 月 21 日的北京特大暴雨使北京市及周边地区遭遇 61 年来最大洪涝灾害，受灾面积 1.6 万平方千米，受灾人口 190 万人，总遇难人数达到 79 人；从气象灾害看，我国主要有干旱、寒潮、沙尘暴、冰雹、干热风、霜冻等。2008 年初持续近 1 个月的低温、雨雪冰冻天气袭击了我国南方 19 个省区市，不少地区交通中断、春运受阻，电力、供水设施遭受重创，群众日常生活受到严重影响；从地震灾害看，我国有 32.5% 的土地位于Ⅶ度和Ⅷ度以上地震烈度区，地震灾害频次高、强度大、灾害重。中华人民共和国成立以来地震造成的死亡人数占各种自然灾害死亡人数的一半以上，其中 2008 年汶川地震造成 6.9 万人遇难、受灾总人口达 4625.6 万人。

（2）城市人为灾害。包括人类管理不善或疏忽、错误造成的，如火灾与爆炸、城市工业与高新技术致灾、公害致灾、城市生命保障线事故、交通事故等，以及人类的故意行为造成的灾害。从危险化学品事故看，危化品在产、运、储、销、用及废弃处理等环节中都有可能由于管理不善或疏忽、错误引起事故，造成人员伤亡和财产的损失。2015 年 8 月 12 日，天津市滨海新区天津港瑞海公司危险品仓库的火灾爆炸事故中，爆炸总能量约为 450 吨 TNT 当量，造成 165 人遇难；从火灾事故看，城市高层建筑急剧增加，尤其是居住高层建筑和超高层建筑的增加，加大了火灾救援的难度，2010 年 11 月 15 日的上海静安区高层住宅大火导致 58 人遇难；从交通事故看，每年以几十万计的交通事故仍然是城市公共安全的一大公害；从传染病疫情看，由于传播速度快、波及范围广、防控难度大，给人民健康和社会稳定造成了极大的影响，2002～2003 年的 SARS 疫情累计确诊病例 8000 人左右、死亡 900 人左右，2019 年末以来肆虐全球的新型冠状病毒肺炎疫情是中华人民共和国成立以来传播速度最快、感染范围最广、防控难度最大的重大突发公共卫生事件。

以上各类城市公共安全事件都暴露出我国城市韧性不足，公共应急管理体系软件建设和公共安全设施硬件建设都存在明显短板。

1.1.6 小结：生态资源环境安全短板成为现代化进程的紧约束条件

科学把握新阶段，"生态资源环境安全短板"成为我国社会主义现代化进程中的紧约束条件。过去 40 年，经济社会发展与资源环境消耗同步增长，这是典型的外延式发展模式；未来 15 年，我们要在人均生态资源环境消耗量基本持平（7%～15%）的前提下，实现人均 GDP 100%～150% 的增长（表 1-1、表 1-2），

2020～2035 年我国 GDP 总量与重要资源消耗总量的增长趋势与关系　　表 1-1

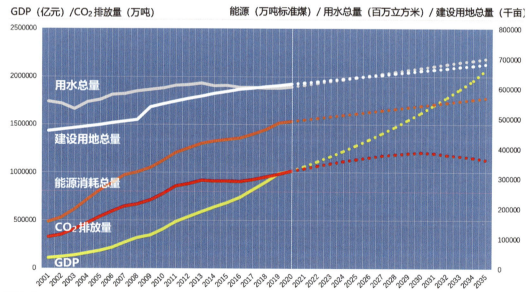

	2020 年	2035 年	增长率
建设用地总量（亿亩）	6.15	6.81	10.7%
用水总量（亿立方米）	6053	6500	7.4%
能耗总量（亿吨标准煤）	49.1	56.8（基准场景）	15.6%
CO_2 排放总量（亿吨）	99	104～108（2030 年）	5%～9%
GDP 总量（万亿）	101.59	200～250	100%～150%

资料来源：王昆统计并绘制。

表 1-2　2020～2035 年我国重要资源的单位 GDP 消耗趋势

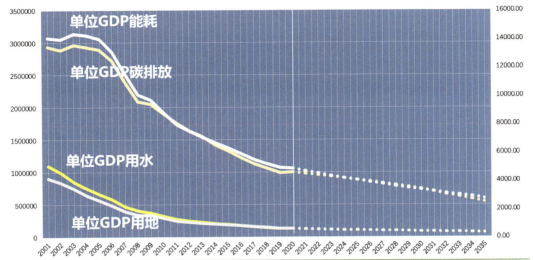

	2020年	2035年	下降率
单位 GDP 地耗（亩/亿元）	605.5	303	50.5%
单位 GDP 水耗（千立方米/亿元）	595.8	289	51.5%
单位 GDP 能耗（吨标准煤/亿元）	4834.0	2524	47.8%
单位 GDP CO_2 排放（万吨/亿元）	99.0	47	54%

（按 GDP 较 2020 年增长 100% 测算）

资料来源：王昆统计并绘制。

这需要中国走一条不同于历史上西方发达国家现代化进程中（指西方发达国家在人均 GDP 7000～20000 美元的阶段）所走过的道路，即采用内涵式发展模式，在步入发达国家行列之前就逐步实现经济社会发展与资源环境消耗脱钩，并最终实现"五位一体"的现代化，将我国建设成为富强民主文明和谐美丽的社会主义现代化国家。

1.2　贯彻新发展理念的指导思想：习近平生态文明思想

2017 年，党的十九大报告提出了"2035 年基本实现现代化、2050 年建成富强民主文明和谐美丽的社会主义现代化强国的宏伟目标。"在"富强民主文明和谐"之后增加"美丽"，体现了我党对社会主义现代化内涵理解的不断全面和深化，体现了"环境就是民生，青山就是美丽，蓝天也是幸福"的生态价值理念。

在此目标之下，党中央提出"十四五"时期经济社会发展要以推动高质量发展为主题，这是根据我国发展阶段、发展环境、发展条件变化作出的科学判断。高质量发展就是从"有没有"到"好不好"的发展，就是要着力解决发展不平衡不充分问题，解决这一社会主要矛盾的过程，就是高质量供给加快成长、升级需求得到有效满足的过程。[①]

推动高质量发展，必须坚定不移贯彻新发展理念，以满足人民对美好生活的需要为出发点，以深化供给侧结构性改革为主线，坚持质量第一、效益优先，切实转变发展方式，推动质量变革、效率变革、动力变革，实现发展质量、结构、规模、速度、效益、安全相统一。

高质量发展是体现五大新发展理念的发展，是创新成为第一动力、协调成为内生特点、绿色成为普遍形态、开放成为必由之路、共享成为根本目的的发展。完整、准确、全面贯彻新发展理念，必须坚持系统观念，统筹国内国际两个大局，统筹"五位一体"总体布局和"四个全面"战略布局，加强前瞻性思考、全局性谋划、战略性布局、整体性推进。

2019年全国两会期间，习近平总书记参加内蒙古代表团审议时指出："党的十八大以来，我们党关于生态文明建设的思想不断丰富和完善。在'五位一体'总体布局中生态文明建设是其中一位，在新时代坚持和发展中国特色社会主义基本方略中坚持人与自然和谐共生是其中一条基本方略，在新发展理念中绿色是其中一大理念，在三大攻坚战中污染防治是其中一大攻坚战。这'四个一'体现了我们党对生态文明建设规律的把握，体现了生态文明建设在新时代党和国家事业发展中的地位，体现了党对建设生态文明的部署和要求。各地区各部门要认真贯彻落实，努力推动我国生态文明建设迈上新台阶"。

习近平生态文明思想是新时代中国特色社会主义思想的重要组成部分，是贯彻绿色发展理念、探索"生态优先、绿色发展"路径的指导思想和行动指南。全面准确地理解和认识习近平生态文明思想有助于从整体上把握新时代中国特色社会主义思想，更好地贯彻党的十九大精神，推进绿色发展，实现中国的绿色崛起。

1.2.1 历史思维："生态兴则文明兴，生态衰则文明衰"

生态环境是人类生存和发展的根基，生态环境变化直接影响文明兴衰演替。2013年5月24日，习近平总书记在主持十八届中共中央政治局第六次集体学习时指出："生态文明是人类社会进步的重大成果。人类经历了原始文明、农业文明、工业文明，生态文明是工业文明发展到一定阶段的产物，是实现人与自然

[①] 韩文秀.以高质量发展为主题推动"十四五"经济社会发展.《中共中央关于制定国民经济和社会发展第十四个五年规划和二〇三五年远景目标的建议》辅导读本[M].北京：人民出版社.2020.

和谐发展的新要求。历史地看,生态兴则文明兴,生态衰则文明衰。古今中外,这方面的事例众多。"古代埃及、古代巴比伦、古代印度、古代中国四大文明古国均发源于森林茂密、水量丰沛、田野肥沃的地区。而生态环境衰退,特别是严重的土地荒漠化则导致古代埃及、古代巴比伦衰落。我国古代一些地区,例如楼兰古国、河西走廊、黄土高原等,也有过惨痛教训。

生态文明建设是关系中华民族永续发展的根本大计。中华民族向来尊重自然、热爱自然,绵延5000多年的中华文明孕育着丰富的生态文化。奔腾不息的长江、黄河是中华民族的摇篮,哺育了灿烂的中华文明。2016年8月,习近平在青海考察工作时强调:"党的十八大以来,我反复强调生态环境保护和生态文明建设,就是因为生态环境是人类生存最为基础的条件,是我国持续发展最为重要的基础。'天育物有时,地生财有限。'生态环境没有替代品,用之不觉,失之难存。人类发展活动必须尊重自然、顺应自然、保护自然,否则就会遭到大自然的报复。这是规律,谁也无法抗拒。"

1.2.2 全球思维:"共谋全球生态文明建设"

生态文明建设关乎人类未来,建设绿色家园是各国人民的共同梦想。国际社会需要加强合作、共同努力,构建尊崇自然、绿色发展的生态体系,推动实现全球可持续发展。任何一国都无法置身事外、独善其身。习近平总书记强调:"我们建设现代化国家,走美欧老路是走不通的,再有几个地球也不够中国人消耗。'走老路,去消耗资源,去污染环境,难以为继'"!

我国已成为全球生态文明建设的重要参与者、贡献者、引领者,主张加快构筑尊崇自然、绿色发展的生态体系,共建清洁美丽的世界。要深度参与全球环境治理,增强我国在全球环境治理体系中的话语权和影响力,积极引导国际秩序变革方向,形成世界环境保护和可持续发展的解决方案。要坚持环境友好,引导应对气候变化国际合作。要推进"一带一路"建设,让生态文明的理念和实践造福沿线各国人民。

2020年9月22日,习近平在第七十五届联合国大会一般性辩论上宣布了30/60的"双碳"目标;2020年12月12日,习近平总书记在气候雄心峰会上又对碳排放强度、非化石能源占比、森林蓄积量、新能源装机量主动提出更高要求。2021年4月22日,习近平在领导人气候峰会上指出,"气候变化带给人类的挑战是现实的、严峻的、长远的。但是,我坚信,只要心往一处想、劲往一处使,同舟共济、守望相助,人类必将能够应对好全球气候环境挑战,把一个清洁美丽的世界留给子孙后代"。

1.2.3 底线思维:"坚守资源上限、环境底线、生态红线"

2018年5月18日,习近平在全国生

态环境保护大会上指出,"之所以反复强调要高度重视和正确处理生态文明建设问题,就是因为我国环境容量有限,生态系统脆弱,污染重、损失大、风险高的生态环境状况还没有根本扭转,并且独特的地理环境加剧了地区间的不平衡。"要加快形成节约资源和保护环境的空间格局、产业结构、生产方式、生活方式,把经济活动、人的行为限制在自然资源和生态环境能够承受的限度内,给自然生态留下休养生息的时间和空间。

2018年5月18日,习近平在全国生态环境保护大会上指出:"要加快划定并严守生态保护红线、环境质量底线、资源利用上线三条红线。对突破三条红线、仍然沿用粗放增长模式、吃祖宗饭砸子孙碗的事,绝对不能再干,绝对不允许再干。"在生态保护红线方面,要建立严格的管控体系,实现一条红线管控重要生态空间,确保生态功能不降低、面积不减少、性质不改变。在环境质量底线方面,将生态环境质量只能更好、不能变坏作为底线,并在此基础上不断改善,对生态破坏严重、环境质量恶化的区域必须严肃问责。在资源利用上线方面,不仅要考虑人类和当代的需要,也要考虑大自然和后人的需要,把握好自然资源开发利用的度,不要突破自然资源承载能力。

1.2.4 民本思维:"良好生态环境是最普惠的民生福祉"

我国社会主要矛盾转化为人民日益增长的美好生活需要和不平衡不充分的发展之间的矛盾,人民群众对优美生态环境需要已经成为这一矛盾的重要方面。

良好生态环境是最普惠、也是最基本的民生福祉。2013年4月,习近平在海南考察时指出:"对人的生存来说,金山银山固然重要,但绿水青山是人民幸福生活的重要内容,是金钱不能代替的。你挣到了钱,但空气、饮用水都不合格,哪有什么幸福可言"。

2015年,习近平参加江西代表团审议时指出:"环境就是民生,青山就是美丽,蓝天也是幸福。"要积极回应人民群众所想、所盼、所急,大力推进生态文明建设。要坚持生态惠民、生态利民、生态为民,重点解决损害群众健康的突出环境问题,加快改善生态环境质量,提供更多优质生态产品,努力实现社会公平正义,不断满足人民日益增长的优美生态环境需要。

每个人都是生态环境的保护者、建设者、受益者,要增强全民节约意识、环保意识、生态意识,培育生态道德和行为准则,开展全民绿色行动,动员全社会都以实际行动减少能源资源消耗和污染排放,为生态环境保护作出贡献。

1.2.5 整体思维:"坚持人与自然和谐共生"

2018年5月4日,习近平在纪念马克思200周年诞辰大会上指出,学习马克思,就要学习和实践马克思主义关于人与自然关系的思想。"自然物构成人类生存的自然条件,人类在同自然的互动中生产、生活、发展，人类善待自然，自然也会馈赠人类，但'如果说人靠科学和创造性天才征服了自然力，那么自然力也对人进行报复'。自然是生命之母，人与自然是生命共同体，人类必须敬畏自然、尊重自然、顺应自然、保护自然。"

"天地与我并生，而万物与我为一。"生态环境没有替代品，用之不觉，失之难存。《吕氏春秋》中说："竭泽而渔，岂不获得？而明年无鱼；焚薮而田，岂不获得？而明年无兽。"这些关于对自然要取之以时、取之有度的思想，有十分重要的现实意义。当人类合理利用、友好保护自然时，自然的回报常常是慷慨的；当人类无序开发、粗暴掠夺自然时，自然的惩罚必然是无情的。人类对大自然的伤害最终会伤及人类自身，这是无法抗拒的规律。

2018年5月18日，习近平在全国生态环境保护大会上指出："在整个发展过程中，都要坚持节约优先、保护优先、自然恢复为主的方针，不能只讲索取不讲投入，不能只讲发展不讲保护，不能只讲利用不讲修复，要像保护眼睛一样保护生态环境，像对待生命一样对待生态环境，多谋打基础、利长远的善事，多干保护自然、修复生态的实事，多做治山理水、显山露水的好事，让群众望得见山、看得见水、记得住乡愁，让自然生态美景永驻人间，还自然以宁静、和谐、美丽"。

1.2.6 系统思维："山水林田湖草是生命共同体"

习近平深刻指出："生态是统一的自然系统，是相互依存、紧密联系的有机链条。人的命脉在田，田的命脉在水，水的命脉在山，山的命脉在土，土的命脉在林和草，这个生命共同体是人类生存发展的物质基础。一定要算大账、算长远账、算整体账、算综合账，如果因小失大、顾此失彼，最终必然对生态环境造成系统性、长期性破坏"。

2013年11月9日，习近平在《关于〈中共中央关于全面深化改革若干重大问题的决定〉的说明》中指出："用途管制和生态修复必须遵循自然规律，如果种树的只管种树、治水的只管治水、护田的单纯护田，很容易顾此失彼，最终造成生态的系统性破坏。由一个部门负责领土范围内所有国土空间用途管制职责，对山水林田湖进行统一保护、统一修复是十分必要的"。

要从系统工程和全局角度寻求新的治理之道，统筹兼顾、整体施策、多措并举，全方位、全地域、全过程开展生态文明建设。2014年3月14日，习近平主持召开中央财经领导小组第五次会议时指出："在经济社会发展方面我们提出了'五个统筹'，治水也要统筹自然生态的各要素，不能就水论水。要用系统论的思想方法看问题，生态系统是一个有机生命躯体，应该统筹治水和治山、治水和治林、治水和治田、治山和治林等"。

2018年5月18日，习近平在全国生态环境保护大会上指出："要从系统工程和全局角度寻求新的治理之道，不能再是头痛医头、脚痛医脚、各管一摊、相互掣肘，而必须统筹兼顾、整体施策、多措并举，全方位、全地域、全过程开展生态文明建设。比如，治理好水污染、保护好水环境，就需要全面统筹左右岸、上下游、陆上水上、地表地下、河流海洋、水生态水资源、污染防治与生态保护，达到系统治理的最佳效果"。

2019年9月18日，习近平在郑州主持召开黄河流域生态保护和高质量发展座谈会时指出："治理黄河，重在保护，要在治理。要坚持山水林田湖草综合治理、系统治理、源头治理，统筹推进各项工作，加强协同配合，推动黄河流域高质量发展"。

1.2.7 辩证思维："绿水青山就是金山银山"

回望40年的改革开放，我国提供农产品、工业品、服务产品的能力显著增强，但是，我国在提供生态产品的能力上是下降的[①]，这成为当前要素供给中的突出短板。当自然资源成为稀缺性资源和产业资本投资获利的对象时，生态产品就具有了商品性质，成为高使用价值和高资产价值的统一体。以此为前提，"绿水青山"就有可能转化为"金山银山"，人类也就此步入生态文明新时代。

2020年4月21日，习近平在陕西安康市平利县老县镇蒋家坪村考察时指出："人不负青山，青山定不负人。绿水青山既是自然财富，又是经济财富。希望乡亲们坚定不移走生态优先、绿色发展之路，因茶致富、因茶兴业，脱贫奔小康"。

"两山理论"的核心是保护与发展间良性互动、对立统一的辩证关系。经济发展不能超越资源环境的承载力底线，不应是对资源环境的"竭泽而渔"；生态保护应当是顺应经济发展规律的积极、主动保护，而不是舍弃经济发展的"缘木求鱼"。"两山理论"揭示了保护生态环境就是保护生产力、改善生态环境就是发展生产力的道理，指明了实现发展和保护协同共生的新路径。绿水青山既是自然财富、生态财富，又是社会财富、经济财富。保护生态环境就是保护自然价值和增值自然资本，就是保护经济社会发展潜力和后劲，使绿水青山持续发挥生态效益和经济社会效益。

要以体制机制改革创新为核心，推进生态产业化和产业生态化，加快完善政府主导、企业和社会各界参与、市场化运作、可持续的生态产品价值实现路径，着力构建绿水青山转化为金山银山的政策制度体系，推动形成具有中国特色的生态文明建设新模式。

---

① 杨伟民.建设生态文明 打造美丽中国[N].人民日报，2016-10-14（007）.

1.2.8 法制思维:"用最严格制度、最严密法治保护生态环境"

2015年,习近平参加江西代表团审议时指出:"要像保护眼睛一样保护生态环境,像对待生命一样对待生态环境。对破坏生态环境的行为,不能手软,不能下不为例"。

保护生态环境必须依靠制度、依靠法治。习近平指出:"要加快制度创新,增加制度供给,完善制度配套,强化制度执行,让制度成为刚性的约束和不可触碰的高压线。要严格用制度管权治吏、护蓝增绿,有权必有责、有责必担当、失责必追究,保证党中央关于生态文明建设决策部署落地生根见效。"

2016年11月28日,习近平就做好生态文明建设工作作出重要批示指出:"要深化生态文明体制改革,尽快把生态文明制度的'四梁八柱'建立起来,把生态文明建设纳入制度化、法治化轨道。要加大环境督查工作力度,严肃查处违纪违法行为,着力解决生态环境方面突出问题,让人民群众不断感受到生态环境的改善"。

制度的生命力在于执行,对于已出台的一系列改革举措和相关制度,要像抓中央环境保护督察一样抓好落实。要落实领导干部生态文明建设责任制,严格考核问责。对那些不顾生态环境盲目决策、造成严重后果的人,必须追究其责任,而且应该终身追责。

1.2.9 小结:探索以生态优先、绿色发展为导向的高质量发展新路子

在资源环境紧约束的条件下,唯有完整、准确、全面贯彻习近平生态文明思想,牢牢把握全面推动高质量发展的根本遵循,探索以生态优先、绿色发展为导向的高质量发展新路子,方能实现中华民族的伟大复兴,也方能成为全球生态文明建设的重要参与者、贡献者、引领者。

(1)坚持"生态优先、绿色发展",是积极应对全球气候变化、共建人类命运共同体、以一个负责任的大国对全球作出的庄严承诺。从全球竞争力视角看,推进绿色低碳发展将成为衡量一个国家是否能够被其他国家所接受和认同、融入全球共同价值观的重要标准,将推动一个国家占据道义制高点和战略制高点。

(2)坚持"生态优先、绿色发展",是在资源环境紧约束条件下、秉持立足自身的资源安全观、实现两个一百年中国梦的必由之路。通过资源、能源的集约高效循环利用,实现单位消耗的产出提升,并逐步实现资源环境消耗与经济社会发展脱钩。1990~2006年,瑞典的二氧化碳排放量减少了9%左右,而经济则增长了44%,"绝对脱钩"的瑞典实践证明绿色发展是可能的,也是提升竞争力的有效路径。

(3)坚持"生态优先、绿色发展",是满足人民对美好生活需要、建设美丽中国的前提和基础。良好生态环境是最公平的公共产品,也是最普惠的民生福祉,既

要创造更多物质财富和精神财富以满足人民日益增长的美好生活需要，也要提供更多优质生态产品以满足人民日益增长的优美生态环境需要。城市发展的逻辑从过去"人跟着产业走"，转变为"人才跟着环境走，产业跟着人才走"，山清水秀的诗意栖居之地成为容纳新人才、孕育新经济的载体，成为城市的核心竞争力。

同时推进绿色发展也要纠正错误一些观念：

（1）绿色发展不是不发展。很多地方政府难以协调保护和发展的关系，将二者当成此消彼长、难以两全的"跷跷板"，这种抛弃发展的保护是不可持续的。绿色发展的核心要义是实现综合产出效益的最大化，实现全要素生产率的提升。

（2）绿色发展不是高成本发展。综合成本是衡量效率的"分母"，绿色发展必然是高度关注成本投入的发展，绿色技术必然是"先进适用技术"而非"奢侈技术"。在技术的孵化时期，可以适当接受高成本、并以补贴促进其技术成熟和市场化，但难以降低成本的技术就背离了绿色的核心内涵。

（3）绿色发展不是片面发展。城市作为一个复杂开放的巨系统，要求我们从全要素视角实现综合效益最优解。因此，从延伸内涵来看，绿色发展必然是兼顾"五大新发展理念"的发展，生态文明必然应秉持"五位一体"的复合生态观。

1.3 构建新发展格局的重要载体：城乡空间绿色发展

1.3.1 "不平衡不充分"是当前面临的主要问题

准确把握我国社会主要矛盾发生变化的新特点，是识别当前面临主要问题的线索，是满足新需求、创造新供给的前提。

1. 区域差距仍然较大

我国长期存在东中西的发展差距，中西部地区城镇化和城市建设发展相对滞后，目前主要依靠投资拉动，除省会城市外其他城镇发展动力不足。西部地区发展不平衡不充分问题依然突出，巩固脱贫攻坚任务依然艰巨，与东部地区发展差距依然较大，维护民族团结、社会稳定、国家安全任务依然繁重，仍然是全面建成小康社会、实现社会主义现代化的短板和薄弱环节[1]。

此外，受自然环境、地理环境、人口生育水平和经济社会发展等多方面因素的影响，北方地区经济增速持续下滑、人口持续流出，南北差剧加大。从"七普"统计数据看，与2010相比，中部、东北地

---

[1]《中共中央国务院关于新时代推进西部大开发形成新格局的指导意见》. 2020.

区人口所占比重则分别下降0.79和1.20个百分点。

2. 城乡差距仍然明显

我国城乡居民收入比从2010年的3.3∶1降至2020年的2.56∶1，城乡发展不平衡的情况有所改观，但仍然远高于美国、日本等发达国家，城乡差距依然是社会发展不平衡的主要体现。这与城乡一体化的土地市场尚未形成，农村资源变资本、变财富的渠道还不畅通，以及城乡社会保障制度尚未完全并轨，实现城乡基本公共服务均等化任务仍然艰巨相关。进城落户农民承包地经营权、宅基地使用权和集体收益分配权"三权"退出机制不畅，缺乏自主退出的制度安排，也不利于农业人口有序转移。

（1）城市问题主要表现在：少数大城市因承担功能过多，产业高度集聚，导致城市规模快速扩张，房价偏高、交通拥堵、环境污染等"城市病"凸显；而一些中小城市和小城镇因基础设施和公共服务发展滞后，产业支撑不足，就业岗位较少，经济社会发展后劲不足。

（2）乡村问题主要表现在：农产品阶段性供过于求和供给不足并存，农业供给质量亟待提高；农民适应生产力发展和市场竞争的能力不足，新型职业农民队伍建设亟须加强；农村基础设施和民生领域欠账较多，农村环境和生态问题比较突出，乡村发展整体水平亟待提升；国家支农体系相对薄弱，农村金融改革任务繁重，城乡之间要素合理流动机制亟待健全；农村基层党建存在薄弱环节，乡村治理体系和治理能力亟待强化[①]。

3. 城镇化步入中后期

2020年，我国常住人口城镇化率达到63%左右，已经步入城镇化较快发展的中后期，城市发展进入城市更新的重要时期，由大规模增量建设转为存量提质改造和增量结构调整并重，从"有没有"转向"好不好"。从国际经验和城市发展规律看，这一时期城市发展面临许多新的问题和挑战，各类风险矛盾突出。不仅要解决城镇化过程中的问题，还要更加注重解决城市发展本身的问题，制定实施相应政策措施和行动计划，走出一条内涵集约式高质量发展的新路。

（1）城市开发建设方式亟待转型。随着我国经济发展由高速增长阶段进入高质量发展阶段，过去"大量建设、大量消耗、大量排放"和过度房地产化的城市开发建设方式已经难以为继。需要推动城市开发建设方式从粗放型外延式发展转向集约型内涵式发展，将建设重点由房地产主导的增量建设，逐步转向以提升城市品质为主的存量提质改造，促进资本、土地等要素根据市场规律和国家发展需求进行优化再配置，从源头上促进经济发展方式转变。

（2）城市空间环境品质亟待提升。在经济高速发展和城镇化快速推进过程中，我国城市发展注重追求速度和规模，城

---

① 中共中央 国务院关于实施乡村振兴战略的意见[M].北京：人民出版社．2018．

市规划建设管理"碎片化"问题突出，城市的整体性、系统性、宜居性、包容性和生长性不足，人居环境质量不高，一些大城市"城市病"问题突出。在这次新冠肺炎疫情中，城市建设领域的一些问题和短板更加凸显。需要及时回应群众关切，着力解决"城市病"等突出问题，补齐基础设施和公共服务设施短板，推动城市结构调整优化，提升城市品质，提高城市管理服务水平，让人民群众在城市生活得更方便、更舒心、更美好[①]。

4. 人民需求结构多元化

2019年，我国人均GDP首次超过1万美元，人民群众的需求结构正在逐渐变化。马斯洛需求层次理论揭示了人在不同发展阶段的消费需求变化：初级阶段解决的是"生存机会"问题，需求重心是衣、食、住、行等必需型物质产品；中级阶段解决的是"生活品质"问题，需求重心是教育、医疗、养老、旅游等改善型物质产品；高级阶段解决的是"生命价值"问题，需求重心是艺术、文化、社会交往、自我创造等精神产品。与初级阶段的消费特征不同，中高级阶段的消费从注重数量的满足转向追求质量的提升，从模仿型排浪式消费转向个性化多样型消费。只有充分调研、理解和顺应日趋多元的需求变化，才能避免城市空间供给的"一厢情愿"，真正提供让各类人群满意的多层次、多元化空间产品，在空间上满足各类人群对美好生活的向往和自我价值的实现。当然，鉴于我国不同地区、不同等级城市在发展阶段上的巨大差异，需要因地制宜地回应基本型需求、改善型需求和提升型需求。

（1）在基本型需求方面：要聚焦人民群众未被满足的基本需要，通过基本公共服务的供给，推动6亿中低收入人群彻底摆脱贫困陷阱，共享改革开放成果、获得均等发展机会。同时，针对各类公共安全灾害暴露出的短板问题"查缺补漏"，建设韧性城市。

（2）在改善型需求方面：要满足人民群众不断扩大的改善型需要，通过住房、公共服务及其他空间产品的升级换代，以及各级生活圈的构建，刺激量大面广的改善型消费动力，推动大多数居民从小康阶层向中产阶层迈进，提升环境品质、塑造风貌特色，建设有温度、有品位、有气质的城市。

（3）在提升型需求方面：要通过创新空间产品的类型和提升空间产品的品质，更好支撑消费结构和质量双升级，逐渐从数量型、生存型、温饱型消费向质量型、生活型、娱乐型消费转变，回应逐渐壮大的中产阶层需求偏好变化，建设宜居宜业宜游宜养的理想城市和完整居住社区；承担国际责任、积极应对气候变化，推动城市建设的绿色化、智能化发展。

[①] 王蒙徽.实施城市更新行动.《中共中央关于制定国民经济和社会发展第十四个五年规划和二〇三五年远景目标的建议》辅导读本[M].北京：人民出版社.2020.

5. 人口迈向深度老龄化

过去十年间，我国人口老龄化程度进一步加深，2020年60岁及以上人口比重为18.70%，其中65岁及以上人口比重达到13.50%；与2010年相比，分别上升5.44、4.63个百分点。

2010年，全国65岁及以上人口占比最高的是重庆，为11.72%。广东、西藏、青海、宁夏、新疆5省尚未进入老龄化。与之相比，2020年除西藏以外其余30个省份均已进入老龄化，辽宁、重庆、四川、上海、江苏、吉林、黑龙江、山东、安徽、湖南、天津及湖北等12个省份，更是在过去10年间迈入深度老龄化。

根据国家统计局公布的最新数据，2020年我国出生人口为1200万人，比2019年减少265万人，下降幅度达18.2%；比全面放开二胎政策的2016年下降32.8%。

与2010年相比，2020年全国16～59岁劳动年龄人口减少4000多万人，总抚养比从34.28%提高到45.88%，其中，少儿抚养比从22.3%上升到26.19%，老年抚养比从11.98%上升到19.69%。

1.3.2 统筹发展与安全、把握全局与变局

在当前百年未有之大变局下，"安全"成为大到国家、小到个人的首要考虑因素，从国家来看，总体安全观包括经济安全、军事安全、粮食安全、生态安全、水安全、能源安全、文化安全、信息安全、公共卫生安全等方面，为了总体"安全"而牺牲部分"效率"是有必要的。

但是应当认识到，构建以合作共赢为基础的人类命运共同体是不可逆转的国际潮流和"世界全局"，实现"两个一百年"中华民族伟大复兴中国梦是不可阻挡的国家使命和"中国全局"，这两个"全局"都要求我们尊重客观规律，以"效率"为导向实现优势互补和分工协作。

"全局"是人类文明的长期趋势、"变局"是当前时局的短期波动；"全局"是长远目标、"变局"是曲折路径；"全局"是可测的必然规律、"变局"是不可测的偶然事件。我们只有把握"全局"和"变局"的辩证关系，才能从或然中找到必然。

要科学把握国内国际两个大局之间多方面、深层次的联动关系，深刻认识我国社会主要矛盾发展变化带来的新特征新要求，深刻认识错综复杂的国际环境带来的新矛盾新挑战，增强机遇意识和风险意识，把握发展规律，统筹国内国际两个大局，善于在危机中育先机、于变局中开新局。扎实推进中华民族伟大复兴战略全局，并以此引领世界大变局朝着有利于实现中华民族伟大复兴的方向演进[①]。

育先机、开新局都是开创性事业，必须坚定不移地贯彻新发展理念，坚持稳中求进工作总基调，以推动高质量发展为主

---

① 何毅亭.我国发展环境面临深刻复杂变化.《中共中央关于制定国民经济和社会发展第十四个五年规划和二〇三五年远景目标的建议》辅导读本[M].北京：人民出版社.2020.

题，以深化供给侧结构性改革为主线，以改革创新为根本动力，以满足人民日益增长的美好生活需要为根本目的，统筹发展和安全，加快建设现代化经济体系，加快构建以国内大循环为主体、国内国际双循环相互促进的新发展格局[①]。

1.3.3 坚持以人民为中心

"江山就是人民、人民就是江山。"中国共产党根基在人民、血脉在人民、力量在人民，人民对美好生活的向往，就是我们的奋斗目标。民生是人心向背的风向标，是社会舆论的晴雨表，是发展信心和发展决心的压舱石。增进民生福祉是发展的根本目的，必须多谋民生之利、多解民生之忧，在发展中补齐民生短板、促进社会公平正义，在幼有所育、学有所教、劳有所得、病有所医、老有所养、住有所居、弱有所扶上不断取得新进展，深入开展脱贫攻坚，保证"全体人民在共建共享发展中有更多获得感"，不断促进人的全面发展、全体人民共同富裕。落实新发展理念，就要始终坚持以人民为中心的发展思想，把保障和改善民生作为一切工作的出发点和落脚点[②]。

习近平同时指出："良好生态环境是最公平的公共产品，是最普惠的民生福祉。""发展经济是为了民生，保护生态环境同样也是为了民生。"坚定走生产发展、生活富裕、生态良好的文明发展道路，建设美丽中国，提供更多优质生态产品以满足人民日益增长的优美生态环境需要，是新时代我们党始终把人民放在心中最高位置、始终全心全意为人民服务、始终为人民利益和幸福而不懈奋斗的必然选择。

1.3.4 坚持系统观念

坚持系统观念，需要加强前瞻性思考，把历史、现实和未来发展贯通起来审视，以把握趋势、辨明方向；把近期、中期和远期目标统筹起来谋划，以未雨绸缪、把握主动；需要全局性谋划，紧扣国内国际两个大局、党和国家工作全局，统筹全面建设社会主义现代化国家各领域各方面，作出顶层设计，进行总体构架；需要战略性布局，紧盯实现奋斗目标的重大战略问题，抓住主要矛盾和矛盾的主要方面，聚焦重点领域和关键环节以求"落一子而活满盘"；需要整体性推进，注重各项工作、各种要素的关联性，增强政策配套和制度衔接，在统筹兼顾中实现协同发展，在扬长补短中提升整体效能，防止畸重畸轻、顾此失彼。

（1）坚持系统观念，需要统筹国内国际两个大局。对内，需要深刻认识我国社会主要矛盾发展变化带来的新特征新要求，准确把握我国发展的优势条件、问题

---

① 张来明.善于在危机中育先机.《中共中央关于制定国民经济和社会发展第十四个五年规划和二〇三五年远景目标的建议》辅导读本[M].北京：人民出版社.2020.

② 李培林.坚持以人民为中心的新发展理念[M].北京：中国社会科学出版社.2019.

短板，对外，需要积极应对错综复杂的国际环境带来的新矛盾新挑战，把握和平与发展仍然是时代主题、人类命运共同体理念深入人心；需要充分发挥中国共产党领导和我国社会主义制度独特优势，形成一体谋划、协同推进的全国一盘棋；需要充分调动一切积极因素，发挥好中央、地方和各方面积极性；需要推动有效市场和有为政府更好结合。

（2）坚持系统观念，需要着力固根基、扬优势、补短板、强弱项。发挥优势带动、争取率先突破，补齐短板弱项、防止"木桶效应"，全力培基固本、提质增效；需要注重防范化解重大风险挑战，实现更高质量、更有效率、更加公平、更可持续、更为安全的发展[①]。

（3）坚持系统观念，体现在城市工作是一个系统工程。2015年召开的中央城市工作会议提出要"认识、尊重、顺应城市发展规律"，就是把城市作为"有机生命体"和"复杂巨系统"来看待，建立问题与对策的系统并联而非简单线性关联，采用"中医调理"而非"西医手术"的方式治理"城市病"。首先要建立完善体检评估机制，实现"系统诊断"，在此基础上统筹安排各方面工作，实现"系统治疗"。

1.3.5 推动城乡空间绿色发展

城乡空间包含城镇、农业和生态"全空间"，涉及环境、社会、经济等方面的"全要素"，涵盖过去、现在、未来"全过程"。

城乡空间是人类生产生活的主要场所，"十四五"时期是我国推动生态优先、绿色发展的关键时期，城乡空间的规划与建设是贯彻落实新发展理念、推动生态优先、绿色发展的主战场。它是满足人民日益增长的对美好生活需要的重要保证，是保护生态环境、促进人与自然和谐共生的重要路径，是节约资源、保护环境最强有力的举措，是推进供给侧结构性改革、建设绿色低碳循环的经济体系的主力军。要建立完善绿色发展导向的体制机制和政策体系，加快转变建设方式，减少能源资源消耗，改善城乡人居环境，保护传承历史文化，普及推广绿色生活方式，实现人与自然的和谐共生，带动经济社会高质量发展。

城乡空间绿色发展的目标是以"城乡空间巨生命体"的持续、健康、协同为标准，实现城镇、农业、生态全空间的协同发展，自然、社会、经济全要素的均衡发展，过去、现在、未来全时段的公平发展，按照复合生态的要求，建设"共荣、共治、共兴、共享、共生"的理想社会。

推动城乡空间绿色发展，应当以习近平新时代中国特色社会主义思想为指导，特别是贯彻习近平生态文明思想的核心要义，深入落实中央城市工作会议精神，坚

---

① 彭清华.坚持系统观念谋划推动"十四五"经济社会发展.《中共中央关于制定国民经济和社会发展第十四个五年规划和二〇三五年远景目标的建议》辅导读本[M].北京：人民出版社，2020.

持人与自然和谐共生的原则，变征服自然、改造自然为保护自然、尊重自然、顺应自然，逐步实现资源环境消耗与社会经济发展脱钩；坚持以人民为中心的原则，实现包容、和谐、共享发展，变"重物不重人"为"建设有温度、有体感的城市"，逐步实现人民幸福指数提升速度超越经济社会发展速度。通过理论、法规、标准、指标、技术、实践体系的改革创新，实现"生态低冲击、环境低影响、资源低消耗、安全低风险"，使人民群众对美好环境和幸福生活的需求得到充分满足，获得感、幸福感和安全感全面提升。

1.3.6 小结：在城乡空间实现人与自然和谐共生的现代化

安全是发展的前提，发展是安全的保障。我们必须坚持统筹发展和安全，增强机遇意识和风险意识，树立底线思维，把困难估计得更充分一些，把风险思考得更深入一些，注重堵漏洞、强弱项，下好先手棋、打好主动仗，有效防范化解各类风险挑战，确保社会主义现代化事业顺利推进。

人类的文明、社会的进步往往是在应对危机的过程中推动的，问题和挫折会激发人们更加深入地思考，进而弥补短板。生态资源环境紧约束条件将深刻影响着全球社会经济活动，推动着生产、生活方式的转变，也将推动我国走出一条生态环境保护和经济社会发展相互促进、相得益彰的中国特色社会主义道路，步入生态文明新时代。

（1）建设生态文明是中国人民幸福的应有之义。在走向现代化的进程中，人民从过去追求"生存的机会"，到现在追求"生活的品质"，再到未来将逐步追求"生命的价值"。但无论如何，"良好生态环境是最普惠的民生福祉"，失去良好的生态环境，其他的追求都是"空中楼阁"。唯有保障"天蓝、地绿、水净"，方能让中国人民感受到幸福。

（2）建设生态文明是中华民族复兴的必由之路。我国的水、土、能矿、生态等资源的人均保有量只有世界平均水平的 $1/10 \sim 1/3$，想要在占全球陆地面积 $1/15$ 的中国国土上实现占全球人口 $1/5$ 的中国人口富裕，是旷世未有的难题。唯有推动生态优先、绿色发展，方能实现中华民族的伟大复兴，也方能成为"全球生态文明建设的重要参与者、贡献者、引领者"。

从人类文明历史的发展看，"农耕文明"时期，人类与自然之间保持着有序、协同、共生的关系，然而生产力相对落后，物质财富相对匮乏；进入"工业文明"时期，生产力得到空前解放和发展，人类在获得巨大的物质财富的同时也导致了严重的资源环境危机，反过来危及到人类社会的延续；而"生态文明"是在深刻反思工业文明教训的基础上，汲取农耕文明精粹，协调"发展"和"保护"关系的新型发展理念，是对工业文明的深刻变革和扬弃，是人类文明的又一次提升和飞跃。

要传承"人与自然和谐共生"的中国传统哲学思想，弘扬"天人合一、人与天调"的发挥理念,在城乡空间建立自然生态环境与人工建设环境、社会人文环境的"共存、共生、共荣"关系;建构结构完整、物种多样、功能多元的生态格局,实现自然生态环境与人工建设环境、社会人文环境之间的相互渗透和物质能量充分交换;逐步建立人与其他生物间的平等关系,从过去单向的攫取转为双向的扶持,从过去单向的支配转为双向的尊重。

生态文明标志着我国的社会主义建设已从初期的以生产要素和投资驱动为特征的发展方式逐步转变为以创新和财富驱动为特征的、"五位一体"发展的方式。它是我国社会经济发展走向成熟阶段的必经之路,也体现了"以人为本"这一核心要义。

第 2 章

城乡绿色发展的理念溯源与总体框架

2.1 西方城乡绿色发展的理念溯源

2.1.1 古代：人类聚居地选址和建设中朴素的生态思想

早期人类聚居地选址和建设受自然本底条件约束较大，大多位于土地肥沃、水源丰富、气流畅通的地区，体现了契合自然、因地制宜的生态思想。位于尼罗河流域的古埃及，城市、镇、庙宇建于尼罗河畔的天然或人工高地上，既防水患、也有利于解决水源和交通运输（图2-1、图2-2）。古希腊的雅典城坐落在滨海的高台上。

古罗马建筑师维特鲁威（Vitruvius）在《建筑十书》中总结了古罗马与古希腊关于城市规划、建筑设计基本原理、建筑材料、建筑构造等方面的经验，其中阐述了城市建设应与自然环境因素相结合的理念。如城市选址应首先考虑土地健康，选择地势较高、温度适宜、有充沛水源且便于排涝，不受雾气、浓霜、病疫、有害气流侵扰的地区。他还研究了城市建筑布局、街道与风向、建筑朝向与阳光的关系。

2.1.2 19世纪：工业化初期对健康和景观的重视

资本主义工业化大生产的迅猛发展给城市带来诸多问题。工业严重污染城市环境，人口迅速集聚，城市无序蔓延、扩展，街道拥挤、建筑杂乱。工人住宅的过度拥挤及其通风采光的恶劣，严重匮乏的城市基础设施，为城市的公共健康带来了严峻挑战。同时，各类传染病的大范围传播，造成大量人口死亡和巨大的社会恐慌。查德威克于1842年发表的《大不列颠劳动人口卫生状况报告》将公共健康

图2-1 金字塔建于尼罗河畔高处

图2-2 雅典三面环山，一面傍海

问题"更多地归因于环境问题而非医学问题"。1848年,由他主持制定的《公共卫生法》在英国国会通过,成为人类历史上第一部综合性的公共卫生法案。此后,公共卫生运动的一系列措施成为现代城市规划早期的实践。

拿破仑三世的巴黎改建十分重视绿化,在各区修建了大面积公园,用宽阔的香榭丽舍大道把西郊布伦森林公园和东郊维星斯公园引入市中心,建设了塞纳河沿岸滨河绿地和花园式林荫大道,形成新的绿化系统,将城市公共空间组成完整的网络,使得城市面貌极大改观。同时,大规模建设的地下排水管道系统,改变了污水横流的状况(图2-3)[①]。

19世纪中期,美国兴起"浪漫郊区运动"和"公园运动"。前者主张"将别致的木屋、花草树木和自然景观协调地融为一体",后者赋予城市大型公园以社会和美学价值。美国规划师奥姆斯特(F. L. Olmsted)1870年在《公园与城市扩建》中提出,城市要有足够的呼吸空间,要为后人考虑,要有不断更新和为全体居民服务的思想(图2-4)。到19世纪末,美国景观设计与建筑、工程行业联系起来,尝试通过改进城市设计来促进城市生活,这促成了城市美化运动。城市美化运动坚持将美和实用结合起来,认为美与健康同样重要,试图通过美丽的建筑和风景来保持城市魅力。美国的城市美化运动开展到20世纪上半叶,规划建设了一系列公园和林荫道系统,将乡村田园式的自然风景引入城市[②]。

这个时期在城市规划领域最有影响的著作是霍华德(E. Howard)的《明天:通往真正改革的平和之道路》。这本书在

图2-3　18世纪巴黎改造:改造中与改造后的亨利四世林荫大道,开辟的道路示意[①]

---

① koco9279. 奥斯曼巴黎改造计划:巴黎如何成为全世界的浪漫花都?360个人图书馆,2017-03-11[引用日期2021-06-04]. http://www.360doc.com/content/17/0311/18/40237927_635870043.shtml.
② 王少华. 19世纪末20世纪初美国城市美化运动[D]. 长春. 东北师范大学. 2008.

1898年出版，针对工业社会出现的问题，阐述了把城市和乡村结合成为一个体系的想法，并把这种城乡结合体称为田园城市。田园城市兼具高效能、高活跃度的城市生活和环境清静、景色美丽乡村生活的优点，创造了新的理想聚居模式。在这个理论指导下，霍华德建设了莱彻沃斯（Letchworth）（图2-5）和威尔温（Welwyn）两座田园城市。

图2-4　奥姆斯特规划的纽约中央公园

资料来源：网络。

图2-5　霍华德规划的田园城市莱彻沃斯小镇

资料来源：网络。

2.1.3　20世纪上半叶：生态理念在城市规划实践中的应用

20世纪初，工业化带来的城市问题仍未缓解，大城市畸形发展，人口极度集中，对土地使用、道路交通、景观设计的压力仍然巨大，一批有识之士试图将生态理念融入城市规划，以此为突破口改善城乡面貌。

英国生物学家盖迪斯（P. Geddes）在1930年代研究城市进化和城市文化时运用了生态理念[①]。他在《进化中的城市》中把生态学原理和方法应用于城市规划建设，综合研究卫生、环境、住宅、市政工程、城镇规划等内容，强调把自然地区作为规划的基本构架，还主张城市规划范围为城市地区，纳入乡村，从而开创了区域规划的综合研究。

芬兰建筑师沙里宁（E. Saarinen）1918年为缓解城市机能过于集中的弊病，提出"有机疏散"理论。他将城市视同自然界活的有机体，认为城市建设需遵循"表现的、相互协调的、有机秩序的、灵活的"原则，为城市衰退指出逐步恢复合理秩序的方法。他根据不同城市活动的强度和频率进行合理的集中和分散，使城市既满足工作和交往需求，又不脱离自然，让人们能居住在兼具城市和乡村优点的环境中。有机疏散理论在沙里宁主持的大赫尔辛基规划中得到了充分体现（图2-6）。

---

① 邹德慈.发展中的城市规划[J].城市规划，2010，34（01）：24-28.

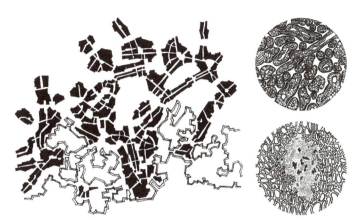

图 2-6 伊利尔·沙里宁_大赫尔辛基规划,有机疏散理论:健康和衰亡的细胞组织[①]

资料来源:网络。

2.1.4 二战后:全球生态环境危机催生可持续发展思想

二战后随着世界经济复苏和城市化的迅猛前进,产生了严重的能源和环境危机,促使人们反思原有的生存空间、生活方式和价值观念。关于资源的稀缺性和增长的极限的争论、对亲近自然的生态型城乡建设模式的探索,使得可持续发展观逐步成为全球共识。

1962年,美国学者蕾切尔·卡尔逊(R. Carson)在《寂静的春天》中揭示了生态环境破坏的严重后果。1969年,宾夕法尼亚大学景观规划设计和区域规划教授麦克·哈格(Ian L. McHarg)出版《设计结合自然》一书,运用生态学原理,提出适应自然的特征创造人的生存环境的可能性和必要性。他将景观视为一个生态系统,通过"叠加"将对不同要素的单独分析总和为整个景观规划的依据,开启了城乡设计的新篇章,继承和发展了景观设计的生态主义思想。

1972年,欧洲罗马俱乐部发表《增长的极限》,突出强调了地球资源的有限性和开发速度的不可持续性。同年,《只有一个地球》呼吁各国重视维护人类赖以生存的地球。1976年,联合国在第一次人类住区大会上成立了"联合国人居中心(UNCHS)",关注从城镇到乡村的人类住区发展,提出"必须为后代保存历史、宗教和考古地区以及具有特殊意义的自然区域"。1987年,世界环境与发展委员会(WCED)在《我们共同的未来》报告中提出"可持续发展"概念。1992年,联合国环境与发展大会制定并通过了全球《21世纪议程》和《里约宣言》两个纲领性文件

[①] 有机疏散理论.规划人, 2015-06-01[引用日期2021-05-01]. https://mp.weixin.qq.com/s?src=11&timestamp=1616483259&ver=2963&signature=uPVrczwf5LbY3BQB-e8P1s*RJnC6n9f3DhS1b4BcKVe8v*Su*YuHkQX2g74c-VO7314SnfS32e7amgp5mtkoTBjFdh*VgqBeXdTrG-PaB46zhO4*BtQe6aZM1CjK3LzP& new=1

和关于森林问题的原则声明,签署了气候变化和生物多样性两个公约。大会提出可持续发展战略框架,进一步推动了可持续思想的传播。可持续发展思想对传统工业化道路和现代化模式进行了批判性反思,意味着人类发展开始指向新的"生态时代"。

可持续发展思想与城市规划建设实践的结合也逐渐从假想走向成熟。1971年,联合国教科文组织(UNESCO)制定"人与生物圈计划(MAB)",第一次提出"生态城市(eco-city)"概念;1984年,苏联城市生态学家杨·诺斯基(O. Yanitsky)提出一种理想城的模式——"生态城(ecopolis或ecoville)",它强调自然、人文与技术三者之间的充分融合,要充分发挥和表现出人的创造力和生产力;以实现城市生态系统的良性循环发展为最终目标,使居民的身心健康和环境质量得到最大限度保护。1984年,美国生态学家理查德·雷吉斯特(R. Register)提出生态城市建设4项原则,1987年更新为8项原则,涉及城市社会公平、法律、技术、经济、生活方式、公众生态意识等方面,强调生态城市的内部发展应实现人与自然和谐共生。1985年,日本学者岸根卓郎出版专著《迈向21世纪的国土规划——城乡融合系统设计》,在系统分析日本前三次国土规划成败得失的基础上,运用东方特色的思维,设计了城乡融合系统。1990年第一届国际生态城市会议在伯克利召开,草拟了生态城市建设十条计划。

1996年《紧凑城市》问世,1997年美国马里兰州州长兰顿宁提出"精明增长"概念,表达了在资源紧缺环境下控制城市蔓延的思想。

随着可持续发展思想逐渐被越来越多国家认可,规划建设领域也在积极寻求人口、经济、资源和生态环境相协调的发展道路。

进入21世纪,探求绿色生态的人类聚居理想模式的实践更加丰富多彩。以绿色生态城市为例,代表性建设有:

(1)综合性绿色生态城市,如美国波特兰市(图2-7)、伯克利市,德国弗莱堡市(图2-8)、埃朗根市等;(2)生态技术集中示范区,如阿拉伯联合酋长国的马斯达尔城等;(3)生态社区,如瑞典斯德哥尔摩市的哈马碧社区(图2-9)、丹麦

图2-7 美国绿色城市波特兰
资料来源:网络。

图2-8 德国"绿色之都"弗莱堡
资料来源:网络。

Beder镇的太阳风社区、西班牙的巴利阿里群岛ParcBIT社区、英国伦敦的贝丁顿零碳社区等；（4）其他如绿色交通、绿色能源、绿色建筑、社会人文、环境保护与治理、废弃物处理、水资源管理和智慧基础设施建设等特定领域的实践。

图2-9（a） 瑞典哈马碧生态社区[①]

图2-9（b） 垃圾地下真空气抽吸系统[①]

2.2 中国城乡绿色发展的理念溯源

2.2.1 古代：体国经野、天人合一的朴素生态思想

中国古代的营城理念，体现为贯穿典著和实践中的"体国经野""因天材、就地利""象天法地""天人合一"等思想。

《周礼·天官》中提到"惟王建国，辨方正位，体国经野，设官分职，以为民极。"其中的"体国"指安排城廓的档次和大小，"经野"指开发处理好城乡关系。这说明古人在实践中认识到城市不能孤立存在，必须和周围区域统一规划建设。《商君书·徕民篇》中提到"地方百里者，山陵处什一，薮泽处什一，溪谷流水处什一，都邑蹊道处什一，恶田处什二，良田处什四，以此食作夫五万，其山陵、薮泽、溪谷可以给其材，都邑蹊道足以处其民，先王制土分民之律也"，所反映出的城乡布局结构的思想，是通过分析农田、水源、物资、交通等的承载力，通过一定的定额比例，确定城市规模[②]。

战国时期，管子提出了一整套全面经营城市的思想，包括因地制宜、顺应自然的城市选址与规划布局内容。《管子·仲

---

① 瑞典哈马碧生态城规划理念解读.新土地规划人，2020-05-09[引用日期2021-06-04]. https：//www.sohu.com/a/394081789_275005.

② 周干峙.中国城市传统理念初析[J].城市规划，1997（06）：4-5.

马》"凡立国都，非于大山之下，必于广川之上，高毋近旱而水用足，下毋近水而沟防省，因天材，就地利，故城廓不必中规矩，道路不必中准绳"。《管子·度地》云："内卫之城，城外为之郭。""夫水之性，以高走下则疾，至于石；而下向高，即留而不行，故高其上。领瓴之，尺有十分之三，里满四十九者，水可走也。乃迁其道而远之，以势行之。"齐都临淄城体现了管子的营国思想。其选址于地势偏高处，分大城、小城，自然水系、城中水渠、地下水道组成完整的排水系统（图2-10）①。苏州城也是管子思想的体现。它顺应地势改造和利用，打造了便利的水上交通、通畅的防洪排涝系统和水网密布的城市景观。

吴国大夫伍子胥"相土尝水，象天法地"的规划理念，体现了古代哲学认为天、地、人为一个宇宙大系统，追求"三才合一"、宇宙万物和谐统一的思想远在《易经》就有反映。《易·系辞》："在天成象，在地成形""天生神物，圣人则之。天地变化，圣人效之。天垂象，见吉凶，圣人象之。""仰观象于天，府则观法于地""与天地相似，故不违"等。它以天地为规划模式，赋予城市（尤其是都城）布局以丰富的象征意义，对后代城市规划思想产生了深远影响②。

从秦开始，我国就有基于"象天法地"思想对城乡"天地"进行安排的实证。秦朝以咸阳为中心，重新命名名山大

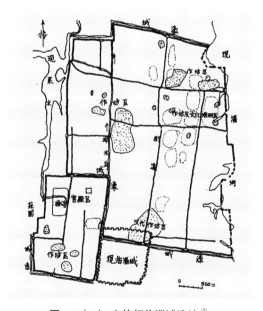

图2-10(a) 齐故都临淄城遗址①

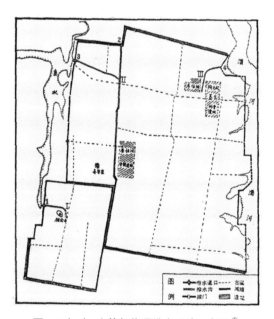

图2-10(b) 齐故都临淄排水系统示意图①

---

① 苏畅，周玄星.《管子》营国思想于齐都临淄之体现[J].华南理工大学学报（社会科学版），2005（01）：47-52.
② 龙彬.伍子胥及其城市规划思想实践[J].重庆建筑大学学报（社科版），2000（01）：106-108+62.

川体系,封十二座名山、六条大川,构成了都城被岳渎环绕的空间秩序。帝都格局也以天为范,用"象天"的手法布局。"因北陵营殿,端门四达,以则紫宫,象帝居。渭水贯都以象天汉,横桥南渡以法牵牛……为复道,自阿房渡渭,属之咸阳,以象天极阁道绝汉抵营室也。"从文献著述可知,以宫城为中心,秦人以雄大的气魄营造人间"天上",在一个大尺度的范围内安排都城各种功能,把山、河、池、城、宫、庙等共同构成一个自由分散的巨型帝都,充分诠释了以天地为象征的"地区设计"概念(图2-11)[①]。

在"象天法地"的影响下,中国历代出现了以重要宫殿标识岁星、日起始方位的西汉长安城(图2-12)、比附天罡地煞建设街坊的唐长安城、将城市山水景致比作天河云汉和蓬莱仙山的元大都等丰富多彩的城市形制[②][③][④]。

"天人合一""崇尚自然"的东方智慧,也创造了带有东方特色的处理城市庄严礼仪空间与活泼娱乐空间、人工建成环

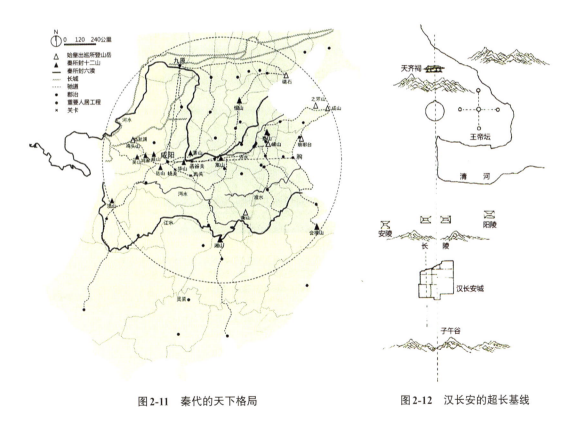

图2-11 秦代的天下格局　　图2-12 汉长安的超长基线

---

① 吴良镛.中国人居史[M].北京:中国建筑工业出版社,2014.
② 徐斌.秦咸阳—汉长安象天法地规划思想与方法研究[D].清华大学,2014.
③ 崔凯,孟欣.大唐长安:象天法地 奢华精巧[N].中国文化报,2019-07-14(006).
④ 于希贤.《周易》象数与元大都规划布局[J].故宫博物院院刊,1999(02):17-25.

境与自然生态园野环境的手法,即"礼序乐和、城园交融"。城市建设注重与自然结合,把自然环境要素作为城市环境景观的重要组成部分,注重城市水系和水利建设,借助自然或人工山水大建林苑,使得园林与建筑、城市有机结合,自然环境与城市相得益彰,体现了注重自然生态的审美观(图2-13)。例如,金陵城依山傍水,城中有玄武湖,城东有钟山风景区,城南有秦淮风光带,城西有清凉山和莫愁湖,城在园中,环境宜人。明清北京城严谨的中轴线有流动的湖河水系,使得自然美景与庄严轴线相得益彰。

原住房城乡建设部副部长仇保兴曾谈到:"在中国传统文化中充满着敬天、顺天、法天和同天的原始生态意识""原始生态文明理念为低碳生态城市建设奠定了良好的基础"[①]。

2.2.2 近代至中华人民共和国成立初期:西方现代规划理论输入和影响

从1840年开始,中国在西方殖民扩张中逐步沦为半殖民地半封建社会。伴随学习欧美先进技术与科学方法的社会潮流,西方城市建设理念和制度也随之传入;中国城市传统生态智慧遭遇近代西方城市发展思想和制度的冲击,在传承和革新中演化。

在城市卫生与环境美化方面,田园城市理论是民国时期最受瞩目的城市规划理

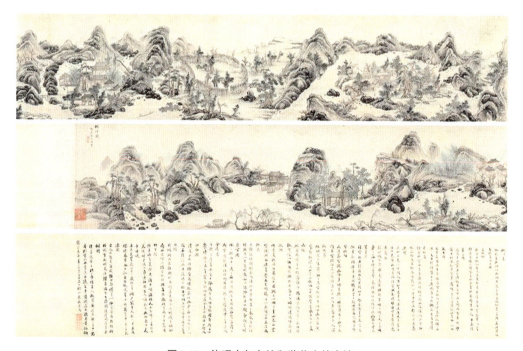

图2-13 体现人与自然和谐共生的意境

---

① 中国城市科学研究会.中国低碳生态城市发展报告2015[M].北京:中国建筑工业出版社,2015.

论，在我国近代城市规划实践中，常与分区制并用，以控制城市卫生、美化城市环境。南京、广州、武汉、上海、天津等地的城市规划和住宅区规划中，普遍配置了数量可观的公园、林荫道、花园（图2-14）。抗战全面爆发后，有机疏散成为抗战期间以及光复后重建中国城市的指导思想。此外，法国几何式城市规划、德国城市美化理论、美国城市公园运动等思想在出版物中多有提及，一些城市尝试将其精髓与田园都市理论等结合起来，在城市规划实践中以放射性林荫路、公园、绿地等形态体现，促成了近代中国城市在环境美化方面的进步①。

另外，伴随着城市的自发延续和国人自强，传统人居思想在近代城市建设中也在传承和转型，表达出强韧的生命力。例如，福州在近代城市转型中出现了大量的西方建筑元素，但在宏观层面上却始终是中国传统元素占据主体地位，大量建设活动都秉承了因地制宜的建城思想和物我一体的山水自然观。在受西方思想影响较弱的地区，传统人居思想表现就更为明显。例如武汉大学（图2-15）、广州五山中山大学、燕京大学等校园就借鉴了传统书院模式，体现了我国传统建筑群体建筑和园林的审美情趣。庐山等一些近代避暑地（风景区）虽然出自外国规划师之手，也在一定程度借鉴了我国古典园林或山地城

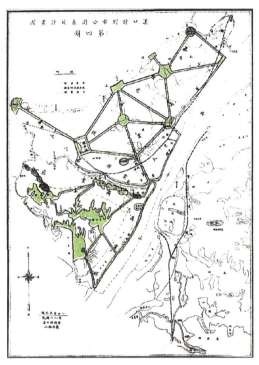

图2-14　汉口及汉阳公园系统规划（1929年）②

市对自然山水的处理手法③。

中华人民共和国成立初期，我国城市规划工作的科学理论与人才欠缺，在"一边倒"的政治和外交政策下，全面引入苏联城市规划建设的理论和观念，开始了最早一批以八大重点城市为代表的城市建设。由于以工业化为主题，绿色建设主要体现在城市绿地系统布局且带有鲜明的受西方影响的苏联社会主义城市建设的经验特征。根据当年西安市的规划工作记录，苏联专家阐述绿地布局谈道："布置绿地的原则是如何使市民能方便地享受到公园

---

① 姜省，刘源.从民国出版物看近代城市规划思想在中国的传播与影响[J].南方建筑，2014（06）：12-15.
② 张天洁，李百浩，李泽.中国近代城市规划的"实验者"——董修甲与武汉的近代城市规划实践[J].新建筑，2012（03）：138-143.
③ 胡江伟.中国近代城市规划中的传统思想研究[D].武汉理工大学，2010.

低冲击　低消耗　低影响　低风险的城乡绿色发展路径

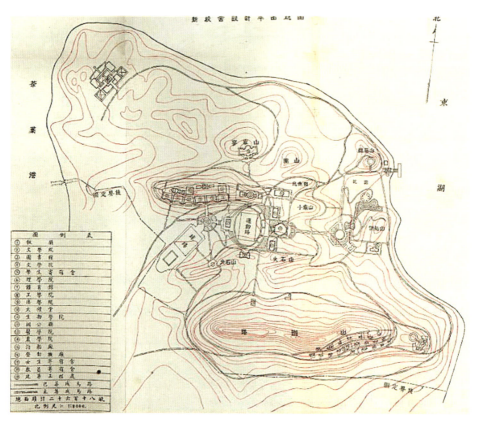

图2-15（a）　武汉大学校舍平面总图（1930年）[①]

图2-15（b）　武汉大学早期全景（20世纪30年代）

资料来源：网络。

[①] 刘文祥.珞珈筑记：一座近代国立大学新校园的诞生[M].柳州：广西师范大学出版社，2019.

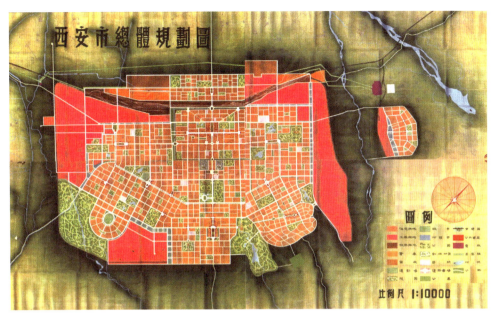

图2-16 西安市城市总体规划图(远景),1954年版[③]

的休息。街心花园主要是美化街道,方便行人停下休息,没有一定的依据的。"(图2-16)[①] 这一时期大致持续到1957年,是我国工业化建设推动下的城镇化较快发展时期。1958~1977年,新中国的城乡发展在大起大落后陷入了长期停滞[②]。

2.2.3 20世纪70~90年代:与国际前沿生态理论思潮接轨

1972年,中国加入"人与生物圈计划"。1980年代,中国生态学、地理学及城市规划等领域学者迅速跟进国际生态城市领域研究,开始了相关学术理论探讨。

1994年5月,中国政府颁布了《中国21世纪议程——中国21世纪人口、环境与发展白皮书》,提出了中国人口、经济、社会、资源与环境相协调、可持续发展的总体战略、对策和行动方案。中国将《21世纪议程》作为各级政府制定国民经济和社会发展长期计划的指导性文件,使得可持续发展观在中国逐步建立普及。

20世纪80年代,我国学术界出现若干有关城乡绿色发展的代表性"绿色"思想。1984年,钱学森在致《新建筑》编辑部的信中提出"构建园林城市"设想,1990年,又明确指出"城市规划立意要尊重生态环

---

① 李浩,胡文娜.苏联专家对新中国城市规划工作的帮助——以西安市首轮总规的专家谈话记录为解析对象[J].城市规划,2015,39(07):70-76.
② 李浩,王婷琳.新中国城镇化发展的历史分期问题研究[J].城市规划学刊,2012(06):4-13.
③ 李浩.八大重点城市规划:新中国城市规划事业的奠基石[J].城市规划,2019,43(07):83-91.

境，追求山环水绕的境界"①。1984年，马世骏、王如松等中国生态学家在总结了以整体、协调、循环、自生为核心的生态控制原理基础上，提出了社会-经济-自然复合生态系统理论和时（届际、代际、世际）、空（地域、流域、区域）、量（各种物质、能量代谢过程）、构（产业、体制、景观）及序（竞争、共生与自生序）的生态关联及调控方法，指出可持续发展问题的实质是以人为主体的生命与其栖息劳作环境、物质生产环境及社会文化环境间的协调发展（图2-17）②。1989年，黄光宇提出了"生态城市"概念与衡量标准。

80年代，我国很多城市进行了环境综合治理，从大中城市逐渐扩展到小城市和村镇，并开始向城乡生态建设阶段发展。例如，1986年江西省宜春市提出建设生态市的发展目标并成为最早的生态市试点。90年代，若干国家部委开始引导各地从事城乡绿色实践。例如，1992年，建设部启动"园林城市"评比，至1999年在全国评出五批共20个国家园林城市。《国家园林城市标准》对不同地区和规模的城市人均公共绿地、绿地覆盖率等指标提出了具体要求。1995年，环保部启动了生态示范区建设。

2.2.4 21世纪初：中国特色绿色城乡发展理论和实践的初步探索

进入21世纪，生态、低碳、环保、循环等具有绿色内涵的词汇频繁出现在城乡规划建设领域，相关理念和实践趋于活

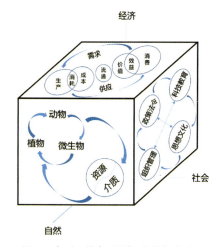

图2-17（a） 社会-经济-自然复合生态系统示意图③

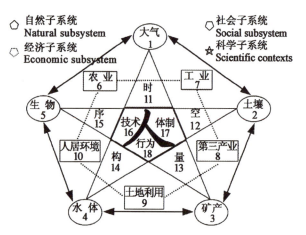

图2-17（b） 社会-经济-自然复合生态系统关系示意图④

---

① 鲍世行（编）.钱学森论山水城市[M].北京：中国建筑工业出版社，2010.
② 马世骏，王如松.社会-经济-自然复合生态系统[J].生态学报，1984（04）：1-8.
③ 李浩.八大重点城市规划：新中国城市规划事业的奠基石[J].城市规划，2019，43（07）：83-91.
④ 王如松.转型期城市生态学前沿研究进展[J].生态学报，2000（05）：830-840.

跃和丰富。

2001年,吴良镛《人居环境科学导论》出版,系统阐述了人与环境之间的相互关系。2002年,第五届国际生态城市讨论会在深圳市召开,会议发布《关于生态城市建设的深圳宣言》,提出生态城市建设包括安全、卫生、产业代谢、景观整合和意识培养5个层面,并提出推动城市生态建设的9个行动,对国内外生态城市建设具有重要影响。2009年,仇保兴把生态城市与低碳经济这两个关联度高、交叉性强的发展理念复合起来,首次提出"低碳生态城市"的概念,即以低能耗、低污染、低排放为标志的节能、环保型城市,是一种强调生态环境综合平衡的全新城市发展模式,是建立在人类对人与自然关系深刻认识基础上,以降低温室气体排放为主要目的而建立起的高效、和谐、健康、可持续发展的人类聚居环境。

为了应对日益紧迫的资源环境问题,党中央在十六大提出"全面协调可持续"的科学发展观,加大了绿色在国民经济社会发展中的权重;党的十八大确立了经济、政治、文化、社会、生态建设五位一体总体布局的思想;党的十八届五中全会将绿色发展作为"十三五"乃至更长时期经济社会发展的重要理念。

中央直属部委采用"试点"模式推动具有绿色城市内涵的实践。据不完全统计,中央各部委在2000年以来发布绿色试点类型20多种,极大丰富了我国城乡建设的绿色类型。2016年,"绿色"被纳入中央新时期建筑方针[①]。截至2016年12月,全国已有近300个城市把生态、低碳城市作为城市建设的重要目标(表2-1)。

各部委关于绿色城市的实践和探索　　　　表2-1

主管部门	具有绿色生态城市性质的城市评选活动
住房城乡建设部 (14类试点)	国家生态园林城市(2004年)
	生活垃圾分类试点(2000年)
	宜居城市(2005年)
	绿色建筑(2006年)
	可再生能源建筑应用城市示范(2009年)
	绿色低碳重点小城镇(2011年)
	低碳生态试点城(镇)(2011年)
	智慧城市(2012年)
	绿色生态城区(2013年)
	美丽宜居小镇、美丽宜居村庄(2013年)

---

① 2016年,《中共中央国务院关于进一步加强城市规划建设管理工作的若干意见》中提出新时期的建筑八字方针是"适用、经济、绿色、美观"。

续表

主管部门	具有绿色生态城市性质的城市评选活动
住房城乡建设部 （14类试点）	海绵城市（2015年）
	地下综合管廊（2015年）
	城市双修（2015年）
	宜居小镇、宜居生态示范镇（2015年）
	美好环境与幸福生活共同缔造精选试点村、连片推进村和试点县（2019年）
国家发展改革委 （5类试点）	低碳省区和低碳城市试点（2010年）
	碳排放交易试点（2011年）
	低碳社区试点（2014年）
	循环经济示范城市（县）（2015年）
	产城融合示范区（2016年）
原环境保护部 （4类试点）	生态县、生态市、生态省（2006年）
	生态文明建设试点（2008年）
	生态文明建设示范区（2014年）
	国家生态文明建设示范市县（2017年）
交通运输部（1项试点）	"公交都市"建设示范工程（2012年）
科学技术部（1项试点）	可持续发展议程创新示范区（2018年）
部委联合试点	发改委、环保部、科技部、工信部、财政部、商务部、统计局联合展开循环经济试点（2005年）
	住房城乡建设部、财政部、发改委联合评选绿色低碳重点小城镇（2011年）
	发改委和环保司联合发起"酷中国"活动倡导个人低碳行动（2011年）
	发改委、工信部、科技部和住房城乡建设部联合推出智慧城市试点
	国家发改委、财政部、国土部、水利部、农业部和林业局等六部委联合推动生态文明先行示范区建设（2013年）
	发改委、工信部联合开展国家低碳工业园区试点工作（2013年）
	国家能源局、财政部、国土部和住房城乡建设部联合促进地热能开发利用（2013年）
	财政部、住房城乡建设部、水利部展开海绵城市建设试点城市评审工作（2015年）

资料来源：作者自制。

2.2.5 新时代：在"生命共同体"理念下继往开来

2017年，中共十九大提出中国发展新的历史方位——中国特色社会主义进入了新时代，将"建设生态文明、推进绿色发展"作为"新时代坚持和发展中国特色社会主义的基本方略"之一。生态文明建设思想成为习近平新时代中国特色社会主义理论的重要组成部分，提出了生态文明的中国方案。

习近平生态文明建设思想体现在有关

自然山水、环境、人与自然关系、生态保护与发展的关系、尊重城镇化规律、维护全球生态安全等一系列论述中，其中极具特色和代表性的是"两山"论和"生命共同体"思想。

"两山"即"绿水青山"和"金山银山"，前者指的是优质的生态环境及与其关联的生态产品，后者代表经济收入及与其关联的民生福祉，两者本质上指向环境保护与经济发展的关系[①]。它含有"既要绿水青山，也要金山银山""宁要绿水青山，不要金山银山""绿水青山就是金山银山"三重累进内涵，辩证阐明了"经济强、百姓富"与"生态优、环境好"的对立统一关系，使得发展和保护摆脱"非此即彼"的"两难"悖论，统一成实现共同目标的路径。

"生命共同体"理论，即"山水林田湖草是一个生命共同体"，深刻阐明了万物共生共荣的自然规律（图2-18）。"人的命脉在田，田的命脉在水，水的命脉在山，山的命脉在土，土的命脉在树……"在自然界，任何生物群落都不是孤立存在，它们通过能量和物质的交换与其生存环境不可分割地相互联系、作用，共同形成统一的整体。山水林田湖草之间互为依存又互相激发活力，相互作用达到一个相对稳定的平衡状态。人类必须尊重自然、

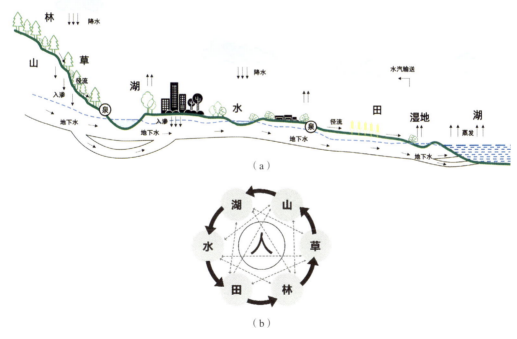

图2-18 人与"山水林田湖草"是生命共同体

资料来源：网络。

---

① 潘家华，等.生态文明建设的理论构建与实践探索[M].北京：中国社会科学出版社.

顺应自然、保护自然，将自然当作一个复杂、有机的生态系统来看待。"万物并育而不相害"，人类可以有目的地利用自然、改造自然，但是应该放下征服者姿态，顺应自然界各要素间的相互作用规律，与自然和谐共生。

习近平生态文明建设思想成为新时代指导国家建设的基本方针。2016年，习近平在重庆召开的推动长江经济带发展座谈会上，提出当前和今后相当长一个时期，要把修复长江生态环境摆在压倒性位置，共抓大保护，不搞大开发。2018年2月，在习近平总书记成都视察后，"公园城市"成为热点。2018年以来不断完善的国土空间规划体系突出强化生态空间地位，生态保护红线与永久基本农田共同成为城镇开发建设的高压边界。在"生态优先，绿色发展"思想的指导下，城乡绿色发展已经成为全国上下共识，相关理论和实践活动进一步活跃并将持续繁荣。

2.3 城乡绿色发展的概念与目标

2.3.1 概念及辨析

1. "绿色"的三个范畴

一般而言，城乡空间中谈及的"绿色"有狭义、广义范畴之分。

狭义范畴的"绿色"即自然生态，主要强调对自然生态的保护修复和城市园林绿化建设。由于城乡空间是一个复杂开放的巨系统，资本、物质、能量、信息等可以在经济、社会、自然三个子系统中自由流动，经济、社会子系统的"贡献"可转化为自然生态子系统"贡献"，同样，经济、社会子系统的"消耗"可转化为自然生态子系统"消耗"。因此，如果不计经济社会，只强调自然生态子系统中的"绿色"，就会因边界不"闭合"导致综合效益和子系统效益都难以实现最优，不是真正意义上的"绿色"方案，因此，必须提出广义范畴。

广义范畴的"绿色"指的是包含经济、社会、自然三个子系统的复合生态，强调三个系统的互动良性发展，最终实现三者的协同共生、整体最优。按照中央"五位一体"总体布局的要求，广义的"绿色"可拓展为"经济、政治、社会、文化、生态"五个维度的整体协同。由于广义的"绿色"涵盖全系统，如果将"绿色"作为政府专项工作或学术专业研究，无法将之与其他工作和研究区分，因此广义的"绿色"仅适用于全局性、综合性的绿色发展场景（例如：推动某城市的全面绿色发展、向全社会普及绿色理念等）。

本书提出中义范畴的"绿色"概念，目的是在政府专项工作或学术专业研究的场景下，既形成一个与其他政府工作、学术研究有明显区别和边界的概念，又不仅限于"自然生态"这个无法"闭合"的狭窄领域。中义的"绿色"概念重点研究"人与自然和谐共生的问题",重点空间为城乡生产生活及其关联地域,涵盖"生态、资源、环境、安全"四个领域。

2. 概念内涵

以中义范畴的"绿色"为基础,"城乡绿色发展"是采用较轻的生态扰动、较少的资源消耗、较小的环境影响和较低的安全风险的发展方式,实现较高的"五位一体"综合效益。它兼顾"生态、资源、环境、安全"的投入成本和"经济、政治、社会、文化、生态"的产出效益,探索紧约束条件下实现社会主义现代化的高质量发展路径。

（1）生态低冲击

将城乡发展对所处自然生态系统的扰动控制在较小幅度,尽量多地维护既有生态平衡,保持生物多样性、重要物种数量及其栖居环境健康,实现城乡空间与所在自然地域生物群落的有机共存。

（2）资源低消耗

将用于实现城乡建设、运营和各类活动所消耗的资源、能源、人造资本维持在较小规模,能量转换和利用处于较高水平,严格控制不可再生资源、能源的消耗。

（3）环境低影响

将城乡代谢产生的土壤、水、大气、声、垃圾等废弃物及时处理,终端排放对环境的负面影响控制在较低限度,不得超出环境自我降解的能力。

（4）安全低风险

使城乡空间支撑体系能够防范重大灾害和安全事故,降低灾害和事故发生概率,发生灾害和事故后有快速响应能力,能将损失控制在较小幅度并较快恢复。

3. 相关概念辨析

（1）低碳

指较低的温室气体（二氧化碳为主）排放。理由是温室气体排放会导致全球气候变化和臭氧层破坏,进而导致自然灾害频发、人类聚居地不再适宜居住,危害人类生存环境和健康安全。

低碳体现了城乡绿色发展中"环境低影响"的导向；当用于控制含碳资源的使用时,体现了"资源低消耗"的导向。

（2）节能

按照世界能源委员会1979年提出的定义,指采取技术上可行、经济上合理、环境和社会可接受的一切措施,来提高能源资源的利用效率。

节能体现了城乡绿色发展中"资源低消耗"的导向。

（3）环保

即环境保护,指人类有意识地保护自然资源并使其得到合理的利用,防止自然环境受到污染和破坏,对受到污染和破坏的环境做好综合治理,以创造出适合于人类生活、工作的环境。治理环境污染的对象一般分为水、空气、土壤、固体废弃物。

环保体现了城乡绿色发展中"环境低影响"的导向。

（4）循环

指以物质和能源循环利用为特征的生产、生活模式。物质、能源在这个不断循环的过程中得到充分、持久的利用。

循环体现了城乡绿色发展中"资源低消耗"的导向。

(5) 生态

本意指生物在一定的自然环境下生存和发展的状态,也指生物的生理特性和生活习性。在城乡空间中,生态指人与自然生态系统构成要素间平衡有序的发展状态。

生态体现了城乡绿色发展中"生态低冲击"的导向。

(6) 绿化

指栽植防护林、路旁树木、农作物以及居民区和公园内的各种植物以改善环境的活动,如国土绿化、城市绿化、四旁绿化和道路绿化等。绿化对维持生态平衡、改善自然环境、塑造城市景观具有重要作用。

绿化体现了城乡绿色发展中"生态低冲击""环境低影响"的导向。

2.3.2 发展目标

广义的"城乡绿色发展"目标,是用绿色的规划建设管理方式实现"政治、经济、社会、文化、生态"五位一体的发展,实现生态、农业、城镇全空间的协同发展,过去、现在、未来全时段的持续发展,达到"经济共荣、政治共治、文化共兴、社会共享、生态共生"的"五共"目标(图2-19)。其中,"共荣"指经济建设,目标是实现经济活力繁荣和全民共同富裕;"共治"指政治建设,目标是实现党领导下的政府、市场、社会多元共治;"共

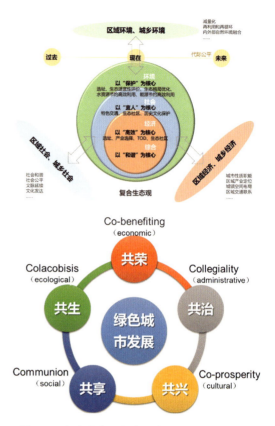

图2-19 复合生态观和广义的城乡绿色发展目标
资料来源:作者自绘。

兴"指文化建设,目标是实现中华民族文化复兴和东西方文化交融共济;"共享"指社会建设,目标是实现人人共享公平的发展机会和福利保障;"共生"指生态文明建设,目标是实现人与自然的和谐共生。

本书所指的中义的"城乡绿色发展"目标,侧重于人类社会与其所处自然资源环境之间的互动共生关系,通过采取对自然侵扰较少乃至有益的建设活动方式营造城乡幸福家园,以人民为中心,在"生态、资源、环境、安全"投入和"经济、政治、社会、文化、生态"产出之间寻求综合效益"最优解"。

2.3.3 民生导向的碳达峰目标——对KAYA公式的校正

研究实现碳达峰、碳中和目标的路径就必须提到KAYA公式。该公式最早由名叫Yoichi Kaya的日本研究者在IPCC的学术论坛上提出，表达为：

总排放量 = 人口 × 人均GDP × 单位GDP能源消耗量 × 单位能耗排放量

即：总排放量取决于人口、人均国民生产总值、单位生产值能耗及单位能耗排放因子4个决定因素。

这是一个恒等式，其意义在于将实现"双碳"目标的路径归结为妥善处理一对矛盾关系——"经济持续增长"与"总排放量基本持平"之间的矛盾关系。到2035年，如何在二氧化碳总排放量增幅5%～9%的前提下实现经济总量100%～150%的增长？需要通过降低单位GDP能源消耗量（即提高生产能效）和降低单位能耗排放量（即调整能源结构、提高新能源占比）这两个路径，二者相乘的降幅要达到现状的42%～55%，才能实现碳达峰的目标。这也是可持续发展的第一个"脱钩"理论，即经济增长与资源环境消耗脱钩。

但是KAYA公式没有将"人民生活质量提升"（以"国民幸福指数"为量化指标）与"总排放量基本持平"之间的矛盾关系揭示出来。我国现状人均消费支出总量及占比均低于发达国家，人均自然资源和城乡空间资源的占有量也远低于发达国家，在人均GDP 1万～2万美元，为满足人民对美好生活的向往，仍然需要较大规模的城乡空间建设与改造，按基准场景生活碳排增长幅度较大。但"双碳"目标给"人民生活质量提升"设定了非常严苛的约束条件，唯有通过政府的强干预政策，尽早实现可持续发展的第二个"脱钩"理论，即人民生活质量提升与经济增长脱钩（也与资源环境消耗脱钩），才能协调这对矛盾，同时实现两个目标（图2-20）。

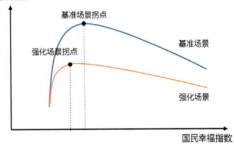

图2-20 基准和强化场景下碳排放与国民幸福指数之间的关系

资料来源：作者自绘。

为了更好彰显城乡空间"以人民为中心"的根本目标，本书建议提出民生导向的碳达峰公式，以此为线索展开城乡绿色发展的碳达峰专项行动。基础公式表达为：

总排放量 = 人口 × 国民幸福指数 × 单位国民幸福指数能源消耗量 × 单位能耗排放量

按照基准场景，国民幸福指数提升与二氧化碳总排放量呈正相关关系，但在总排放量基本持平的约束条件下，需要通过降低单位国民幸福指数能源消耗量（即提高生活能效）和降低单位能耗排放量这两个路径，才能实现碳达峰的目标，即实现可持续发展的第二个"脱钩"理论。

在城乡空间中，将国民幸福指数具体

化为人均城乡空间资源使用量，同时考虑规划/设计——建设/更新——管理/运营的全过程，将公式展开如下：

总排放量=城乡人口×规划/设计水平×人均城乡空间资源使用量×单位资源使用能耗×单位能耗碳排+管理/运营阶段非能耗碳排-管理/运营阶段碳汇+建设/更新阶段碳排

国民幸福指数=规划设计水平指数×绿色生活方式指数×人均城乡资源使用量

其中：

（1）城乡人口：我国总人口将在2023～2027年前后达峰，峰值人口14.3亿～14.4亿人；到2030年，我国城镇化水平还将有约10个百分点的增量，即有约1.5亿～2亿人口进城。从整体趋势看，城镇化是促进集约高效、绿色低碳的过程，虽然城镇化居民对资源使用量需求会有适度提升，但应与集约高效的利用方式大致抵消。因此，从公式中的人口因子看，应呈现总量持平、空间位移的特征，即城镇碳排放会因城镇化水平提升而增加，但应与乡村碳排放降低相抵消，甚至略小于乡村降低量。

（2）规划/设计水平：规划/设计阶段并不直接产生碳源或碳汇，但规划/设计水平直接影响后期管理/运营效率（例如超大特大城市是多中心、网络化、组团式布局还是单中心蔓延式布局），同时影响国民幸福指数相同情况下的人均城乡资源使用量（例如职住平衡的功能布局可以降低居民通勤距离，在湿热地区布局城市"绿心"和通风廊道可以缓解热岛效应、降低建筑能耗）。

（3）人均城乡资源使用量：从能源使用、道路交通、水系统、废弃物处理、建筑等相关领域，可以将人均城乡空间资源使用量分解为：人均生活用能、人均生活出行距离、人均生活用水、人均生活废弃物排放、人均建筑面积等民生需求。基准场景下，国民幸福指数上升伴随人均城乡资源使用量的上升；强化场景下，通过规划/设计水平提升、各专项领域的技术和制度创新，逐步实现国民幸福指数上升与人均城乡资源使用量上升脱钩。

（4）单位资源使用能耗：降低途径是各领域的绿色技术与制度创新。

（5）单位能耗碳排：降低途径是各领域的能源结构优化和新能源替代，表现为碳排放因子数值的下降。

（6）管理/运营阶段非能耗碳排：主要指污水、垃圾处理过程中产生的温室气体排放，降低途径是优化工艺流程。

（7）管理/运营阶段碳汇：主要指自然生态和园林绿化实现的碳汇，提升途径是扩大覆盖面积，通过优化植物种类、立体绿化等方式提升单位面积的碳汇能力以及通过人工碳捕集利用与封存技术（CCUS）实现的碳汇，需要通过技术突破和成本降低实现大规模商业应用。

（8）建设/更新阶段碳排：主要指建设施工和建材生产、运输环节，以及拆除、改建环节的碳排放，计量方式应将单次建设/更新过程的总碳排放均摊到总寿命期内的各年，降低途径是减少单次总碳排放和延长使用寿命。

2.4 城乡绿色发展的总体框架

2.4.1 空间维度

城乡绿色发展本质上是探讨人地关系。就承载地域所对应的空间层次而言，城乡绿色发展包括建筑、街区（乡村）、城市、区域、全球五个层次（图2-21）。

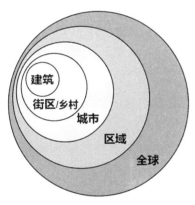

图2-21 城乡绿色发展的空间层次
资料来源：作者自绘。

1. 建筑

建筑是城乡空间的"细胞"，是最小尺度的空间层次。建筑层次强调在建筑全生命周期内，通过建筑功能和空间设计、建筑结构、建筑节材和节能、可再生循环材料利用、雨水回用系统、暖通空调与室内环境、智能化系统等方面实现建筑设计、建造、运行的绿色化。

2. 街区（乡村）

街区（乡村）是城乡空间的"组织"，是城乡居民日常生活的基本空间单元。街区（乡村）满足人们的居住和社会交往功能，同时起到保护环境、传承文化的基础性作用，要在社区生活圈尺度内研究生活服务、场所环境、人车组织、物质代谢、微气候、特色人文、物业管理等内容。按照城市功能，街区又可细分为居住社区、大学园区、创新街区、工业园区等不同类型。

3. 城市

城市是城乡空间的完整单元，一般指城市及其周边辐射的乡村地域。我国绝大多数地区实行市管县体制，为简化概念，此处的"城市"层次指城市直接管辖的城乡地域，即市辖区的概念。

城市具有城区、乡村地区两种异质的基本聚集形态，有时还存在过渡地区（城乡接合部）。在城市和街区间，可根据实际需要设置"分区""片区"层次，视为城市的"器官"，承担面向区域的专业功能和面向本地的综合功能。

4. 区域

区域是若干城市因相对紧密的经济社会生态联系形成的"联合体"。区域内各行政主体之间往往不是直接的上下隶属关系，其联合方式多以"协调"为主；协调主题可包括流域生态环境治理、产业链上下游关系、毗邻地区功能布局等。在区域资源环境条件日趋严格的背景下，可以通过上级政府主导来强化"统筹"。

5. 全球

全球是最大尺度的空间层次。全球层次的绿色发展，应着眼于人类生存发展面临的共同挑战，包括全球气候变化、能源和水资源短缺、粮食安全、热带雨林破坏、环境污染、土地沙漠化、生物多样性破坏等突出问题，通过国际合作，分担责任和义务，共同实现可持续发展。

2.4.2 时间维度

城乡绿色发展不是某一个时间段的工作，而是覆盖"规划/设计——建设/更新——管理/运营"的全周期过程，每一个环节都会对综合效益产生影响（图2-22）。

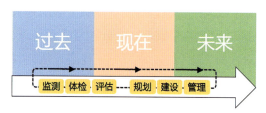

图2-22 城乡绿色发展的时间维度
资料来源：作者自绘。

1. 规划/设计阶段

规划/设计阶段并不直接产生碳排放，但正如习近平总书记所说："规划科学是最大的效益，规划失误是最大的浪费，规划折腾是最大的忌讳。"规划/设计的科学与否会对后期管理/运营效率产生重要影响。

2. 建设/更新阶段

建设/更新阶段必然是一个资源环境的消耗过程，绿色发展体现在从三方面降低消耗总量：一是减少建设施工和建材生产、运输环节的资源环境消耗，二是提高建筑、设施寿命，从而降低建设过程分摊到总寿命期内的年均资源环境消耗，三是从大拆大建到有机更新，降低更新过程的资源环境消耗总量。

3. 管理/运营阶段

管理/运营阶段是资源环境消耗总量最大的阶段，绿色发展体现在从能源使用、道路交通、水资源、废弃物处理、建筑等专项领域，以及生产、生活方式转型等相关领域，分别推进绿色技术创新和管理创新，从而降低资源环境消耗，同时提升自然生态与园林绿化的碳汇能力和服务价值以及CCUS等主动碳汇能力。

2.4.3 体系维度

城乡绿色发展包括理论、法规、标准、评价、技术、示范等体系（图2-23）。我国的绿色城乡发展经历了长期的过程，各体系已经有了相对完善的基础。但在"生态优先、绿色发展"的新发展理念之下，各体系需要在既有基础上不断改进、优化和完善。

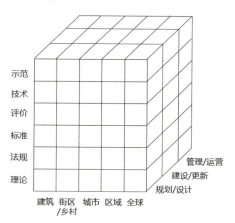

图2-23 城乡绿色发展的体系维度
资料来源：作者自绘。

1. 理论体系

由城乡绿色发展基本概念及其相关作用原理、机制、方法等内容所形成的有机整体,包括本体、支柱和外延理论等。既有城乡理论体系研究主要集中在城镇、乡村的空间结构和功能布局上,未来应向农业、生态空间和生态、资源、环境、安全四个领域拓展。

2. 法规体系

规划建设管理活动所依据的法令、条例、规则、章程等一系列相互支撑、互为补充的法定文件,是受到国家和地方权力保护、解决涉法纠纷的准绳。目前,城乡绿色发展需要增补与生态补偿、绿色激励、存量用地更新、资源市场化交易等领域的法规政策。

3. 标准体系

由主管机构批准发布,用于规范规划建设管理活动所制定的一系列准则和依据,用于保障城乡绿色发展的质量,减少和防止失误、浪费。城乡绿色发展的标准体系需要兼顾人民美好生活需要和资源紧约束条件,从"解决有没有"向"解决好不好"转变,从关注"开发"向兼顾"开发"与"保护"、"发展"与"安全"改变,从注重"规模"向兼顾"质量、结构、规模、速度、效益、安全"转变。

4. 评价体系

若干相对独立又相互联系的指标集合,用于分析判断城乡绿色发展质量状况,对于以绿色发展为主题的城市体检评估、新城新区建设、老城更新改造、运营动态监测、行政绩效考核具有重要参考价值。城乡绿色发展的指标体系可按照本书提出中义范畴的"绿色"概念构架,体现"生态低冲击、资源低消耗、环境低影响、安全低风险"的控制引导目标。需要强调的是,"绿色"的本质是"主体"对外部环境不断变化的"适应能力",因此无法用统一的标准数值来衡量绿色城市,必须选取适应当地自然环境、符合当地社会经济条件的管控标准。

5. 技术体系

实现城乡绿色发展的技术集成,是一个庞大的"工具包"。既有分析评估方法、规划布局原理,又有相关技术、工艺、装备、流程等,由于"绿色"的本质是"适应能力",这里的技术体系既不是建成绿色城市的充分条件,也不是必要条件,而是可供选择的"药方",技术人员作为诊断特定城市面临问题的"大夫",应因地制宜、对症下药地选择其中的一些"药方"。

6. 示范体系

实施城乡绿色发展的各类示范城市、片区或街区。国家发展改革委、环境保护部、住房城乡建设部、交通运输部等部门曾开展相关的示范试点,在新的发展形势和要求之下,需要总结已有示范的经验教训,优化评价和技术体系,推动新一轮的综合性实践。

因法规和标准体系一般由行政主管部门研究制定,本书仅对理论、评价、技术和示范体系展开论述。

3

第 3 章

城乡绿色发展理论体系

3.1 理论基础

3.1.1 道萨迪亚斯的"人类聚居学"

希腊建筑师道萨迪亚斯在20世纪50年代创立研究人类聚居的理论，又称城市居住规划学、人类环境生态学。1965年，他在希腊雅典发起成立人类聚居学世界学会。1976年，联合国在温哥华召开"世界人居大会"，此后每隔20年召开一次。

道萨迪亚斯认为传统建筑学、地理学、社会学、人类学等学科，仅仅各自研究涉及人类聚居的某一侧面，而人类聚居学吸收了上述各学科的成果，在更高的层次上对人类聚居进行全面、综合的研究。他建立一套科学的体系和方法，了解和掌握人类聚居的发展规律，解决人类聚居中存在的具体问题，创造出良好的人类生活环境。

人类聚居主要是指包括乡村、集镇、城市等在内的人类生活环境，由五个基本要素组成——自然界、人、社会、建筑物、联系网络。人类聚居学研究上述五项要素以及它们之间的相互关系。

道萨迪亚斯按规模大小把人类聚居分成十五级层次单位：个人、居室、住宅、住宅组团、小型邻里、邻里、集镇、城市、大城市、大都会、城市组团、大城市群区、城市地区、城市洲、全球城市。这十五级单位上下互相联系构成人类聚居系统，要想解决各层次中的问题，必须对整个系统进行研究。

3.1.2 吴良镛的"人居环境科学"

1993年8月，吴良镛和周干峙、林志群在中科院技术科学部大会上，阐释了"人居环境学"的观念和系统。其后，吴良镛于2001年出版《人居环境科学导论》，系统阐述了人居环境科学的框架。人居环境科学是一门以人类聚居为研究对象，着重探讨人与环境之间相互关系的科学。它强调把人类聚居作为一个整体，而不像城市规划学、地理学、社会学那样，只涉及人类聚居的某一部分或是某个侧面。人居环境科学的目的是了解并掌握人类聚居发生、发展的客观规律，以更好地建设符合人类理想的聚居环境。

在借鉴人类聚居学的基础上，吴良镛院士提出人居环境的五个子系统，即自然系统、人类系统、居住系统、社会系统、支撑系统；根据中国实践将人居环境分为五个层次，即全球、区域、城市、社区和建筑；明确了发展中国人居环境科学的五大原则，即生态观、经济观、科技观、社会观和文化观，这些内容共同搭起了人居环境科学的框架。吴良镛院士认为，每个学科都应该有自己的方法论，人居环境科学面对错综复杂的自然与社会问题，需要借助复杂性科学的方法论，通过多学科的交叉从整体上予以探索和解决。

人居环境科学是研究人类聚居及其环境相互关系与发展规律的科学，其理论与实践是"中国改革开放40周年的标志性成果之一"①。它从中国建设的实际出发，与世界人居运动形成了良好的呼应。

3.1.3 新时代人居环境科学的侧重点

理论从实践中来、到实践中去。毛泽东同志在《实践论》中说："实践、认识、再实践、再认识，这种形式，循环往复以至无穷，而实践和认识之每一循环的内容，都比较地进到了高一级的程度。这就是辩证唯物论的全部认识论，这就是辩证唯物论的知行统一观。"当前，我国内外部环境的巨大变化、社会经济发展动力的变化、人口结构和城镇化发展阶段的变化，都已昭示了新发展阶段的到来。新阶段的城乡发展实践，需要新阶段的人居环境科学理论来支撑。

不同阶段的主要矛盾不同，决定解决方法的不同。毛泽东同志在《矛盾论》中说："不能把过程中所有的矛盾平均看待，必须把它们区别为主要的和次要的两类，着重于捉住主要的矛盾，……其主要的方面，即所谓矛盾起主导作用的方面。事物的性质，主要地是由取得支配地位的矛盾的主要方面所规定的。然而这种情形不是固定的，矛盾的主要和非主要的方面互相转化着，事物的性质也就随着起变化。"新时代我国社会主要矛盾已经转化为人民日益增长的美好生活需要和不平衡不充分的发展之间的矛盾，我国经济主要矛盾已经转化为生态资源环境安全紧约束和人均GDP倍增之间的矛盾，而两者共同的解决途径是破解"生态、资源、环境、安全"投入和"经济、政治、社会、文化、生态"产出之间"此消彼长、难以两全"的矛盾关系，实现两个"脱钩"：经济增长与资源环境消耗脱钩（经济增长快于资源环境消耗），人民生活质量提升与经济增长脱钩（人民生活质量提升快于经济增长）。

因此，在人居环境科学理论的框架之下，在新发展阶段，应将研究重点聚焦于"生态、资源、环境、安全"这组紧约束条件，回答在此条件之下如何实现"以人民为中心"的"五位一体"发展目标，这归根结底是一个道路问题。而本书提出的"城乡绿色发展"，即是探索这样一条可行的路径，旨在通过技术创新和制度创新，通过最小的生态资源环境安全代价，最大限度地满足人民对美好生活的向往。

本书提出的新时代人居环境科学侧重点如下：

（1）强调生态文明时代需秉持的4个核心观念：整体观、共生观、适应观、永续观；

（2）强调自然系统中的4个紧约束条

---

① 毛其智. 中国人居环境科学的理论与实践[J]. 国际城市规划，2019，34（04）：54-63.

件：生态、资源、环境、安全；

（3）强调发展目标的"以人民为中心"；

（4）强调解决策略的全周期性：规划/设计、建设/更新、管理/运营。

3.2 核心观念

核心观念是人们对城乡绿色发展总的看法和根本观点，决定对这一问题认知的高度。

全球人类文明史是循环演进的。东方农业文明体现了生产力水平不足时人类顺应自然的智慧；西方工业文明体现了生产力水平提高后人类改造自然的能力。在步入生态文明时代的今天，城乡绿色发展有必要在响应世界可持续发展进程中，从以中国为代表的东方文明中汲取营养，复兴传统生态智慧，构建有中国特色的、适应现代化进程需求的城乡绿色发展理论，回应现代化建设需求，谱写中国特色的生态文明篇章。

中国传统生态智慧，历经数千年中华文化传承和城市建设实践，其思想核心是建立人与自然和谐统一的关系。它统合在儒、道、佛等思想流派中，以"天人合一""道法自然""众生平等"等为基本精神，诠释着朴素的生态伦理和哲学。有别于西方以"还原论""物竞天择""改造世界"为特点的自然哲学，中国传统生态智慧表现为"整体""共生""适应""永续"为特征的绿色发展观念。

3.2.1 整体观

在描绘人与自然的基本关系上，西方文化强调解析和还原。西方哲学认为再复杂的系统也可以解析为最基本的构成单元，其思维特征是逻辑的、分析的，认为通过科学严谨的解析，世界可以还原到本初面目。如拉普拉斯所言，"万物都是确定的，未来就像过去一样能够被呈现"。

与之不同，东方文化强调事物的整体性和综合性。中国哲学的思维特征是体验的、综合的，它与伦理、社会、人生结合，善于从整体视角研究高度复杂的系统。《周易·系辞上》的"一阴一阳之谓道"，表明事物和现象同时具有对立和统一的关系，它们相互依存、结成整体，因此不能孤立的看待任一部分。董仲舒的"以类合之，天人一也"，表达了人与天地万物具有同类合一的性质。在东方整体观的认知下，人与自然统合为一个整体。对自然各个领域的认识，首先强调关注其全貌及其展现的整体规律，其次才是各组成部分间的相互关系，再次才是组成部分自身的特征。

吴良镛院士谈及中国人居环境的特点时曾说，"中国人居环境的营造，不是专注于一座建筑的设计，或钟情于一片风景的塑造，而是强调整体，采用规划、建筑、园林'三位一体'的营造方略"。

3.2.2 共生观

中国传统哲学认为天地造化、万物同源。《庄子·秋水》中写道"以道观之，物无贵贱"，因为万物平等，中国人的世界观带有善待万物的思想。

《礼记·中庸》有"万物并育而不相害，道并行而不相悖"的名句，表达了每一个生命体都拥有符合自然规律的生存权利。"上天有好生之德"，人类不能强行剥夺其他生命的发展权，善待生命、热爱自然才是符合世界运行的根本规律。习近平总书记提出的"山水林田湖草是一个生命共同体"思想重新诠释了这一传统认知，表达出生态环境各要素之间相互关联、相互影响、相互依存的特性，深刻阐明了万物共生共荣的自然规律。

3.2.3 适应观

中国长期的农业社会实践形成了遵循自然规律的认知，人类在自然面前作为弱者应采取"顺应"的行为，在"因就"中满足自身的发展诉求。"二十四节气"表达的就是应时务农的思想，《管子·乘马》中"凡立国都，非于大山之下，必于广川之上。高毋近旱，而水用足；下毋近水，而沟防省。因天材，就地利，故城郭不必中规矩，道路不必中准绳。"体现了因地制宜进行城市选址和建设的经验总结，有鲜明的"顺应自然"特色。

今天，人类科学技术虽已取得巨大进步，改造自然的能力空前提高，但城市发展仍然面临也将长期面临如何适应自然的课题，气候安全、生态安全、能源资源安全、防灾减灾等问题的交织。按照"复杂适应系统"理论，主体需要根据客体环境的变化主动寻求适应，使自身的演进趋向"绿色化"，在与环境及其他主体间持续不断的交互作用中，不断"学习"或"积累经验"，调整自身结构和行为方式，实现顺应环境的发展。如果把城乡空间视为生命体，其宏观至微观层面系统的生长进化、推陈出新，都会在这个适应的进程中逐步变化。

3.2.4 永续观

中国传统农业社会"靠天吃饭"，为了从自然获得最大化的长期累积收益，必须尊重自然产出的规律，对自然的攫取不能超出自然的自我修复能力。

中国传统对自然的利用强调"从长计议"。它提倡有限度地开发利用自然，主动约束过度开采行为，以维系自然的永续平衡。从《礼记·王制》中可以看到，中国古代推行"时禁""不夭其生，不绝其长"，认为对山林川泽的索取，要避开草木、鱼鳖刚开始生长发育的阶段，反对滥采以确保百姓能够长期获得所需资源。《淮南子·主术训》也讲到"畋不掩群，不取麛夭。不涸泽而渔，不焚林而猎"，认为人类渔猎动物应有不可逾越的底线，取之有度，用之有节，从而避免破坏大环境生态平衡。

永续观建立了城乡绿色发展的时间维度，这与可持续发展观所强调的"代际公平"思想不谋而合。

3.3 理论体系结构

3.3.1 三层次理论的构成

城乡绿色发展的理论体系由三个层次组成：本体理论、支柱理论、外延理论（图3-2）。

本体理论是城乡绿色发展理论体系的内核，是人居环境科学理论在"城乡发展"语境中的表现，即"城乡聚居理论"。

支柱理论是体现城乡绿色发展理论体系"绿色"内涵的部分，包含"生态、资源、环境、安全"4个板块。

外延理论是城乡绿色发展理论体系中间接关联、具有"绿色"属性的理论，包含绿色经济、绿色治理、绿色文化、绿色社会4个部分（图3-1）。

图3-1 城乡绿色发展理论体系框架
资料来源：作者自绘。

3.3.2 三层次理论的关系

本体理论阐述城乡空间的聚居活动规律，是城乡绿色发展理论体系的出发点和落脚点。

3.4 本体理论：城乡聚居理论①

支柱理论阐述4个紧约束条件自身的规律及其与城乡空间的互动关系，为本体理论提供"绿色"支撑，并与外延理论交叉互动产生丰富的理论分支。

外延理论阐述有利于实现城乡绿色发展的经济、治理、文化、社会模式，为本体理论和支柱理论提供外部体制机制支撑。

3.4.1 概念

城乡聚居是现代社会人类为了便于生活和生产普遍形成的在城市和乡村集中居

---

① 本节内容基于吴良镛院士《人居环境科学导论》中的研究，部分内容结合作者个人理解有所增减，其中，直接引用的内容不再单独做注。

住的形式。它由两个部分组成：

（1）聚居的内容，即生活在城乡中的人类及其产生的经济社会活动。

（2）聚居的容器，即由自然或人工元素组成的城乡有形场所及其周围环境。

前者是城乡聚居中变化的部分；后者是相对稳定的部分，为前者提供物质基础。

3.4.2 基本属性

城乡聚居是以城市、乡村或者城乡融合形态为载体的聚居形式，是自然力量和人类力量共同作用的产物；是动态发展的有机体。决定和影响聚居演变的要素众多，需要协同推进。

（1）人类聚居。城乡聚居的主体是人，既要满足人类个体需求，也要符合群体生存发展需要。人类是地球最高级的生物体，人类聚居是高度复杂的生物群组织形式，有特殊的发展需求和组织方式，具有多种表现形式。

（2）由自然力量和人类力量共同作用而形成。城乡聚居的进化过程既可以在人类的引导下不断调整改变，也受自然演变规律的制约，是一个开放的系统。

（3）动态发展。城乡聚居总是处在运动中，不断革新和变化，过去、现在和未来密切联系，不同的阶段具有不同的特征。时间使得城乡聚居的形态、规模、结构、功能具有不同的表现内容。

（4）协同推进。城乡聚居的演变，需要各组成城乡发展的要素协同联动，在总体演进中实现动态平衡。因而需要从整体上将各种现象联系起来认识，需要多学科协同研究和决策。

（5）不同程度的自组织、自适应现象。各类城乡聚居具有内生发展演变动力，能因应环境变化调整适应。这一点在自发形成的传统城乡聚居中尤为明显，现代城乡聚居大多有严格的规划建设管理措施，对个体建造活动有严格限定，但从不同层级的规划建设赋权等方面，但仍展现出一定规则下的组织和自适应特征[①]。

3.4.3 系统构成

对应人的不同需求，城乡聚居从内容上可以划分为场所和空间、支撑、经济、社会、自然五大系统，每个系统可以进一步分解为若干子系统。五大系统中，经济系统、社会系统是人类活动及在活动中形成的关系，自然系统是维持人类活动的自然基础，场所和空间系统、支撑系统是人工创造的物质环境。在任何一个聚居环境中，五大系统围绕人的需求共同构成城乡聚居系统，他们相互联系并具有独立的体系（图3-2）。

（1）场所和空间系统

场所和空间系统指人们在从事生产生活各项活动时，需要使用的物质环境实体和空间，一般有具体的功能。例如，用于居住的住宅，用于商业服务的超市、商场，用于工业生产的车间，用于物流的仓库等。

---

① 例如，国土空间规划在落实上级规划强制性内容的同时，在符合规范的前提下，拥有本级空间规划内容的主导权，可依据自我需求裁夺取舍。

图 3-2　构成城乡聚居的五大系统

资料来源：作者自绘。

（2）支撑系统

支撑系统指各类基础设施，包括交通、能源、给水排水、通信、网络、防灾设施等物质环境。它为城乡活动提供支持，把不同单元连接成为整体，是其他系统得以正常运行、发挥作用的基本保障。

（3）经济系统

经济是价值的创造、转化与实现[①]。城乡聚居的经济系统指城乡生产、流通、分配和消费过程中创造、转化与实现价值的经济元素的有机整体。它决定了城乡基本生产水平。

（4）社会系统

社会是由人所形成的集合体[②]，是人们在相互交往和共同活动的过程中形成的相互关系[③]。城乡聚居的社会系统是人们在城乡相互交往和共同活动的过程中形成的政治、文化等关系的有机集合，如公共管理和法律、社会关系、人口趋势、文化、社会分化、健康和福利等。

城乡聚居社会系统由个体的人组成，个体居民的心理、行为等需求是构成社会系统的基本要素。

（5）自然系统

自然系统是指城乡聚居所处地域的气候、水文、地质、植物、动物、土壤、资源、地形等非人工的客观世界集合，它是城乡活动的自然界基础。

3.4.4 研究方法

城乡聚居研究是对一个开放的复杂巨系统求解的过程。复杂巨系统的特征主要表现在高阶次、多回路、非线性以及子系统的数量巨大、类别繁多、多重反馈、结构复杂上，不能简单做认识上的叠加，相互关联甚至互为前提[④]，因此，必须考虑事物的联系，综合使用多学科研究方法，并且与城乡发展联系起来。

就复杂巨系统的研究方法，钱学森院士表述为综合集成，吴良镛院士表述为融贯的综合研究，即"各有关学科综合在一起，先把问题找出来，以问题为导向进行求解，在此基础上就行综合。"具体可体现为几个要点：

1. 以问题为导向，抓住要害、化繁为简

由于城乡人居涉及的领域驳杂，如果不对研究对象加以限定，有限的资源很容易迷失在研究的海洋里。因此，应明确城

---

① 陈世清．对称经济学术语表（一）．大公网，2015-06-01[引用日期2021-06-09].
② 辞典修订版．辞海之家．http：//www.cihai123.com/cidian/1000436.html.
③ 吴良镛．人居环境科学导论．北京：中国建筑工业出版社，2001.
④ 赵亚男，刘焱宇，张国伍．开放的复杂巨系统方法论研究[J].科技进步与对策，2001（02）：21-23.

乡聚居表现出突出的问题，通过剖析其涉及诸多方面和内容、过程，简化为可以把握的若干重点，抓住要害进行研究，使复杂问题"博"而"约"，保持研究的聚焦和投入的可控。

2. 寻找基础性规律，大胆假设、小心求证

城乡聚居问题具有复杂的层次。通过表面现象得出的规律往往不足以解释城乡聚居演变的内在逻辑，需要抽丝剥茧，探索更为基础性的规律。这需要研究者对城乡活动的本质有所认识，有时要上升到哲学层面，对习惯性观点、措施提出质疑和思考，创新性的提出"假设"，并通过细致审慎的研究对"假设"加以求证。通过清晰的思考、推理和论证，得到更为本质的规律性的认知，从而得出科学的结论。

3. 多学科集成，综合认知、有限求解

城乡聚居问题的复杂性需要多学科合作，不同学科反映着城乡聚居问题不同侧面的特点、规律，他们相互叠加印证才能展现城乡聚居问题的实质和全貌。在研究初期，不同学科在明确问题后适宜平行开展研究，以保持学科专业性。形成一定研究成果后，在研究的中间阶段，需要通过学科间不断交叉整合，逐渐建立对问题的完整认知。"通过行之有效的研究和工作组织方法建立起多学科之间和多个工作部门之间的相关性关系，弄清庞大系统中各子系统之间的相互作用和影响，从而使研究决策的思维方式更贴近于现实世界，解决问题的方案更具综合性和广泛的利益协调性"[①]。

在透彻把握城乡聚居问题后，就可以着手研究解决问题的方案。就城乡聚居问题的复杂性而言，相应方案也不宜追求全盘解决，而是根据工作阶段和重点有限度的制定，推动关键问题在未来一段时间内获得良好解决，从而实现城乡聚居水平的螺旋式上升。

就实践多学科的工作范式，钱吴两位院士提出了理想形式——"综合集成研讨厅体系"和"科学共同体"。

4. 定性定量相结合

1990年，钱学森、于景元、戴汝为就在"自然"杂志上首发《一个科学新领域——开放的复杂巨系统及其方法论》，提出了"定性定量相结合的综合集成方法"（图3-3）。

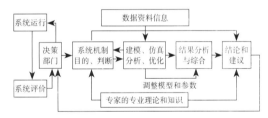

图3-3 钱学森：定性与定量相结合的综合集成方法
资料来源：作者自绘。

其中，定性是指把科学理论、经验知识和专家判断力相结合，提出经验性假设（判断或猜想）；定量是指用经验性数据、资料和有大量参数的模型对这些定性认识的确实性进行检测。定量模型必须建立在对经验和系统的切实理解上，经过定量计

---

① 尹稚.论人居环境科学（学科群）建设的方法论思维[J].城市规划，1999（06）：9-13+19+63.

算、反复对比后形成结论，使定性认识上升到定量认识。通过这个过程，研究结论不再仅仅是先验判断和猜想，还是有足够科学根据的结论。这个方法将专家群体、数据和各种信息与计算机技术有机结合起来，形成一个研究系统，并发挥出这个系统的整体和综合优势[①]。

5.借鉴横断科学研究成果

横断科学是各门自然科学、技术科学乃至社会科学能共用的一门科学，它与边缘科学、综合科学等新学科在20世纪下半叶出现，使得现代科学在高度分化的同时高度综合，加强了科学体系结构的整体化趋势。

不同学科由于具有共同的属性或共同的内在联系形式，形成了从不同的角度研究同一对象的体系，从中提升出一种新的更抽象的学科，即横断科学，比如逻辑学、老三论（系统论、信息论、控制论）和新三论（耗散结构理论、突变论、协同论）。横断科学的理论和方法具有跨学科的共同属性，"从许多物质结构及其运动形式中抽出某一特定的共同方面作为研究对象，其研究对象横贯多个领域其至一切领域[②]"，为许多理论的突破创新提供了方向，超循环论、分形理论和混沌理论都借鉴了横断科学的观点。它脱离了"还原论"和线性思维的特征，形成了一个"复杂性科学"的新兴学科群，孕育着源头性的创新。[③]

城乡聚居理论领域容纳多学科，综合性很强，但也容易落在某个或某几个学科的特定研究框架内，忽略跨学科的共同属性和规律。而横断科学打破了学科间藩篱，提供了认识事物发生发展规律的新视角，对于分析、研判城乡聚居特征进而把握其发展趋势往往具有启示性价值。例如，突变理论是研究自然界和人类社会中

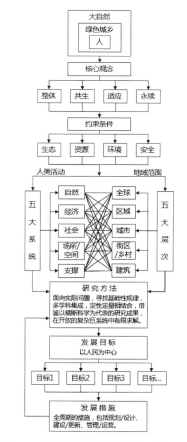

图3-4 城乡聚居理论的基本研究框架[①]

---

① 钱学森.一个科学新领域——开放的复杂巨系统及其方法论[J].城市发展研究，2005（05）：1-8.
② 百度百科 "横断科学"．[引用日期2021-05-04]. https://wapbaike.baidu.com/item/%E6%A8%AA%E6%96%AD%E7%A7%91%E5%AD%A6/2521711
③ 刘永红.从横断科学的观点看广义近似空间理论[J].中国科技信息，2006（22）：312-313+315.

不连续现象的数学分支，它结合事物状态变化的临界点、临界点附近非连续性态特征、不连续现象的理论分析和观察资料进行建模，从而对不连续现象的机理做出预测，因而在说明事物质变的方式上具有独特优势[①]。突变理论用于城乡聚后，可以解释诸如结构调整、门槛、强度控制等问题。

3.5 支柱理论

3.5.1 城乡生态理论

城乡绿色发展的生态理论是关于人类城乡聚居单元与自然环境之间相互作用的理论。其基础学科有生态学、生物学、地理学等。

城乡生态关注各个生态要素的综合平衡，关注不同尺度生态单元的保护和恢复生物多样性，注重维持生态系统结构、功能和过程的完整性，强调构建和维护城乡生态安全格局，使城乡生态进入良性循环，追求人与自然、和谐发展，形成有机、可持续的关系[②]。

1. 基本概念

（1）有机体

有机体包括个体、种群、生物群落、生态系统和生物圈五个层次，有机体的复杂性随着层次的提高而增加。

1）个体是最低层次，具备从环境中获得资源并将资源分配给维持、生殖、修复、保卫等方面的进化和适应对策。

2）种群是栖息在某一地域中同种个体组成的群体，具有一系列群体特征。

3）生物群落是栖息在同一地域中的动物、植物和微生物的复合体，由不同类别的种群构成，具有新的外貌、结构、动态、多样性、稳定性等群体特征。

4）生态系统是同一地域中生物群落和非生物环境的复合体。

5）生物圈是指地球上全部生物和一切适合于生物栖息的场所，包括岩石圈上层、水圈全部和大气层的下层，对应全球性问题[③]。

（2）种间关系

生物活动会改变所栖息的环境。当一些生物个体进入其他个体生活中时，会发生相互作用。这些相互作用大致可以分为竞争、捕食、寄生、互利共生和腐食。种间关系是理解生态系统的群落结构、食物链、物种角色和地位的基础。

---

① 许秀川，谢梦玲.基于突变论视角的我国绿色农业发展进程与演变逻辑研究[J].新疆农垦经济，2021（05）：17-29.
② 王光军，项文化.城乡生态规划学[M].北京：中国林业出版社，2015.
③ 李珍基，陈小麟，郑海雪.生态学（第四版）[M].北京：科学出版社，2014.

(3)进化和演替

生态进化是生命系统适应于环境系统改变而在同一层次上发生的一系列可遗传的变异,生态进化的过程是通过遗传信息的逐代改变而产生生态适应的过程。

生态演替指随着时间的推移,生物群落中一些物种侵入,另一些物种消失,群落组成和环境向一定方向产生有顺序的发展变化;演替通常以一定区域为对象。

(4)生态系统服务

按照联合国"千年生态系统"评估所提供的定义,生态系统服务是指人类从生态系统获得的各种惠益,包括:在提供食物和水等方面的供给服务,在调控洪水和疾病等方面的调节服务,在提供精神、消遣和文化惠益等方面的文化服务,在养分循环等方面维持地球生命条件的支持服务[1]。生态系统的各种服务之间密切关联,任何一种生态系统服务的变化,将影响到其他服务的状况[2]。

(5)生态修复

生态修复是利用生态系统的自我恢复能力,辅以人工措施,使受损生态系统逐渐恢复到受损前的状态[3]。

它具有以下三个特点:①严格遵循循环再生、和谐共存、整体优化、区域分异等生态学原理;②影响因素多而复杂;③生态学、物理学、化学、植物学、微生物学、分子生物学、栽培学和环境工程等多学科交叉[4]。

2. 基本理论

(1)生态适宜性理论

生态适宜性即某一特定生态环境对某一特定生物群落所提供的生存空间的大小及对其正向演替的适宜程度。

这一概念最早由 J. Grinnell 于1917年提出,目前已经在生物对环境条件的适合性测度、种间竞争、群落结构、物种多样性保护、种群生存力分析以及资源利用等方面得到广泛应用,成为寻求与自然和谐、资源潜力相适应的资源开发方式与社会经济发展途径的一种基本指导思想。

生态适宜性理论认为,自然界不同种类的生物基于互惠关系而共同生活在一起,任何生物的生长和发育都会受到周围生态环境或生态条件的制约和限制,并且只能生活在一定的环境梯度范围内。在这种生态环境条件下,生物种群能够保持着最大的生命活力、生产力和稳定性[5]。

(2)生物多样性理论

生物多样性即生物及其环境形成的生态复合体以及与此相关的各种生态过程的总和,是生物资源丰富多样的标志。生物多样性包括植物、动物和微生物的所有物

---

[1] 张永民,译. 生态系统与人类福祉评价框架-千年生态系统评估报告[M]. 北京:中国环境科学出版社,2007.
[2] 陈宜瑜,主编. 中国生态系统服务与管理战略[M]. 北京:中国环境科学出版社,2011.
[3] 刘俊国,(美)安德鲁·克莱尔. 生态修复学导论[M]. 北京:科学出版社,2017.
[4] 周启星,魏树和,张倩茹,等. 生态修复[M]. 北京:中国环境科学出版社,2006.
[5] 吴次芳,叶艳妹,等. 国土空间规划[M]. 北京:地质出版社,2019.

种和生态系统,以及物种所在生态系统中的生态过程。

生命自产生以来,生存环境一直处在不可逆地向着多维化方向发展变化中,为生物多样性提供了环境基础。个体、种群间互为环境,形成的生态系统也进一步加大了环境的多维化。而生物自身的多样化,使得单个个体本身的内部环境日趋复杂。因此,生物会向着以自身遗传物质为基础,在生物要求的和能适应的环境作用下产生多样性方向上的进化。生物多样性表现为基因多样性、物种多样性、生态系统多样性和景观多样性等,各层次的多样性相互联系。

(3)生态位理论

生态位是指在自然生态系统中一个物种的时间、空间上的位置及其与相关种间的机能关系[1]。如果某个物种在所处群落中,较其他伴生种有更好地利用生境条件的能力,则该物种在该微域生境中居于优势地位。

根据不同的标准,可以得到不同的生态位分类系统:①每一种生态因子对应着一种或特定的生态位,如光、温度、食物等生态位;②按照生态元的类别,有基因、细胞、个体、物种、生态系统、城市、生物圈、地球生态位;③根据竞争与否,生态位可分为基础生态位(竞争前)和现实生态位(竞争后)。

生态位的大小可以用生态位宽度加以衡量,是指在环境的现有资源谱当中,某种生态元能够利用多少(包括种类、数量及其均匀度)的一个指标,它与物种的耐受性有关。

生态位理论为许多管理活动提供理论依据,例如恢复受人类活动影响的生境、应对外侵物种的危害以及濒危物种的保护等,同时生态位的分化为物种共存提供了理论依据[2]。

(4)系统生态学理论

系统生态学起源于19世纪末湖泊和海洋研究,强调从系统的整体来研究生物分布与环境之间的相互关系(图3-5)。它有如下主要内容:[3]

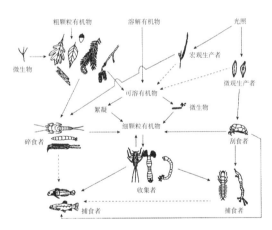

图3-5 小型森林溪流生态系统中无脊椎动物功能摄食类群的概念模型及其食物来源[3]

1)以生态关系为主要研究对象,关注这些关系的形成机理、作用规律和功

---

[1] 李振基,陈小麟,郑海雷.生态学(第四版)[M].北京:科学出版社,2014.
[2] Michael Begon, Colin R. Townsend, John L. Harper. 李博,张大勇,王德华(主译).生态学——从个体到生态系统(第四版)[M].北京:高等教育出版社,2016.
[3] [丹]S. E. 约恩森,曹建军等(译).生态系统生态学[M].北京:科学出版社,2007.

效。如果以具有生态学结构和功能的组织单元为生态元，能为目标系统存储提供或运输物质、能量、信息，并与目标系统生存发展密切相关的系统成为生态库，则系统生态学的研究对象可以理解为三类关系的集合：元-元、元-库、元-系（高层次系统）。这些关系通过物质代谢、能量转化、信息传递、价值变迁、生物迁移等生态流构成一个自组织系统，并通过各种生态过程实现系统的功能。

2）关注生态过程的稳定性。生态系统的发展不同于单纯的种群增长，而是具有主动适应环境、改造环境、突破限制因子束缚的趋向。在不同发展阶段，系统的有利和限制因子不断变化，使得系统的发展过程成为一组S型曲线的组合，是一个不断打破旧平衡、出现新平衡的过程。

3）生态系统类型。不同生态系统和人类活动具有不同的关联强度、不同的生物关系，产生不同的生态现象和规律。

4）生态资源与生态价值。生态资源指一切可被生物的生存、繁衍和发展所利用的物质、能量、信息、时间和空间。生态资源根据其紧缺程度、获取难易度及付出的代价，具有不同的价值。生态价值包括利用该资源可能的获益，也包括形成和存储该资源的付出和利用时产生的消极影响。在进行生态资源开发利用等经济活动时，需要全盘考虑资源的生态价值，实现可持续利用。

(5) 景观生态学理论[①]

景观生态学是以整个景观为对象，运用生态系统原理和系统方法研究景观结构和功能、景观动态变化和相互作用原理，以及景观美化、优化、合理利用和保护等内容的学科。景观生态学强调景观的异质性、尺度性和综合性，斑块、廊道、基质是景观的基本要素。它有以下主要内容。

1）岛屿生物地理学理论。岛屿生物地理学研究对象是海洋岛和陆桥岛，是一个相对简化的自然环境，其理论被广泛应用于岛屿状生境的研究中。其基本结论为：物种丰富度随岛屿面积或陆地群落取样面积呈单调增加的趋势，物种维持的数目是"新物种"嵌入"老物种"消亡或迁出之间动态均衡的结果。

2）复合种群理论。复合种群是由空间上彼此隔离，功能上相互联系的两个或两个以上亚种群或局部种群组成的种群板块系统。广义概念指所有占据空间上非连续生境板块的种群集合体，只要斑块之间存在个体或繁殖体，都可称为复合种群。复合种群可以分为经典型、大陆-岛屿型、斑块性、非平衡态、混合型等不同类型，不同复合种群具有不同的动态特征，反映了种群空间结构的多样性和复杂性。

3）异质共生理论。指解释异质景观

---

① 除注释外，本条内容主要参考以下两本书：①傅伯杰，陈利顶，等.景观生态学原理及应用[M].北京：科学出版社，2001.②邬建国.景观生态学——格局、过程、尺度与等级（第二版）[M].北京：高等教育出版社，2007.

生态系统之间的结构和功能联系，进而阐述它们之间共生机制的理论。自然界的任何一个景观生态系统都是异质性和多样性的统一体。在每一层次的景观生态系统之间，都存在着紧密共生关系，其中的一个要素的存在以其他要素的存在为前提，同时又以它自身的存在强化着其他要素的生存手段和本领。由结构复杂、功能多样的异质景观镶嵌而成的景观生态系统，往往比结构简单、功能单一的均质景观生态系统更具有生命力，更利于稳定存在和发展[1]。

4）景观连接度、渗透和相变理论。景观连接度指景观空间结构单元之间的连续性程度，通常从结构连接度和功能连接度两方面来考虑；它依赖于观察尺度和所研究对象的特征尺度。渗透是指物种突破生境斑块破碎的限制，实现跨斑块移动。渗透理论和与之密切相关的相变理论研究的是，当生境斑块密度或距离达到某一临界阈值时，物种个体可以通过彼此相连的生境斑块从景观的一端达到另一端，从而大大降低景观破碎化对种群的动态影响（图3-6）。

5）等级、尺度和地域分异理论。等级理论认为自然界是一个具有多水平分层

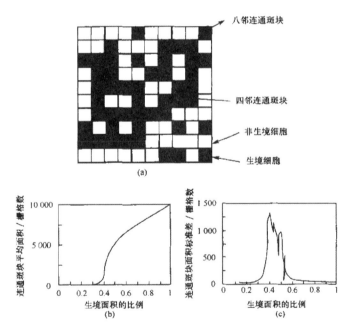

(a)—个10×10的随机栅格景观，其中黑色细胞代表生境，白色细胞代表非生境；
(b)和(c)分别表示连通斑块的平均面积及其标准差随生境面积增加的变化趋势

图3-6 渗透理论的基本概念[2]

---

[1] 范旭光，乔志和.异质共生理论及其在景观生态建设中的应用[J].大庆高等专科学校学报，1997（04）：82-86.

[2] 肖笃宁，李秀珍，等.景观生态学（第二版）[M].北京：科学出版社，2010.

等级结构的有序整体,每个层次或水平上的系统都是由低一级的系统组成,并产生新的整体属性;其根本作用在于简化复杂系统。尺度是对对象在不同层次上细节精度的反映。时间和空间尺度包含于景观的生态过程中:小尺度表示较小的面积或较短的时间间隔,有较高分辨率,但概括能力低;大尺度则相反。地域分异指景观在地球表层按一定层次分化并按一定方向发生有规律分布的现象。

(6)生态修复原理

生态修复的机制主要有:污染物的生物吸收与富集机制,有机污染物的生物降解机制,有机污染物的转化机制,强化机制。其基本方式包括微生物和植物两类主体与物理化学作用的不同组合。

生态修复的最佳生态条件,取决于多种因素,在技术参数上大体可涉及水分、营养物质、处理场地、氧气与电子受体、介质物化因素。此外,微生物接种、共代谢作用与二次利用、生物有效性及其改善、生物进化及其利用均为其关键技术[1]。

3.5.2 城乡资源理论

根据《中国资源科学百科全书》:"资源科学是研究资源的形成、演化、质量特征与时空分布及其与人类社会发展之间相互关系的科学。其目的是更好地开发、利用、保护和管理资源,协调资源与人、经济、环境之关系,促使其向有利于人类生存与发展的方向演进"(图3-7)。

城乡绿色发展的资源理论是关于因城乡活动需要对自然资源进行开发、运输、利用、处置等活动以及伴随这些活动发生的能量、物质元素增减、转化、循环等过程的理论。其基础学科是自然资源学。

自然资源学主要研究自然资源的特征、性质及其与人类社会的关系。它以单项和整体的自然资源为对象,研究其数量、质量、时空变化、开发利用及其后

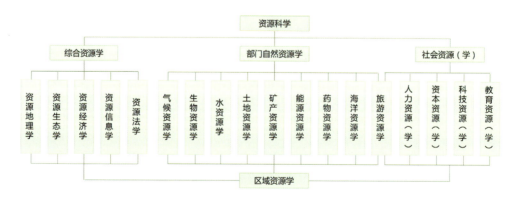

图3-7 资源科学的学科结构[2]

---

[1] 周启星,魏树和,张倩茹.生态修复[M].北京:中国环境科学出版社,2006.
[2] 蔡运龙.自然资源学原理(第二版)[M].北京:科学出版社,2007.

果、保护和管理等。单项自然资源研究各自从有关学科派生出来，目前已发展成较为成熟的科学体系，如水资源学、矿产资源学、土地资源学、森林资源学等。整体（或综合）的自然资源研究，发展历史较短，理论与科学体系上还未完全定型，其研究方法也在发展和完善之中。

1. 基本概念

（1）自然资源

自然资源是人类社会取自自然界的初始投入，即人类能够从自然界获取以满足其需要的任何天然生成物及作用于其上的人类活动结果。

自然资源学主要研究自然资源的特征、性质及其与人类社会的关系。它以单项和整体的自然资源为对象，研究其数量、质量、时空变化、开发利用及其后果、保护和管理等。

自然资源分为不可更新资源与可更新资源两大类。前者是地壳中储量一定的资源，即矿产资源（铜矿、石油、煤等），后者是在正常情况下可通过自然过程再生的资源（如生物、土壤、地表水等）；后者可根据是否可能耗竭分为恒定性和临界性资源两类。

（2）有限性和稀缺性

有限性针对自然资源的客观存在而言。当人类利用数量超过自然资源数量，或利用强度超过自然资源更新速度时，自然资源的有限性就变得突出。人类需要的无限和自然资源的有限产生了"稀缺"这个自然资源固有的属性，它决定了自然资源的价值。

（3）可得性及其度量

可得性即可以为人类利用的数量有多少。

不可更新资源，由于分布规律较为复杂，其可得性目前尚有很大不确定性。一般而言其度量包括：资源基础、探明储量、条件储量、远景储量、理论储量、最终可采资源等。

可更新资源可得性的估计通常以资源在一定时期内可生产有用产品或服务的能力或潜力为基础，衍生出最大资源潜力、持续能力、吸收能力、承载能力等概念。

2. 基本理论

（1）C模式理论

美国学者布朗在《B模式》中把增长无极限的传统模式叫A模式，在地球物理极限内减少增长的模式叫B模式。诸大建教授在此基础上提出与资源消耗相对脱钩的增长模式叫C模式，作为中国绿色发展道路的理论依据。

A模式为传统经济学下的褐色增长，即经济增长和社会发展以大幅度消耗自然资本为代价。B模式为发达国家目前的稳态增长，经济增长依赖攀比消费，对人类福利的持续增长并没有贡献，但进一步追求经济增长总是伴随更多的资源环境消耗。在此基础上，美国学者提出在保持提高人类发展指数不减少的情况下，通过存量资本的折旧而不是增量的物质增长，减少资源环境消耗至合理水平，一些欧洲的生态经济学家则提出了减增长战略。

C模式为发展中国家所设计，这些国家人均生态足迹、人均GDP和人类发展指数均较低，远没有达到社会边界，因此需要有生态效率的聪明增长，用可以接受的地球自然资本消耗实现较高的经济社会发展。C模式把物质消耗总量控制在自然极限内，认为中国可持续发展的路径，需要在物质存量有待增加的同时，重视流量增长；强调从物质要素积累开始就提高资源生产率，以少产多实现绿色转型。运用C模式概念，可持续发展的关注点真正从环保变成了发展。经济增长与资源环境的关系，传统模式是以前者为自变量、后者为应变量，在环境压力增大的时候加强末端治理。C模式以后者为自变量，倒逼前者提高效率，是在地球物理极限内聪明发展的绿色发展新模式。当前中国实现C模式需要解决的重要门槛问题有生态门槛、福利门槛和治理门槛。[①]

（2）零增长理论

罗马俱乐部于1972年发表了《增长的极限》(The Limits to Growth)，认为如果人口和资本以指数的快速增长模式延续，世界就会面临"灾难性崩溃"。避免这种前景的唯一途径就是限制增长，实现"零增长"。在零增长理论的影响下，戴利在引入"规模"对传统经济学的"分配"和"配置"批判的基础上，提出了"恒态经济学"，即可持续发展在一定程度上等同于数量上"零增长式"的发展。

恒态经济学研究如何在生理集体均衡稳定的基础上追求心理发育、精神文明、道义增进和生活质量。它批判了传统经济学一味追求经济增长的思维定式和技术进步可以解决增长过程中一切问题的乐观主义，认为传统发展模式下持续增长的不可实现，只有在"恒态"条件下才可以实现经济社会的可持续发展并增进人类福利。"恒态经济"是通过低水平且相等的人口出生率和死亡率使人口维持在某个合理常数，同时通过低水平且相等的物质资本生产率和折旧率来支撑恒定的人造物质财富存量，从而使人类累计生命和物质资本存量持久利用最大化的经济。其突出特征就是持衡的人口和人造资本数量规模，维系人口和资本数量所需的物质-能量转换或吞吐速率的可能最低水平，以此来逐渐改变工业社会形成的"以人类为中心的生物圈"对人类和自然之间物能转换平衡的破坏（图3-8）[②]。

（3）资源承载力理论

资源承载力是指在一定时期和空间区域内，资源所能维持自然环境和经济社会活动的可持续发展的支撑与保障能力，主要指区域内固有自然资源支撑人类社会可持续发展的规模、限度及潜力。资源承载力通常与环境承载力合用，成为资源环境承载力，是现行国土空间规划双评价的重要内容。

承载力思想可以追溯至古希腊时期

---

① 参考两份文献：①"诸大建学术笔记"：2021-4-29~30.②盛馥来,诸大建.绿色经济——联合国视野中的理论、方法与案例[M].北京：中国财政经济出版社,2015.
② 代明,等.流域地区的经济差异、环发矛盾与可持续发展[M].北京：经济科学出版社,2015.

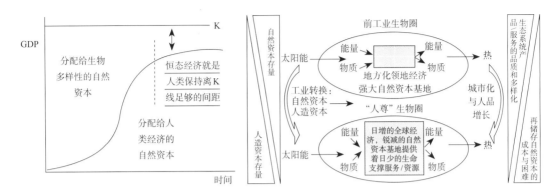

图3-8 恒态经济学的"两种世界观"模型，对恒态经济的解读①

柏拉图《理想国》的阐述，我国最早见于《诗经·大雅·绵》"其绳则直，缩版以载"的论述。18世纪，从马尔萨斯人口论提出的自然有限前提开始，逐渐形成了用以表征在特定约束下生物种群数量极限的含义，其后逐渐以人类发展需求为核心导向。承载力也不仅指自然资源，也包含生态、环境、文化、交通、旅游、就业等内容。其中，自然资源承载力，包括水资源、土地资源、矿产资源、能源、食物等②。

（4）资源保护和开发的基本原理

自然资源保护，从经济含义看，是通过控制开发规模和速度、选择经营规模和周期、调整利用强度和方式等手段，实现资源利用的长期效用最大化。

自然资源开发是通过成本与效益的权衡，使效用最大化，以体现"资源利用的更替"③。

（5）资源配置理论

资源配置是指根据一定的原则合理分配各种自然资源到用户的过程，目的是使有限的资源产生最大的效能，即最优化。包括在空间或不同部门间，以及在不同时间段上或代际间的动态优化配置。其基本原则是经济效率最高、资源消耗最少和资源可持续利用④。

（6）资源替代理论

资源替代是指人类通过在各类资源间不断进行比较选择和重新认识，逐步采用具有相似或更高效用的资源置换或取代现有资源的行为。

城市所依托的资源存在生命周期的现象，当旧资源开始减少并走向衰落时，需要新的资源进行替代，以实现城市的可持续发展。总体是用"多次型资源"替代"一次型资源"，有4种典型方式：①再生型替代非再生型，主要是用生物替代矿物（如

---

① 代明，等.流域地区的经济差异、环发矛盾与可持续发展[M].北京：经济科学出版社，2015.
② 吴次芳，叶艳妹，等.国土空间规划.北京：地质出版社，2019.
③ 蔡云龙.自然资源学原理（第二版）.北京：科学出版社，2007.
④ 张丽萍.自然资源学基本原理（第二版）.北京：科学出版社，2017.

特色植物、动物）；②无耗型替代有耗型，主要是用无形替代有形（如知识、文化、旅游）；③永续型替代短暂型，主要是用太阳能替代地球能（如光热、水能、风能、核能）；④创新型替代保守型，主要是用新方式替代旧模式（如数字经济、大数据、物联网等）①。

3.5.3 城乡环境理论②

城乡绿色发展的环境理论是关于城乡活动与环境相互作用的理论。主要研究对象和任务有：人类社会经济行为引起环境污染；环境系统在人类活动影响下的变化规律，当前环境程度及其与人类社会经济活动之间的关系，寻求发展与环境协调可持续的途径和方法。其基础学科为环境科学，相对主要的分支有环境工程学和环境地理学。

1. 基本概念

（1）环境

"环境"是人类生存和发展的基础，它包括自然环境、人工环境和社会环境三个方面。在城乡绿色发展理论体系中，主要指自然环境，有时也指人工环境。

自然环境是人类赖以生存和发展的物质条件，是人类周围各种自然因素的总和，即客观物质世界。目前人类活动的范围仅限于生物圈的范围，故自然环境主要指生物圈的部分。《中华人民共和国环境保护法》所称环境是指：大气、水、土地、矿藏、森林、草原、野生动物、野生植物、水生生物、名胜古迹、风景游览区、温泉疗养区、自然保护区、生活居住区等。

人工环境，是在自然环境基础上，由人类的工业、农业、建筑、交通、通信等工程所构成的环境。它表示由人类社会建造的有一定社会结构和物质文明的世界，包括地球上使用技术手段的一切领域或地球表层由技术引起全部变化的总和③。

社会环境是指人类生活的社会制度和上层建筑，它是人类在物质资料生产过程中为共同进行生产组合起来的生产关系的总和。

（2）环境质量

环境质量是衡量环境对人类生存和发展适宜程度的一种指标，还可以用于表示环境遭受污染和破坏的程度。

（3）环境容量

"环境容量"的概念最早由比利时生物学家弗胡斯特（P. E. Forest）于1838年提出，他认为种群可利用的食物量总有一个最大值，是种群增长的一个限制因素。种群增长越是接近这个上限，增长速度越缓慢，直到停止增长。这个值即为"环境容量"或"负荷量"。

---

① 李后强.资源型城市转型发展的"替代理论".四川县域经济网，2019-04-28 [引用日期2021-05-5]. http：//www.ddxyjj.com/scholarship_xiangxi.asp?i=9132.

② 蒋展鹏-环境工程学.（部分）https：//max.book118.com/html/2018/0904/6052105224001214.shtm.

③ 环境科学理论课件（未完）https：//wenku.baidu.com/view/983ac31b7f21af45b307e87101f69e314332faa0.

环境科学领域中的"环境容量",是指在人类生存和自然生态系统不致受害的前提下,某一环境通过自然条件净化,在生态和人体健康阈限值以下所容纳的环境污染物最大允许量;或是一个生态系统在维持生命体的再生、适应和更新能力的前提下,承受有机体数量的最大环境限度。环境容量的大小一般取决于两个因素:一是环境本身具备的背景条件,如环境空间的大小,气象、水文、地质、植被等自然条件,生物种群特征,污染物的理化特性等;另一个是人们对特定环境功能的规定,可用环境质量标准来表述。

环境容量与一定的区域、一定的时期和一定的状态条件相对应,依据一定的环境标准要求进行推算。常见的环境容量分析涉及水环境、大气环境、土壤环境等[1]。

2. 基本理论

(1) 温室效应与碳排放控制

温室效应是一种热保温效应,当太阳以短波的形式辐射到地表,地表温度随之升高,同时向外辐射红外线,将多余的热量释放出去。如果大气中的二氧化碳、甲烷等气体含量过高,本应溢出大气层的长波辐射被它们所吸收,大气层与地表之间的密闭空间长时间缺乏与外界的热量对流,将导致大气温度长时间处于较高水平,进而产生一系列具有严重破坏性的自然灾害,如海平面上升、全球变暖、病害增加、土地沙漠化等[2]。

京都议定书确定了六种温室气体:二氧化碳CO_2、甲烷CH_4、氧化亚氮N_2O、氢氟碳化物HFCs、全氟碳化物PFCs和六氟化硫SF_6。后三类气体造成温室效应的能力最强,二氧化碳对温室效应的贡献最大,六种气体中有4种气体含碳,因此是最主要的控排对象,全球已有多国将"碳达标""碳中和"年限作为本国的责任目标。

(2) 环境效应的外部性

外部性是指人们的经济行为有一部分利益不能归自己享受,或有部分成本不必自行负担,也可以将其称之为外部效益或外部成本。

对于负的外部性,环境经济学主张使内部的社会治理成本反馈到因污染而获利的污染者身上,从而解决环境问题,减少社会不公[3]。反之,对于正的外部性,主张将社会获益补偿给创造环境正效益者,以鼓励改善环境。目前环境问题的重点是抑制负外部性。

(3) 环境污染控制原理[4]

环境污染控制是主动采取措施对因城乡工农业生产、生活、交通、游憩等活动形成的污染加以控制,使其污染量保持在环境可承载的一定限度内。污染控制的基本原理是根据环境污染类型,分别在产生污染的污染源和污染传播途径上采取措施,减少污染排放量、排放强度和污染

---

[1] 何京丽,珊丹,刘艳萍.草原生态环境容量研究进展[J].亚热带水土保持,2010,22(03):31-33+42.
[2] 王小元.江浙沪城市立体绿化在应对温室效应中的作用[J].华中建筑,2021,39(03):131-134.
[3] 张舜栋.环境负外部性的环境法新解析[J].河北环境工程学院学报,2021,31(01):23-26+32.
[4] 仝川(主编).环境科学概论(第二版)[M].北京:科学出版社,2017.

范围，此外也包括对被污染对象的必要防护。

1) 大气污染。大气污染中的人为污染主要因能源开采和燃烧所致，主要污染物有烟尘、硫氧化物、氮氧化物、碳氧化合物、碳氢化合物和含卤素化合物等。大气污染会引发有害烟雾、酸雨、雾霾，破坏臭氧层，其防治手段主要为控制排放数量和扩散影响范围，采用技术手段净化污染物，改变燃料、工艺，加强大气环境质量管理。

2) 水体污染。水体污染包括有机污染物和无机污染物污染两种。前者主要因各种工业废水排入水体，以及农药的农田径流、大气沉降、降水等面源污染物进入水体，使地表水源遭受有机污染物的污染，人们饮用会致病，河湖出现"富营养化"。后者主要指重金属污染，污染源来自采矿、冶炼及金属表面精加工等产生的重金属废水。重金属在水体中不能被微生物降解，但可以转化、分散、富集，通过食物链威胁人类健康。水体污染主要考虑源头治理、集中治理和尾水的生态处理等措施。

3) 土壤污染。土壤污染源主要有工业、农业和生物污染源三类。污染物主要为有机物、重金属、放射性物质和致病微生物。治理需要根据污染物采用相应的修复技术。

4) 固体废物。固体废物伴随城乡生产、生活和其他活动产生，应在产生、收集、运输、储存、处理和最终处置的全过程，根据矿业固废、工业固废、农业固废、城镇垃圾和危险废物等不同类别，按照减量化、资源化和无害化三原则分类管理和处置利用。

5) 物理环境污染。物理污染包括噪声、振动、电磁辐射、放射性、热、光等。一般通过污染源控制、传播途径控制、接收者保护三个环节实施污染控制和治理。

3.5.4 城乡安全理论

城乡绿色发展的安全理论是关于城乡聚居活动如何规避和减少人为和自然因素导致的事故、灾害及其带来的风险的理论。城乡安全一般分为自然灾害安全、事故灾害安全、公共卫生安全和社会事件安全四类[1]。

1. 基本概念

（1）灾害和事故

"灾害"指能够对人类和人类赖以生存的环境造成破坏性影响的事物总称，"事故"指工程建设、生产活动与交通运输中发生的意外损害或破坏。"灾害""事故"是城乡安全着力避免发生和减少损害的对象，由于灾害影响范围大，条件不利时可引起次生灾害，或扩张演变成灾难，是城乡安全工作的重点。

（2）风险

风险即遭遇灾难、蒙受损失与伤害的可能性。城乡风险可以指事故或灾害发生

---

[1] 刘茂，王振. 城市公共安全学——原理与分析[M]. 北京：北京大学出版社，2013.

的可能性及其后果（财产损失、人员伤亡和环境破坏）。城乡安全应科学评估各类风险，采取措施减缓和控制各类风险的发生[1]。

(3) 韧性

韧性的概念源于物理学和心理学等学科，最初用来衡量系统、目标或个体，通过保持可接受的功能水平并返回到功能中断前的水平，来抵御其不受中断影响的能力，即"保持平衡的能力"。当韧性概念引申到生态韧性和适应韧性等概念后，形成了多种平衡和非平衡方法。

城市韧性即城市系统持续发展的能力，包括减轻危害、防御和吸收外来冲击、快速恢复到系统基本功能并通过跳跃式弹跳发展到更好的系统配置，能更有效地适应外力的破坏性事件。它通常具备三个特征：①具有一系列改变并且保持功能和结构的控制力；②具有进行自组织的能力；③具有能够建立和促进学习自适应的能力[2]。

实现韧性需要将鲁棒性、稳定性、多样性、冗余性、资源性、协调能力、模块化、协作性、灵活性、效率、创造力、公平性、预见能力、自组织性和适应性等基本原则和特性纳入城市系统[3]。

2. 基本理论

（1）工程韧性理论

强调通过增强物理基础设施的抵抗力和坚固性来最小化灾害的易损性，可以在很大程度上预测和预防灾害和破坏。如果压力超过安全值，系统出现故障，工程韧性能力将使其快速恢复到中断前的平衡状态。

工程韧性是传统城市安全的主要理论。它把安全架构在各项基础设施的"坚固"上，通过确定需要防御的灾害强度，按照对应的工程建设标准实施具体工程；工程等级的提高意味着安全性的提高。例如，用洪水重现期确定防洪工程标准，用防护绿带宽度降低易燃易爆品的风险冲击。工程韧性的标准是具体的，灾后响应以尽快回复灾前工程面貌，或重新评估灾害能级选择新的工程标准。一般认为其弊端主要有两点：①工程设置的等级标准是否科学，过高则城市建设投入太大，过低则可能承受较多损失。②仅限于工程领域，对社会、生态等系统缺少连接。

（2）适应韧性理论

适应韧性理论将城市系统概念化为复杂而动态的社会生态系统。它用嵌套的自适应循环用来模拟城市系统随时间和空间的性能变化。自适应韧性促进了慢变量和快变量之间的适当交互，使得系统能够在长时间的稳定和短时间的混沌变化之间平稳地切换，而不会丢失其完整性和功能性。适应韧性的基本特征有三点：社会生态记忆、自我组织和向过去学习的机制。

---

[1] 翟国方. 城市公共安全规划[M]. 北京：中国建筑工业出版社，2016.
[2] 崔翀，杨敏行. 韧性城市视角下的流域治理策略研究[J]. 规划师，2017，33（08）：31-37.
[3] [日]山形与志树，[伊朗]阿尤布·谢里菲（编）. 韧性城市规划的理论与实践[M]. 北京：中国建筑工业出版社，2020.

由于城市系统嵌套在适应性循环的层次结构中，因此在发生不利事件后，他不一定会回到原有的平衡状态，还可能向前弹跳发展，不断提高自身性能和适应能力。

(3) 安全防御原理[①]

城乡安全防御通常要确定安全类型，评估安全风险，确定危险源、传播途径、影响范围，区分安全等级，提出防御目标、可量化指标，确定工程性和非工程性防御措施。

1) 自然灾害防御。常见自然灾害有旱、洪、涝、地震、滑坡和泥石流。按照灾害成因及特点，可以分为气象、地质、海洋和生物灾害四类。灾害防御常要确定灾害类型、评估风险并预测，设定工程性设防标准并确定具体的工程性和非工程性防御措施。

2) 城市事故灾难防御。城市事故具有随机、突发、不可避免、规律性和可减少性的特点，按照城市活动和事故的关系，可以分为生产、生活、交通、游憩等类型。灾害防御通常要评估事故风险水平，确定危险源和不同类型的事故防御和避难措施，确定各项建设设施。

3) 公共卫生安全事件防御。公共卫生即社会为保障人民健康所采取的集体行动，广义可以理解为城乡安全和健康的工作和生活环境。从成因上看，突发性公共事件通常可分为：传染病疫情、群体性不明原因疾病、食源性疾病和职业危害、动物疫情、其他严重影响公众健康和生命安全的事件等。公共卫生安全事件的防御通常采用时空分布分析法把握事件的爆发模式、影响因素、传播规律、空间聚集性和潜在风险，采用预警和应急管理体系，实施城乡卫生规划和应急医疗设施规划。

4) 社会安全事件防御。社会安全事件是威胁人与人之间正常关系或者整体利益的事件。社会安全事件具有群体性和突发性，前者意味着传播快、涉及利益主体复杂、公众参与广泛，后者意味着人为作用、威胁特定领域、有预谋。按时间类别不同，社会安全事件可以分为恐怖袭击、暴乱、治安突发、群体性事件等，成因复杂。防御需分析社会安全管控存在的问题和主要矛盾，评估社会安全风险，确定管控目标和重要的工程性和非工程性措施，此外宜明确重要地区、重要防御对象和有针对性的防御措施。

---

① 翟国方.城市公共安全规划[M].北京：中国建筑工业出版社，2016.

3.6 外延理论

外延理论涉及绿色的经济、治理、文化、社会4个板块。

3.6.1 绿色经济理论

作为一种经济形态,绿色经济指以绿色产品和服务为主的经济。作为一种经济手段,绿色经济指针对关键环境制约因素,通过调整总需求、创建并积累新一代资本——清洁、低碳、能提高资源能源使用效率的人造资本,对人类生活生存至关重要的自然资本,受到良好教育、掌握现代化清洁技术、健康的人力资本,以及有利于和谐包容和公平的社会资本。

绿色经济理论的基本理论框架有三部分:一是人类发展存在"地球边界"和环境阻力,因此经济运行必须在环境制约内运行;二是增长在于创造"新一代资本",即国内生产总值来自人造资本、自然资本、人力资本和技术资本的组合作用,最终实现经济增长与生态环境破坏"脱钩";三是进行投资改革,即在总供给一定的情况下通过调整总需求中的投资、消费和政府开支来实现理想的GDP、就业和价格水平,使绿色增长得以实现。综合起来,绿色经济理论探讨的是:如何针对地球边界制约,通过总供给和总需求的改变来创建并积累新一代资本,变制约为契机,拉动新兴经济增长、就业和社会发展[1]。在中国,低碳经济理论、循环经济理论、生态经济理论、碳汇理论、碳氧平衡理论、两山转化理论、消费经济理论等是当前绿色经济理论探讨的热点。

3.6.2 绿色治理理论

中国的绿色治理从内涵和外延上与西方的绿党政治、生态政治不同,既包括了人与环境的生态化以及人与社会的生态化两个维度,又凸显出以全面从严治党为核心内容的中国特色。在理念层面,包含了将生态文明融入执政思维的当代中国政治文明的最新成果;在制度层面,把生态问题纳入到治理制度体系当中,形成以环境为对象、内容的制度设置以及治理制度体系之间关系的有序化;在实践层面,包括治理系统的生态化建设实践以及治理生态建构的实践,具体体现在制度制权、反腐建设以及廉政建设等方面[2]。

绿色治理理论在治理制度安排上体现

---

[1] 盛馥来,诸大建.绿色经济——联合国视野中的理论、方法与案例[M].北京:中国财政经济出版社,2015.
[2] 张英魁.当代中国绿色政治建构:理念、制度与实践的探索[J].齐鲁学刊,2019(05):80-86.

对环境权的考虑，表达的是生态正义[①]，而发展基层民主、创建德法共治体系、促进国际力量在制衡中合作，都是提高绿色治理水平的有效手段[②]。

3.6.3 绿色文化理论

作为一种文化现象，绿色文化与强调环保、注重生态、珍视生命等价值取向密切相关，以绿色行为为表征，体现为人与自然共生共荣共同发展的生活方式、行为规范、思维方式和价值观念，对绿色发展具有正面引导作用[③]。广义的绿色文化是指一切以促进人与自然和谐共生为目的精神生产活动及其成果，狭义的绿色文化特指面对工业污染对人类所造成的严重生存发展危机，人们自省自觉形成的一种以敬畏和尊重自然、保护环境为旨趣的新型文化。

绿色文化具有几个显著特征：（1）历史继承性和超越性。绿色文化主张绿色发展，倡导绿色生活和绿色行为，既是对人类优秀文明成果的历史继承，也是对工业文明"黑色"文化的扬弃和超越；（2）共生性与和谐性。绿色文化主张人与自然之间是一种"你中有我，我中有你"的互融、互联、不可分割的和谐共生关系；（3）开放性和包容性。绿色文化是古今中外人类优秀文明成果互通互鉴的结果，具有鲜明的开放性和包容性。

从本质上讲，绿色文化是一种扬弃工业文明的新型文化形态。自"两山"理论提出以来，"以人民为中心""高质量发展""社会公平""美丽中国""共同富裕""人类命运共同体"等逐渐成为引领绿色文化传播的核心词汇[④]。

3.6.4 绿色社会理论

绿色社会是致力于生态原则与社会主义结合，超越当代资本主义与现存社会主义模式而构建的一种新型人与自然和谐相处的社会主义模式，它能很好地解决人与自然的对立关系，使人们的思想意识随之发生根本性变革，最终实现人的全面发展。

绿色社会理论探讨的内容主要有：（1）主张经济理性增长，建立"稳态经济"模式，反对生产过度，要求经济的发展不是以获得利润为目的，而是以人的需要为目的；（2）建立发展模式，超越传统工业主义，实现社会主义的生态现代化，利润最大化的经济标准要服从于社会生态标准，实现经济、社会、生态三个维度的有效统一；（3）主张公平正义，包括各国家、地区、民族之间的公平正义，也包括人与人之间的公平正义；（4）注重精神生活的

[①] 赵会泽, 吕卫丽. 绿色政治背景下宪法的生态化趋向——基于环境权的政治哲学解析[J]. 江苏行政学院学报, 2021（03）：91-97.
[②] 王雪峰. 低碳经济语境与绿色政治变革[J]. 南京社会科学, 2010（05）：69-74.
[③] 刘红梅. 以绿色文化涵养绿色发展研究[N]. 青海日报, 2019-08-12（011）.
[④] 张静. "两山"理论背景下绿色文化传播的路径与方式[J]. 浙江树人大学学报（人文社会科）, 2021, 21（02）：71-77.

提升，反对消费过度，反对人们把消费同满足或幸福等同起来的观念，注重提高生活品质和精神文明；(5)构建每个人自由、平等、全面发展的社会，在人与人、人与自然、人与社会之间构建一种平等和谐的关系[1]。

包容性发展、生态人、多元价值、积极公民是绿色社会的基本行动准则[2]。

---

[1] 张甜甜，林美卿.绿色社会对中国乡村振兴的当代价值[J].社科纵横，2018，33(05)：15-19.
[2] 鲍蕾.绿色社会：中国的使命和担当[J].唯实，2015(10)：63-66.

4

第4章

城乡绿色发展评价体系

4.1 适用场景

城乡绿色发展评价体系适用于以绿色发展为主题的城市体检评估、新城新区建设、老城更新改造、运营动态监测、行政绩效考核等方面。

（1）城市体检评估：城市体检评估是创新型城市治理方式，也是支撑城市高质量发展和精细化管理的有效手段，涉及城市规划、建设和管理的各个方面，城乡绿色发展评价指标体系是全面体检评估的重要组成部分，也可以开展绿色领域的专项体检评估。

（2）新城新区建设：作为城镇化的重要载体，新城新区的建设对于优化城市空间发展格局、探索改革发展新模式具有十分重要的意义。在指标构建过程中，需要体现系统观念，全面指导绿色新城新区建设，同时体现一定的前瞻性，引导先行先试、开拓创新。

（3）老城更新改造：随着存量时代的到来，老城更新改造成为重塑城市功能形态、推动城市可持续发展的重要抓手。需要构建针对老城更新改造的绿色发展指标体系，根据老城体检评估发现的问题，因地制宜地提出需要改善提升的领域，以指标引导更新改造任务。

（4）运营动态监测：地方政府可根据自身实际建立城市运营动态监测平台，选择可实时更新的关键指标项开展考核自查和动态评估，通过自我监控和调整不断提升绿色发展水平。有条件的研究机构可根据情况适时定期开展城乡绿色建设动态监测并发布成果，体现社会监督责任。

（5）行政绩效考核：城乡绿色发展评价指标体系可用于协助上级政府履行监督职责，或本级自我评估和完善，将绿色发展作为行政绩效考核的重要组成部分，选择关键指标纳入考核体系。根据实际情况向社会公开，用于协助监督城乡绿色发展工作，真实反映相关工作进展，确保城乡生态环境和绿色发展水平不断向好。用于不同地区和城市之间对比时，综合得分较差的城市或地区纳入政府负面管理清单，根据清单施行更具针对性的监管措施，并要求定期整改。

4.2 国内外相关评价体系综述

4.2.1 国外相关评价体系

1. 国际和地区性组织的相关评价体系

（1）联合国可持续发展目标指标体系

1995年，联合国可持续发展委员会依据《21世纪议程》构建了可持续发展指标体系，该指标体系包括经济、社会、环境和制度四个方面，共134个指标，并首次修订了DSR模型框架（即"驱动力——状态——响应"模型框架），对世界上22个国家和地区进行了评价。由于该指标体系涉及的指标数目过于庞大，每个国家、地区和城市有着不同的社会背景，也处于不同的发展阶段，所以在指标使用过程中必然出现一些分歧。此后，该指标体系也不断被修订和调整。

2015年9月25日，联合国可持续发展峰会正式通过了由193个会员国共同达成的《变革我们的世界——2030年可持续发展议程》，旨在确定一整套消除贫困、保护地球、确保所有人共享繁荣的全球性目标。《2030年可持续发展议程》设定了17个可持续发展目标和169个子目标，涵盖经济发展、社会进步和环境保护三方面，内容可以分为五大类，即以人为本、环境、经济繁荣、和平、合作伙伴[①]。

（2）世界银行可持续发展指标体系

1995年9月，世界银行公布了其独立设计出的一套可持续发展指标体系。该体系认为，可持续发展是一种产生和维持所持有财富的过程，认为在确定国家发展战略时，以财富作为出发点，并将财富的概念超越货币和投资的范畴，有史以来第一次以三维方式展示世界各国各地区的真正财富。

该体系综合了自然资本、社会资产、人力资源和社会资源等四组要素，用于判断各国或地区的实际财富以及可持续发展能力随时间的动态变化。该体系证实了人力资源的投资是促进国家和区域发展的最重要投资，也是维系可持续发展的基本条件。

该指标体系虽然有其合理性和全面性，但在衡量国家财富净值随时间变化的同时，忽略了不同国家的不同发展阶段和不同文化背景，对相应国家应承担的责任和义务没有进行表达。另外，虽然注重对时间过程动态变化的衡量，但没有充分体现地理空间的不均衡性。

（3）经济学人智库绿色城市指数

西门子公司赞助并委托独立组织经

---

① 资料来源：https://sdgs.un.org/goals.

济学人智库（EIU）实施绿色城市指数（Green City Index）调研，形成欧洲绿色城市指数、拉丁美洲绿色城市指数、亚洲绿色城市指数、美国和加拿大绿色城市指数、非洲绿色城市指数等一系列指数。

亚洲绿色城市指数[①]调查于2010年开展并于次年发布，是对世界各地城市环境绩效进行比较的"绿色城市指数"系列之一。此次调查涵盖亚洲11个国家，即中国、印度、印度尼西亚、日本、马来西亚、巴基斯坦、菲律宾、新加坡、韩国、泰国和越南，纳入本次调查的五个中国内地城市为北京、广州、南京、上海和武汉。

亚洲绿色城市指标体系分为8类，包括能源供应和二氧化碳排放、交通、水资源、卫生和绿色治理等，具体指标30项，分为量化指标和定性指标两种，配以权重并采取不同的标准化方法来核算[②]。亚洲绿色城市指数是针对亚洲城市环境绩效及其为促进可持续发展所做出努力进行的首次分析调查。结果显示，北京、广州、南京、上海和武汉的综合评分都处于"平均水平"，香港为"高于平均水平"。新加坡凭借在环境上的一系列措施和有效的执行在环境绩效管理上远超其他城市，获得"亚洲最绿色大城市"称号。

（4）欧洲绿色之都评价体系[③]

"欧洲绿色之都"（European Green Capital Award，EGCA）是由欧盟环境委员会发起的评选活动，从2010年开始，每年授予一个城市"欧洲绿色之都"称号，表彰城市地方政府在环境、经济和生活质量等方面做出的努力，促进各城市在绿色发展方面开展有益竞争和实践。

评价指标体系是奖项评选的核心技术内容，指标体系中包含定性和定量指标，注重稳定性、综合性和动态性，并根据实际情况对指标进行调整和扩充。2022年的指标域包括应对气候变化（缓解指标、适应指标）、可持续的交通方式、可持续土地利用、自然和生物多样性、空气质量、噪声污染、废水处理、水资源、绿色增长与生态创新、能源性能、城市管理等12个类别。[④]

该评价体系考虑到了不同城市的地理条件、社会经济发展等因素，通过多个指标来集成各领域的综合表现，也注重指标的实施路径和实际效果，并能够与时俱进对指标域和指标进行优化调整。

（5）欧洲能源城市奖评价体系

欧洲能源城市奖（European Energy Award，EEA）的前身是瑞士的能源城市标志，于1988年开始在瑞士实施，2009

---

① 资料来源：www.siemens.com/presse/greencityindexl.
② 资料来源：https://www.docin.com/p-1493737583.html.
③ 资料来源：https://ec.europa.eu/environment/europeangreencapital/about-the-award/index.html#Annual%20Award%20Process.
④ 资料来源：https://ec.europa.eu/environment/europeangreencapital/wpcontent/uploads/2020/05/EGCA_2022_Synopsis_Technical_Assessment_Report.pdf.

年获得欧盟能源部官方认可,是城市可再生能源应用和节能的综合性标志认证,成为欧盟可持续能源行动计划的实施工具。

欧洲能源城市奖评价指标体系分为发展与空间规划、市政建筑与设施、能源供应与废弃物处置、交通、城市内部组织、交流合作六个类别,共 26 项二级指标与 79 项具体指标。城市满足其中的 50% 可以获得普通认证,满足 75% 可以获得金奖认证[①]。

欧洲能源城市奖是欧洲推动城市可持续发展的重要支撑,是用于指导和管理公共能源政策的认证工具,能够为城市明确自身优势、劣势和改进空间提供指引,也能督促和激励城市实施最高效的能源供应和质量管理系统,尽管聚焦于能源领域,但拓展至城市用能各领域,具有一定的综合性。

(6) 环境可持续发展指数(耶鲁大学、哥伦比亚大学环境可持续发展指数)

环境可持续发展指数(Environmental Sustainability Index,ESI)是由美国耶鲁大学和哥伦比亚大学合作开发的,并测试了包括中国在内的 122 个国家。

该评价关注下述内容,分别是:环境系统的状态,如空气、土壤、生态和水;环境系统承受的压力,以污染程度和开发程度来衡量;人类应对环境变化的脆弱性,反映在粮食资源的匮乏或环境所致疾病的损失;社会与法制在应对环境挑战方面的能力。指标体系由 22 个核心指标构成,每个指标结合了 2～6 个变量,共 67 个基础变量。

ESI 为各个国家衡量自身环境发展情况和国家之间在环境可持续领域的相互比较、相互参照提供有效依据,但也存在一定的局限性,表现在指标未设定权重,指标和变量的设置不够全面,部分数据无法做到全部覆盖。

2. 各国的相关评价体系

(1) 英国可持续发展指标体系

1996 年 3 月,英国环境部依据 1994 年发布的可持续发展战略目标,建立了可持续发展指标体系。可持续发展指标的目标有四个,分别是保持经济健康发展以提高生活质量,同时保护健康和环境;不可再生资源必须优化利用;可再生资源必须可持续地利用;必须使人类活动对环境承载力所造成的损害及对人类健康和生物多样性构成的危险最小化。

2007 年,英国政府更新了可持续发展指标。指标一共有 68 个,涉及可持续的生产和消费、气候变化和能源、自然资源和环境保护(包括可再生能源)、资源使用(能源供给与水资源)、垃圾、自然资源(生物多样化、农业、畜牧业、土地使用、生态、河流)、社会经济(经济增长、生产率、人口)、社会指标(社区参与程度、犯罪率)、就业和贫穷、教育、医疗健康、交通、社会公正与环境公平、社会财富等不同方面。

---

① 资料来源:https://www.european-energy-award.org/welcome-to-the-european-energy-award.

（2）苏格兰可持续发展指标体系[①]

苏格兰从经济、生态、社会政治的角度出发，建立了"苏格兰可持续发展指标"（SISD），确立了环境近似调整后的国民生产净值（AEANNP）、弱可持续性测量法（PAM）、净初级生产力与承载力（NPP/K）、适当的承载力与生态立足域（EF/ACC）、可持续经济福利指数（ISEW）等不同指数。

经济指标表明经济活动正在消耗或增加的自然资本存量，生态指标作为生命延续基础代表了分级的依据，可持续经济福利指数指标则表明经济与生态同可持续发展的关系。

根据指标研究结果，经济测量指数AEANNP表明，苏格兰在整体上是可持续的，而用弱可持续性发展的经济指数PAM测量时则是不可持续的；生态指数NPP/K表明苏格里已经非常接近承载力，另一个生态指数EF/ACC表明能源与食物等消费方式是不可持续的；可持续经济福利指数ISEW表明经济福利在减少。

尽管这些指标还存在经验不充分、测量方法不一致、权重和临界值不完善等问题，但通过这些指标仍然可以判断出苏格兰在经济、社会和生态等方面的现状与总体趋势。

（3）英国可持续社区评价体系

英国建筑研究院环境评估方法（Building Research Establishment Environmental Assessment Method，BREEAM）由英国建筑研究所（The Building Research Establishment）于1990年建立，是全球首个第三方评估绿色建筑评价体系，也是全球最广泛使用的绿色建筑评估方法之一。目前，在世界范围内有超过11.5万座通过BREEAM认证的绿色建筑。

BREEAM包含15个评价子系统，BREEAM Communities为子系统之一，是专门评价社区开发的指标体系，于2009年正式颁布。该体系的目标是减少开发项目对环境的总体影响，使项目发展目标符合当地环境、社会和经济利益，为社区发展规划提供绿色、可持续的标准，鼓励建筑环境可持续发展，促进可持续社区开发。

BREEAM Communities的评价内容包含8个方面，包括气候和能源、资源、交通、生态、商业、社区、场所塑造和建筑。其中，气候和能源的评价目的在于降低开发项目对气候变化的影响，同时确保项目能够适应当前和未来气候变化；资源评价是要求项目在建造、运行和拆除过程中，有效利用水、材料和废弃物，鼓励选用对环境影响小的材料；交通评价考核居民到达目的地的便捷程度，给居民提供除私人汽车之外的其他通勤选择，鼓励步行和自行车等健康出行方式；生态评价则注重保护基地生态环境，努力提高规划项目内及周边的生态环境品质；商业评价重点考核当地商业发展机会，同时为鼓励建设项目为周边居民提供工作岗位；社区评

[①] 张坤民，温宗国.城市生态可持续发展指标的进展[J].城市环境与城市生态，2001，14（6）：1-4.

价考察开发项目是否能够与周围环境相结合，成为有活力的新社区，避免形成"封闭"的场所；场所塑造评价注重项目的可识别性，使规划项目有能力成为该街区的地标，同时还应尊重当地历史和文脉；建筑评价则要求提高单体建筑的绿色生态标准，使单体建筑设计能够对整体项目的绿色可持续作出贡献。

BREEAM Communities 的具体指标包含52项，各指标值的设定以所在国家的政策要求为基准。同时，选取19项重要指标作为强制性指标，对不符合要求的项目不授予测评资格。BREEAM Communities的打分方式为权重相乘模式，根据项目所在的地理区位特征，对评价的8个方面进行严谨的权重分配，之后再对分项指标单独打分，然后将权重与相应的分项得分相乘，再对乘积进行加和，获得最终分数。BREEAM Communities可获得的最高分数为100%，其评分结果分为6个档次，分别为未通过（<25%）、通过（<40%且≥25%）、好（<55%且≥40%）、很好（<70%且≥55%）、优秀（<85%且≥70%）和杰出（≥85%）。为提升评价体系的可操作性，英国建筑研究所为每项指标设置了具体的解释说明，包含指标的目的、评估标准、实施要求、实施备忘、所需实例表、指南备忘、增补信息、术语表、地区适用性等。

（4）美国LEED认证体系[①]

能源与环境设计先锋（Leadership in Energy and Environmental Design，LEED）是美国对建筑、社区、城市进行绿色评价的第三方评估认证体系，该体系由美国一家研究型非盈利机构——美国绿色建筑协会（US Green Building Council，USGBC）建立，其目标是引导健康、高效、经济的绿色发展。

LEED评价体系覆盖专业领域广，由来自非盈利机构、政府部门、建筑师、工程师、开发商、施工方等多领域的专家共同讨论搭建。LEED的适用性高，目前全球共有超过10万个LEED认证的建设项目，覆盖170多个国家及地区。该评估体系在成立的20年间不断演化，先后在1998年、2000年、2007年、2013年经历4次改版升级，将评估内容从对单体新建建筑的测评，逐步扩大到对建筑全周期、全尺度的测评，并延伸至社区与城市层面。

2016年，LEED for Cities 和 LEED for Communities 的评估和认证系统实验版（pilot）推出，2019年扩充并推出v4.1 测试版（beta）。LEED for Cities 和 LEED for Communities v4.1 测试版评估城市或社区的可持续性和生活质量，包括经济，环境和社会绩效衡量标准，涉及联合国在2015年制定的所有17个可持续发展目标，适用于城市或社区生命周期的所有阶段。

具体来说，该评价指标分为五个大类，共计14个指标。大类包含能源、水、废弃物、交通、人。其中"人"又分为4个小类，分别对教育、平等、繁荣、健康

---

① 资料来源：https://www.usgbc.org/leed/rating-systems/leed-for-cities.

与安全进行测评，体现了以人为本的发展理念。

LEED城市与社区测评通过绿色商业认证公司开发并运营的Arc Performance线上平台，对城市数据进行收集、监测，同时积累参评城市的历史数据，为LEED在将来构建独立、权威的城市数据库打下坚实基础。

LEED街区测评意在鼓励环境品质更好、更可持续、交通连接度好的街区建设，引导建设的主要内容包括构建更优的步行环境、调节慢行交通与机动车关系、鼓励更高效的公园与绿地空间、控制城市蔓延等。街区指标包括精明选址、街区结构与设计、绿色设施与建筑、创新与设计、地区特色等五大类别，共计59项指标，包含强制性指标与得分项指标，明确指标可得分数、指标内涵简介以及得分要求。

（5）日本建成环境综合性能评估体系

日本在2001年开发了建成环境综合性能评估体系CASBEE（Comprehensive Assessment System for Building Environment Efficiency），该体系由日本绿色建筑委员会和日本可持续建筑联合会负责编制并实施操作。通过十多年的实践，CASBEE发展成为涵盖全生命周期的多尺度建成环境评估体系。

CASBEE评价工具的开发基于三条核心原则：(1)涵盖建筑全生命周期；(2)采用建成环境品质（Q）和建成环境负荷（L）两轨评估制；(3)基于新开发的评价指标-建成环境效率值BEE进行评估，评估建筑物对环境产生的影响，作为建成环境的评估基准。

"CASBEE-城市（CASBEE for city）"是应对全球气候变化背景下的低碳城市发展愿景，开发的城市尺度建成环境综合性能评估体系，于2011年3月正式颁布，是CASBEE家族中最新的、用于评价城市的评估工具。该体系除了对城市建成环境的综合性能进行评估外，还持续监测城市环境政策的实效性，检测城市节能减排效果，并明确城市低碳发展的未来目标。在评估方法上基于CASBEE特有的双轨制法，采用环境、社会、经济三重底线的品质和性能评估，客观评价城市政策和环境措施成效。

"CASBEE-城市"以城市尺度作为评价范围，制定假想的空间边界，以中长期为时间跨度，方便评测人员开展工作，其评价结果可帮助城市找准减碳发展路径。评价内容包含城市内部环境品质（简称Q）和城市外部环境负荷（简称L）两项。Q、L值各分别包含三项子系统，作为评价体系的重要参考因子。其中Q值包含环境、社会、经济三方面，L值则包含温室气体排放、减少环境负荷与二氧化碳吸收量、碳排量减缓措施等方面。每个主评价项下再做细分。

减碳发展属于中长期实施策略，"CASBEE–城市"以现状年为基准年，以2020～2030年作为预测年。评价方法则基于"京都议定书"和"后京都议定书"框架，做出对未来环境的预估可能，通过不同政策下的发展路径及结果假设，确定最佳发展方案。BEE值的计算对L、Q值采用5分制,每个评价条目都设定了现在和未来两个阶,赋以不同分值和权重系数,最终通过软件计算出总分和评价等级。

20世纪90年代开始,原国家环保总局制定《生态县、生态市、生态省建设指标》等一系列指标体系,分经济发展、生态环境保护和社会进步三个大项,指标控制在22个以内。

4.2.2 国内相关评价体系

1. 国家各部委的相关评价体系

依据不同时期的宏观政策和部门职责,各部委在规划、建设及管理领域制定了相应评价指标体系,反映了我国在绿色低碳发展和生态保护领域的发展趋势。

近年以来,住房和城乡建设部、发改委、生态环境部、交通部等部委先后推动了各自事权范围内和城市绿色发展、生态建设相关的若干试点,并配合试点出台了十余份相关评价标准(表4-1、表4-2)。

国家部委颁布的相关绿色城市指标体系统计　　表4-1

发布机构	导则标准名称	颁布时间
住房城乡建设部	宜居城市科学评价标准	2007
	低碳生态城市评价指标体系	2015
	绿色生态城区专项规划技术导则(征求意见稿)	2015
	城市生态建设环境绩效评估导则	2015
	生态城市规划技术导则(征求意见稿)	2015
	国家园林城市系列标准	2016
	绿色生态城区评价标准(国家标准)	2017
国家发展改革委	国家循环经济示范城市建设评价内容	2014
	低碳城市评价指标体系	2016
	美丽中国建设评估指标体系及实施方案	2020
生态环境部	生态县(含县级市)建设指标	2007
	生态市(含低级行政区)建设指标	2007
	国家生态文明建设示范市县建设指标	2019
	"无废城市"建设指标体系	2021
部委联合	循环经济评价指标体系	2007
	绿色低碳重点小城镇建设评价指标(试行)	2011
	国家智慧城市(区、镇)试点指标体系	2012
	海绵城市建设绩效评价与考核指标(试行)	2015
	绿色发展指标体系	2016

资料来源:作者收集整理。

涉及城市生态建设和绿色发展的试点　　　　　表4-2

部委	个数	名称
住房城乡建设部	7个	"园林城市"（1992年）、"国家生态园林城市"（2004年）、"宜居城市"（2005年）、"绿色建筑"（2006年）、低碳生态试点城（镇）（2011年）、"绿色生态城区"（2013年）、"海绵城市"（2015年）
发改委	5个	"低碳省区和低碳城市试点"（2010年）、碳排放交易试点、"低碳社区试点"（2014年）、"循环经济示范城市（县）"（2015年）、"产城融合示范区"（2016年）
生态环境部	4个	"生态示范区"（1995年）、"生态县、生态市、生态省"（2007年）、"生态文明建设试点"（2008年）、"生态文明建设示范区"（2014年）
交通部	1个	"公交都市"（2012年）建设示范工程

资料来源：作者收集整理。

（1）《绿色发展指标体系》和《生态文明建设考核目标体系》

中共十八大以来，配合《生态文明体制改革总体方案》《生态文明建设目标评价考核办法》的相继出台，国家相继发布了《绿色发展指标体系》《生态文明建设考核目标体系》《全国城市生态保护与建设规划》等更加综合、全面地反映生态文明、绿色发展理念的目标和指标体系（表4-3）。

2016年12月，根据中共中央办公厅、国务院办公厅关于印发《生态文明建设目标评价考核办法》的通知（厅字〔2016〕45号）要求，国家发展改革委、国家统计局、生态环境部、中央组织部制定了《绿色发展指标体系》和《生态文明建设考核目标体系》，"一个办法、两个体系"是开展生态文明建设评价考核工作的顶层设计。按照《生态文明建设目标评价考核办法》要求，生态文明建设目标评价考核实行党政同责，地方党委和政府领导成员生态文明建设一岗双责，按照客观公正、科学规范、突出重点、注重实效、奖惩并举的原则进行，《绿色发展指标体系》和《生态文明建设考核目标体系》是生态文明建设评价考核的依据。

《绿色发展指标体系》包括"资源利用、环境治理、环境质量、生态保护、增长质量、绿色生活、公众满意程度"7个一级指标和56个二级指标。

"资源利用"重点反映能源、水资源、建设用地的总量与强度双控要求和资源利用效率，目的是引导地区提高资源节约集约循环使用，提高资源使用效益，减少

推动城市生态文明建设、绿色发展的规划、目标、指标体系　　　　　表4-3

部委	名称
住房城乡建设部、生态环境部	全国城市生态保护与建设规划（2015~2020年）
发改、统计、生态环境、中组部	《绿色发展指标体系》和《生态文明建设考核目标体系》（发改环资〔2016〕2635号）

资料来源：作者收集整理。

排放，包括14个指标。其中，能源消费有关指标4个，用水有关指标4个，用地有关指标3个，资源循环利用有关指标3个，指标分布大体均衡，并兼顾了速度与效率、工业与农业、城市与农村等不同领域，指标具有一定代表性。

"环境治理"重点反映主要污染物、危险废物、生活垃圾和污水的治理以及污染治理投资等情况，包括8个指标。其中4个为"十三五"规划约束性指标，3个为重要污染物治理指标，1个为环境治理投入力度指标。

"环境质量"重点反映大气、水、土壤和海洋的环境质量状况，包括10个指标。其中2个反映空气质量，2个反映地表水质量，3个分别反映江河湖泊、饮用水水源地和近岸海域的水质，3个反映耕地质量。由于缺乏反映耕地质量的指标数据，用单位耕地面积化肥和农药使用量来间接反映耕地质量的变化情况。

"生态保护"重点反映森林、草原、湿地、海洋、自然岸线、自然保护区、水土流失、土地沙化和矿山恢复等生态系统的保护与治理，包括10个指标。

"增长质量"重点从宏观经济的增速、效率、效益、结构和动力等方面反映经济增长的质量，以体现绿色与发展的协调统一，包括5个指标。

"绿色生活"重点从公共机构、绿色产品推广使用、绿色出行、建筑、绿地、农村自来水和卫生厕所等方面反映绿色生活方式的转变以及生活环境的改善，体现绿色生活方式的倡导引领作用，包括8个指标。

"公众满意程度"重点反映公众对生态环境质量的满意程度，不仅调查公众对空气质量、饮用水、公园、绿化、绿色出行、污水和危险废物及垃圾处理等满意程度，还将噪声、光污染、电磁辐射等环境状况纳入满意度调查。

《生态文明建设考核目标体系》共五大类23项指标。在"资源利用"和"生态环境保护"方面设计了大量指标，同时将"年度评价""公众满意度""生态环境事件"等因素纳入考核。

生态文明建设目标评价考核在资源环境生态领域有关专项考核的基础上综合开展，采取评价和考核相结合的方式，实行年度评价、五年考核。重点评估各地区上一年度生态文明建设进展总体情况，引导各地区落实生态文明建设相关工作，每年开展1次。考核主要考查各地区生态文明建设重点目标任务完成情况，强化省级党委和政府生态文明建设的主体责任，督促各地区自觉推进生态文明建设，每个五年规划期结束后开展1次。

1）生态文明建设年度评价：年度评价按照绿色发展指标体系实施，主要评估各地区资源利用、环境治理、环境质量、生态保护、增长质量、绿色生活、公众满意程度等方面的变化趋势和动态进展，生成各地区绿色发展指数。年度评价应当在每年8月底前完成，年度评价结果应当向社会公布，并纳入生态文明建设目标考核。

2）生态文明建设目标考核：生态文

明建设目标考核内容主要包括国民经济和社会发展规划纲要中确定的资源环境约束性指标，以及党中央、国务院部署的生态文明建设重大目标任务完成情况，突出公众的获得感。考核目标体系由国家发展改革委、生态环境部会同有关部门制定，可以根据国民经济和社会发展规划纲要以及生态文明建设进展情况做相应调整。

目标考核在五年规划期结束后的次年开展，并于9月底前完成。各省、自治区、直辖市党委和政府应当对照考核目标体系开展自查，在五年规划期结束次年的6月底前，向党中央、国务院报送生态文明建设目标任务完成情况自查报告，并抄送考核牵头部门。资源环境生态领域有关专项考核的实施部门应当在五年规划期结束次年的6月底前，将五年专项考核结果报送考核牵头部门。

目标考核采用百分制评分和约束性指标完成情况等相结合的方法，考核结果划分为优秀、良好、合格、不合格四个等级。考核牵头部门汇总各地区考核实际得分以及有关情况，提出考核等级划分、考核结果处理等建议，并结合领导干部自然资源资产离任审计、领导干部环境保护责任离任审计、环境保护督察等结果，形成考核报告。考核报告经党中央、国务院审定后向社会公布，考核结果作为各省、自治区、直辖市党政领导班子和领导干部综合考核评价、干部奖惩任免的重要依据。

对考核等级为优秀、生态文明建设工作成效突出的地区，给予通报表扬；对考核等级为不合格的地区，进行通报批评，并约谈其党政主要负责人，提出限期整改要求；对生态环境损害明显、责任事件多发地区的党政主要负责人和相关负责人（含已经调离、提拔、退休的），按照《党政领导干部生态环境损害责任追究办法（试行）》等规定，进行责任追究。

（2）国家园林城市系列标准

《国家生态园林城市标准（暂行）》于2005年颁布，分城市生态环境、城市生活环境和城市基础设施3项共19个指标。

2016年10月28日，为全面贯彻中央城市工作会议精神，牢固树立和贯彻落实创新、协调、绿色、开放、共享的发展理念，更好地发挥创建园林城市对促进城乡园林绿化建设、改善人居生态环境的抓手作用，加快推进生态文明建设，住房和城乡建设部对《国家园林城市申报与评审办法》《国家园林城市标准》《生态园林城市申报与定级评审办法和分级考核标准》《国家园林县城城镇标准和申报评审办法》进行了修订，形成了《国家园林城市系列标准》及《国家园林城市系列申报评审管理办法》。该《标准》分国家园林城市标准、国家生态园林城市标准、国家园林县城标准、国家园林城镇标准、相关指标解释5部分。

国家生态园林城市指标包括六大类共47个指标，包括综合管理、绿地建设、建设管控、生态环境、市政设施、节能减排等类别，此外增设综合否决项。

配合《国家园林城市系列标准》的出台，建设部发布了《国家园林城市系列申报评审管理办法》，规定了园林城市系列的申报、评审、管理与监督等内容。国家园林城市系列申报评审管理遵循自愿申报、分类考核、动态监管、持续发展的原则。申报评审每两年开展一次，偶数年为申报年，奇数年为评审年。国务院住房城乡建设主管部门负责国家园林城市系列申报评审管理工作，省级住房城乡建设（园林绿化）主管部门负责省级园林城市系列申报评审管理工作。

（3）绿色生态城区评价标准

2012年5月，财政部、住房和城乡建设部联合发布《关于加快推动我国绿色建筑发展的实施意见》，首次提出绿色生态城区的概念，并将其作为推动绿色建筑发展和生态城市发展的核心内容。2012年11月，住房和城乡建设部对全国范围内申报的26个生态城区项目进行了综合评定，批准了其中8个项目列入首批绿色城市建设项目，同时给予补贴奖金。随后发布的《绿色建筑行动方案》（国发〔2013〕1号）和《"十二五"绿色建筑和绿色生态城区发展规划》进一步明确了绿色生态城区的发展目标和方向。

2017年7月，住房和城乡建设部发布《绿色生态城区评价标准》GB/T 51255—2017，明确了绿色生态城区的定义，以有一定用地范围的城区为评价对象，分为规划设计、实施运营两个评价阶段，是两个阶段从事城市规划建设实施活动的指导依据。国家标准的颁布和实施，标志着我国生态城区标识认证流程和标准技术体系逐渐完善，进入标准化建设阶段。

《绿色生态城区评价标准》设置8类指标，分类设置控制项和评分项，包括土地利用、生态环境、绿色建筑、资源与碳排放、绿色交通、信息化管理、产业与经济、人文等8类（表4-4）。每类指标下设控制项和评分项，评分项总分为100分。此外增设技术创新类指标，为加分项。按总得分确定等级，当绿色生态城区总得分分别达到50分、65分、80分时，绿色生态城区评价等级分别为一星级、二星级、三星级。

绿色生态城区评价的总得分计算公式为：

$$\Sigma Q = W_1Q_1+W_2Q_2+W_3Q_3+W_4Q_4 \\ +W_5Q_5+W_6Q_6+W_7Q_7+W_8Q_8 \\ +Q_{chx}$$

其中，评价指标体系8类指标评分项的权重 W_1-W_8 按下表取值。

以生态环境分项为例，控制项包括：应制定城区地形地貌、生物多样性等自然生境和生态空间管理措施和指标；应

绿色生态城区分项指标权重　　　　表4-4

项目	土地利用 W_1	生态环境 W_2	绿色建筑 W_3	资源与碳排放 W_4	绿色交通 W_5	信息化管理 W_6	产业与经济 W_7	人文 W_8
规划设计	0.15	0.15	0.15	0.17	0.12	0.10	0.08	0.08
实施运营	0.1	0.1	0.1	0.15	0.15	0.15	0.15	0.1

资料来源：《绿色生态城区评价标准》GB/T 51255。

制定城区大气、水、噪声、土壤等环境质量控制措施和指标；应实行雨污分流排水体制，城区生活污水收集处理率达到100%；垃圾无害化处理率应达到100%；应无黑臭水体。评分项包括自然生态、环境质量两个方面，其中：自然生态方面，对实施生物多样性保护、城区园林绿化、湿地保护、海绵城市建设等方面的做法对应不同分值；环境质量方面，从土壤污染、空气质量、环境噪声、热岛效应等角度出发，不同的做法对应不同的分值。

以资源与碳排放为例，控制项包括：应制定能源综合利用规划，统筹利用各类资源；应在方案、规划阶段制定城市水资源综合利用规划，实施运营阶段制定用水现状调研、评估和发展规划报告，统筹、综合利用各种水资源；应提交详尽合理的碳排放计算与分析清单，制定分阶段的减排目标和实施方案。评分项包括能源、水资源、材料和固废资源、碳排放等不同方面，针对不同做法予以不同分值。

具体操作方式为：由拟申报绿色生态城区的所在管委会每年逐级报送至财政部、住房和城乡建设部；每省每年申请数量至多1个。财政部和建设部组织对各地上报材料进行审查，选择确定最终纳入的示范绿色生态新区。

（4）城市体检指标体系

为深入贯彻落实习近平总书记关于建立城市体检评估机制的重要指示精神，促进城市人居环境高质量发展，以绿色低碳发展为路径，建设宜居、绿色、韧性、智慧、人文城市，住房和城乡建设部从2018年开始开展城市体检工作，旨在统筹城市规划建设管理，推进实施城市更新行动，促进城市开发建设方式转型。

2019年，由清华大学中国城市研究院、中国科学院地理科学与资源研究所、中国城市规划设计研究院、中国城市规划协会等单位组成的第三方城市体检工作团队制定了《2020年城市体检工作方案》，在广泛征求相关部委和专家意见的基础上，研究建立城市体检指标体系，并选择11个城市开展体检试点。2020年，样本城市增加到36个，江西、广东、陕西、青海等省也开始探索在全省范围内推进城市体检工作。2021年，城市体检样本数量扩大至59个，有条件的省份在设区城市全面推动城市体检工作。

经过3年多的实践探索，目前已基本建立了城市体检评估机制，构建了生态宜居、健康舒适、安全韧性、交通便捷、风貌特色、整洁有序、多元包容、创新活力等8方面65项指标组成的体检指标体系，形成了城市自体检、第三方体检和社会满意度调查相结合的城市体检工作方法。

2.地方政府的相关评价体系

（1）《河北雄安新区规划纲要》指标体系

设立河北雄安新区，是以习近平同志为核心的党中央作出的一项重大历史性战略选择，是千年大计、国家大事。

《河北雄安新区规划纲要》中明确"生态优先、绿色发展是雄安新区规划建设的重要指导思想","绿色生态宜居新城区"是雄安新区建设的主要目标之一。"坚持把绿色作为高质量发展的普遍形态,充分体现生态文明建设要求,坚持生态优先、绿色发展,贯彻绿水青山就是金山银山的理念,划定生态保护红线、永久基本农田和城镇开发边界,合理确定新区建设规模,完善生态功能,统筹绿色廊道和景观建设,构建蓝绿交织、清新明亮、水城共融、多组团集约紧凑发展的生态城市布局,创造优良人居环境,实现人与自然和谐共生,建设天蓝、地绿、水秀美丽家园"。

按照中共中央国务院关于对《河北雄安新区规划纲要》的批复,雄安新区要营造优质绿色生态环境,要践行绿水青山就是金山银山的理念,大规模开展植树造林和国土绿化,将生态湿地融入城市空间,实现雄安新区森林覆盖率达到40%,起步区绿化覆盖率达到50%。要坚持绿色发展,采用先进技术布局建设污水和垃圾处理系统,提高绿色交通和公共交通出行比例,推广超低能耗建筑,优化能源消费结构。强化大气、水、土壤污染防治,加强白洋淀生态环境治理和保护,同步加大上游地区环境综合整治力度,逐步恢复白洋淀"华北之肾"功能。

《河北雄安新区规划纲要》中确定的绿色生态方向的指标共有17个,包含区域生态指标4个、城区绿化指标4个、水生态指标5个、固废指标2个、大气指标1个、绿建指标1个,并分别确定了目标年(2035年)的指标值。

雄安新区是生态文明建设和绿色发展的国家示范,《纲要》确定的绿色生态指标是新体制、新理念和新方法的具体体现,充分体现了尊重自然、顺应自然和保护自然的总体思路,指标选择和赋值也具有一定的前瞻性和突破性。

(2)中新天津生态城的指标体系

中新天津生态城是中国、新加坡两国政府战略性合作项目,生态城的建设展示了中新两国政府应对全球气候变化、加强环境保护、节约资源和能源的决心,为资源节约型、环境友好型社会的建设提供积极的探讨和典型示范。

为了体现生态示范,尽快落实中国和新加坡两国政府对生态城市的发展构想,探寻中国城市绿色发展新路径,中新天津生态城于2008年初编制了国内首个指导生态城市建设的指标体系,作为城市规划建设的量化目标和基本依据。2009年,中新天津生态城管委会制定发布了《关于贯彻落实中新天津生态城指标体系的实施意见》,确定了指标分解、保障实施、定期考核、持续完善等主要任务。

中新天津生态城指标体系依据选址区域的资源、环境和人居现状,突出以人为本的理念,涵盖了生态环境健康、社会和谐进步、经济蓬勃高效等三个方面22个控制性指标和区域协调融合的4个引导性指标,为生态城开发建设提供技术支撑和实施路径。指标体系以"三和""三能"为目标,即人与人和谐共存、人与经济活动和谐共存、人与环境和谐共存和能实行、能复制、能推广,按照科学性与实用性相结合、定性与定量相结合、特色与共性相结合和可达性与发展性相结合的原则，保留传统城市规划指标的精华，提升传统城市规划的相关标准，反映生态建设的新要求，突出原生态的保护和修复，建设生态结构合理、服务功能完善、环境质量优良的自然生态系统和协调的人工环境系统。

中新生态城在十年建设实施过程中，不断践行指标体系的引导要求，并在不断完善指标评估机制的基础上落实指标体系的年度评估，发挥指标体系的反馈优化作用，为后续工作的协调提升提供良好的基础依据。自2013年7月起，逐步建立并完善指标体系一年一评估常态化机制，评估成果成为下一年度实施的依据。中新天津生态城指标体系于2008年编制完成，实施十年后，于2018年开展了中新天津生态城指标体系实施评估和2.0升级版指标体系的编制。

2018年9月，受中新天津生态城管委会委托，中新天津生态城环境局和中国城市科学研究会联合完成《中新天津生态城指标体系实施评估报告（2008—2018）》。在管委会提供的指标统计数据和历年指标体系评估报告基础上，以生态城指标体系为对象，梳理总结其十年来构建、实施、优化的历程，旨在总结指标体系实施中的经验，反思存在的不足，突破其历史局限性，将生态城指标体系实践中的得失转为未来发展的宝贵财富和内生动力。

2.0升级版指标体系共设置指标36项，主要从框架结构、目标层、准则层、指标项四个要素入手进行调整完善。在指标项设置方面，为体现生态城市与普通城市的差异化，突出先进性、综合性、特有性，从4个方向调整指标项。与2008年生态城建设初期指标体系相比，2.0升级版指标体系控制性指标新增11项、调整11项、保留8项，引导性指标新增2项、调整4项，在层次结构上分为目标层、准则层、指标层三大层级。其中，目标层围绕"环境健康—社会和谐—经济高效—区域协调"的"3+1"复合指标系统，设置了"生态环境健康""社会和谐发展""经济绿色低碳""区域协调共享"4个层级。准则层从指引性、准确性、适用性考虑，新增"运营智能高效""城市风貌塑造""社会融合发展"3项，调整准则层8项，修改后共计15项。指标层保留现行指标体系中具有一定前瞻性、能够很好适应并有效指引生态城建设的指标项，如"日人均垃圾产生量小于0.8千克"；修改部分指标项和数值，提高部分达标情况稳定的指标数值，或将指标概念与国内外最新表述对接，如"垃圾回收利用率大于70%""非传统水资源利用率大于60%"；并新增部分指标，对接国家和地区发展新政策和新要求，如"年径流总量控制率大于80%"等。

中新天津生态城指标体系起步较早，作为评价和指导生态城规划建设的重要依据，为生态城的建设发展确定了量化目标，既是指导和评价生态城规划建设的重要依据，也成为生态城推广复制的主要内容。其核心价值是在实践基础上对指标体系进行了评估和更新，在升级版指标体系中，既有保留和修改，也有新增和剔除，表现出良好的适应性和延展性。

（3）青岛中德生态园指标体系

青岛中德生态园是中国、德国两国政府合作项目。2010年7月，中国商务部与德国经济和技术部签署了《关于共同支持建立中德生态园的谅解备忘录》，确定在青岛经济技术开发区建立中德生态园，青岛中德生态园是由中德两国政府建设的首个可持续发展示范合作项目。园区位于国家级新区——青岛西海岸新区，胶州湾高速公路南侧、小珠山风景区东北、牧马山生态通道北侧。规划面积11.6平方千米，拓展区29平方千米，远期规划面积66平方千米。2011年12月6日，中德生态园建设全面启动。

2012年，青岛中德生态园指标体系编制完成，即指标体系1.0。该指标体系确定了40项指标，包括31项控制性指标和9项引导性指标，其中控制性指标分为经济优化、环境友好、资源节约及包容发展4大类。

在国际可持续发展、中德合作、国内政策及青岛市西海岸趋势等新要求、新趋势下，园区总结既往建设经验，于2018年编制形成青岛中德生态园2030可持续发展指标体系，即指标体系2.0。新的指标体系提出了"经济健康高效、生态活力持续、社会开放包容、创新智慧发展"四大愿景，共40项指标，其中控制性指标30项，引导性指标10项。

青岛中德生态园自建设伊始，就形成了以指标体系为核心的规划、建设、运营、监测评估、改进的全方位全生命周期流程，围绕指标管控体系，按照统计监测要求形成统计体系和展示平台，针对可持续发展要求形成绿色生态手册，为生态园实现标准化、智慧化、新旧动能转化提供强有力的支撑。同时，不断推进指标监测和评价，保证指标的时效性和有效性，指导园区可持续发展。

（4）中法武汉生态示范城规划指标体系（2016～2030）

2014年3月，中法两国签署了共建中法武汉生态示范城意向书，该项目由两国部委共同设立，也是湖北省可持续发展战略和武汉市创建国家中心城市战略布局中的重要组成部分。中法武汉生态示范城位于武汉市蔡甸区，紧邻主城区，面积约为39平方千米，场地周边汉江、后官湖、什湖和高罗河等水系密布成网，马鞍山、临嶂山大小山系散布其间。

规划结合"创新、协调、绿色、开放、共享"五大理念，确定了"创新产业之城、协调发展之城、环保低碳之城、中法合作之城、和谐共享之城"五大发展目标，致力于成为武汉生态文明建设的典范。基于武汉城市特色及中法生态示范城的自身需求，围绕五大目标制定指标体系，共32项具体指标，指标值的设定借鉴了国家相关标准和部分先进绿色城市的指标值。

中法武汉生态示范城是继中新天津生态城之后中外政府间合作的最大生态城项目，作为中法两国政府推动的可持续发展合作示范区，规划体现了应对当前全球气候变化、环境保护等挑战的总体目标，将中法两国在城市规划设计、建设和管理领域的可持续发展技术和经验运用于示范城建设，指标体系体现了注重可再生能源利用和生态环境技术、突出低碳交通体系和绿色建筑应用、促进发展高技术研发创新等内容。

4.2.3 小结

国外关于绿色城市的指标体系起步较早，已形成相对成熟的各类指标体系。一类是宏观尺度，基于可持续发展、绿色生态等主题，开展城市之间的横向比较，并结合奖项、证书等形式进行；一类是从建筑评价出发，逐步拓展到社区、街区乃至城市层面。前者往往涵盖经济、社会、环境等不同领域，是围绕可持续发展的广义绿色指标体系；后者更多限定于建造和建设领域，评估建筑、社区、城区等不同尺度空间在生态绿色方面的水平，是中义的绿色概念。

国内在绿色城市指标体系研究方面虽发展较晚，但针对我国不同时期的实际情况也开展了大量研究和实践，范围涵盖省级、地级市及县（区）域等不同层面。

其中，国家各部委针对园林城市、生态城区、城市体检等工作制定了相应的指标体系和评价标准，开展了相应的评估、试点等工作，反映了我国不同时期绿色生态发展采取的措施，尤其是党的十八大以来，评估工作趋于全面综合。在新城新区规划建设过程中，也涌现出一批与规划相配套的指标体系，通过量化指标来引导规划实施，并进行过程管控和结果评估，起到了良好的示范带动效果。

从指标体系的构成来看，国家各部委的指标大多应用于全国层面，主要施行赋予权重的综合评价类指标体系，以评估我国城市绿色发展在区域空间和时间上的差异与变化，部分指标体系设置了约束项和引导项的指标及目标值，以实现适用于不同区域的发展；地方政府制定的评价体系限于地方性应用层面，主要结合示范区、新区建设工作进行指标体系构建，形成适用于本地建设、设置具体指标值及目标时间的指标体系。

4.3 城乡绿色发展评价指标体系

为了更好的评估城乡绿色发展现状并进行目标指引，通常采用构建指标体系的方式来进行量化评价。指标体系由若干个反映社会经济现象总体数量特征的相对独立又相互联系的统计指标组成，共同构成有机整体。

4.3.1 范围

按地域划分，城乡绿色发展评价指标体系通常可以应用在省级、城市、城区

（即城市建成区）、街区、建筑等不同层面，并可拓展至区域，通过横向对比和纵向对比的方式来进行。

4.3.2 指标体系框架

从国内外指标体系的评价领域来看，一类是广义的评价，涉及经济、社会、生态等不同层面，另一类聚焦生态环境领域，本研究以后者为主（表4-5）。

评价指标体系通常由多层结构形式构成，包括目标层、系统层和指标层。其中，目标层反映指标体系的评价领域，系统层体现各评价领域由哪些系统组成，指标层为体现各要素的指标，可以由一个或多个组成。

结合本课题研究范畴，确定城乡绿色发展评价指标体系的目标层为生态低冲击、资源低消耗、环境低影响和安全低风

国内外指标体系评价领域　　　　　　　表4-5

分类	来源	指标体系	评价领域
国外	政府	联合国可持续发展指标2015版	消除贫困、消除饥饿、良好健康与福祉、优质教育、性别平等、清洁饮水与卫生设施、廉价和清洁能源、体面工作和经济增长、工业、创新和基础设施、缩小差距、可持续城市和社区、负责任的消费和生产、气候行动、水下生物、陆地生物、和平、正义与强大机构、促进目标实现的伙伴关系
		英国可持续发展指标（宏观）	可持续的生产和消费、气候转变和能源、自然资源和环境保护、可持续发展的社区和社会平等
		苏格兰可持续发展指标（SISD）	经济活动正在消耗或增加的自然资本存量、生命延续、可持续经济福利
		德国建造规划的环境统计指标体系（附表25）	固体废物、水、大气污染控制、环境经济
	科研机构	美国耶鲁大学和哥伦比亚大学环境可持续发展指标体系	环境健康、空气质量、水资源、生物多样性和栖息地、生产性自然资源、可持续能源
		美国LEED认证体系——城市社区指标评价体系	能源、水、废弃物、交通、人（教育、平等、繁荣、健康与安全）
		英国BREEAM Communities可持续社区指标评价体系	气候和能源、资源、交通、生态、商业、社区、场所塑造和建筑
		日本"CASBEE-城市"评价体系	环境（自然保护、地方环境品质、资源回收、环境政策）、社会（居住环境、社会服务、社会活力）、经济（产业活力、经济交流、财政活力）
		欧洲绿色城市指标体系	二氧化碳排放、能源、建筑、交通、水、空气、废物、土地使用和环境领域
国内	部委	绿色发展指标体系	资源利用、环境治理、环境质量、生态保护、增长质量、绿色生活、公众满意程度
		国家生态园林城市指标	综合管理、绿地建设、建设管控、生态环境、市政设施、节能减排

续表

分类	来源	指标体系	评价领域
国内	部委	绿色生态城区评价标准	土地利用、生态环境、绿色建筑、资源与碳排放、绿色交通、信息化管理、产业与经济、人文
		城市体检指标（2021版）	生态宜居、健康舒适、安全韧性、交通便捷、风貌特色、整洁有序、多元包容、创新活力
	科研机构	中国科学院可持续发展指标体系	生存资源禀赋、资源转化效率、区域环境水平、区域生态水平
		中国社会科学院低碳城市标准体系	低碳生产力、低碳消费、低碳资源、低碳政策
	生态城实践	中新天津生态城指标体系（2008版）	生态环境健康（自然环境良好、人工环境协调）、社会和谐进步（生活模式健康、基础设施完善、管理机制健全）、经济蓬勃高效（经济发展持续、科技创新活跃、就业综合平衡），区域协调融合（自然生态协调、区域政策协调、社会文化协调、区域经济协调）
		中新天津生态城指标体系（2018版）	生态环境健康（自然环境良好、城市环境宜居）、社会和谐进步（生活方式健康、基础设施完善、管理机制健全、运管智能高效）、经济绿色低碳（资源利用高效、科技创新驱动、产城融合提质），区域协调融合（自然生态协调、城市风貌塑造、区域政策对接、社会融合发展、多元文化共生、产业协调优化）
		青岛中德生态园指标体系1.0（2012版）	经济优化（减少生产排放、提高利用效率、转变产业结构）、环境友好（平衡宜居宜业、降低建设影响、保育生物多样）、资源节约（促进源头减量、开展多源利用、完善设施体系）、包容发展（共享幸福社区、加强交流合作）
		青岛中德生态园指标体系2.0（2030可持续发展指标体系）	经济健康高效、生态活力持续、社会开放包容、创新智慧发展
		中法武汉生态示范城规划指标体系（2016～2030）	创新产业之城（经济发展持续、科技创新活跃）、协调发展之城（社会协调）、环保低碳之城（土地资源、水资源、能源、垃圾、交通）和谐共享之城（自然环境良好、人工环境丰富、住区热岛效应、绿色建筑比例、空气环境质量）
		北京怀柔科学城生态规划指标体系	生态涵养（构建生态格局、构建绿色网络、构建蓝色网络）、绿色发展（土地集约利用、交通绿色低碳、资源低碳循环、建筑绿色宜居）

资料来源：作者收集整理。

险，各系统层需要支撑相应的总目标。具体来说，在生态低冲击总目标下，设定森林和植被覆盖、生态修复、生物多样性、公园绿地四个系统层；资源低消耗主要包括土地、水、能源等不同资源的消耗和使用效率，绿色生活、绿色交通和绿色建造是体现资源低消耗的重要方面；环境低影响包括对土壤环境、水环境、大气环境、声环境等不同自然环境的影响；安全低风险涉及防洪排涝、安全避难、公共卫生等方面。

4.3.3 指标来源

指标的选择需要综合考虑多方面因素，通过借鉴国内外相关指标体系，结合城乡绿色发展评价指标体系构建的实际需求，本研究指标选取途径如下：

住房和城乡建设部、自然资源部、生态环境部等部委在生态、资源、环境、建设领域常年监测的核心指标。

国家部委文件或标准中的涉及生态文明建设、绿色发展的核心指标，如《中共中央国务院关于全面加强生态环境保护坚决打好污染防治攻坚战的意见》《全国市政基础设施十三五规划》《国家生态文明建设示范市指标》、国家园林城市系列标准、《绿色生态城区评价标准》等。

权威性研究机构发布的生态、环境领域数据对应的指标。

结合近年来各地研究与实践，选择体现国内领先水平的部分指标，如《河北雄安新区总规纲要》等。

适度考虑与国际接轨，选择国际通用指标。

4.3.4 指标选取原则

1. 系统性原则

指标体系的构建具有层次性，覆盖与城乡绿色发展密切相关的生态、资源、环境、安全四大类别，指标之间形成一定逻辑关系，既反映四大类别的主要特征和状态，也能反映相互之间的内在联系，形成一个有机整体。

2. 代表性原则

所选取的指标在同类近似指标中应有代表性，创新的指标应能代表城乡绿色发展的新导向，以尽可能准确反映和评估城乡绿色建设特征，提高评估成果的客观性和针对性。

3. 公平性原则

尊重生态本底客观存在的地区性差异，科学界定不同地区城乡绿色发展指标的适宜阈值，形成公平可比的评估结果。对于涉及特定生态建设问题的城市，相应增加考核指标并纳入最后评估结果。

4. 可操作原则

所选取的指标定义应简明清晰、避免误解，指标来源应畅通、易于收集。此外，指标应便于进行定量化处理，以方便形成评估依据。

4.3.5 指标库构建

1. 生态低冲击目标下的指标选择

在生态低冲击目标层下，分为森林和植被覆盖、生态修复、生物多样性和公园绿地四个系统层，既关注评估对象全域生态空间的布局和生态系统的状态，也关注针对生态系统采取的修复和治理措施。

（1）森林和植被覆盖

通过森林蓄积量来反映森林覆盖的总量，森林覆盖率、草原综合植被覆盖度用于反映森林和植被占国土空间的比例，也可以通过变化率来体现当地变化情况，规避不同地区的本底差异。

（2）生态修复

包括山体生态修复合格率、自然水体生态修复合格率、新增水土流失治理面积、可治理沙化土地治理率、新增矿山恢复治理面积等不同指标，分别对应山体、水体等不同类型的专项治理和生态修复。

（3）生物多样性

可以用两类指标来测度，一类是本地植物指数、综合物种指数、鸟类食源树种植株比例等用来直接体现生物多样性的指标；另一类是陆域自然保护区面积、海洋保护区面积、蓝绿空间占比、自然岸线保有率、湿地保护率、每十万人都市农业面积、永久基本农田保护面积、生态用地比例等，通过国土空间保护的方式来提升生物多样性的间接指标。

（4）公园绿地

城市公园绿地是城市建成区实现生态低冲击的重要设施，可以通过城市建成区绿地率、绿化覆盖率、公园300米服务半径覆盖率等指标来体现公园绿地的覆盖情况，也可以通过人均公共绿地、人均城市公园面积等指标来体现人均水平。

2.资源低消耗目标下的指标选择

在资源低消耗目标层下，分为土地资源消耗和使用效率、水资源消耗和使用效率、能源消耗和使用效率、绿色生活、绿色交通、绿色建造等六个系统层，关注土地、水和能源等自然资源的使用情况，包括使用总量和使用效率，同时，将绿色发展方式和生活方式作为推动资源低消耗的深刻革命，重点关注绿色生活、绿色交通和绿色建造等领域。

（1）土地资源消耗和使用效率

通过国土开发强度、耕地保有量、永久基本农田保护面积、新增建设用地规模等体现土地资源消耗量和国土空间结构，通过人均城乡居民点建设用地来体现人均土地资源消耗水平，也可以用单位GDP建设用地面积降低率来体现土地资源使用效率的变化情况。

（2）水资源消耗和使用效率

衡量水资源消耗和使用效率的指标包括用水总量、万元GDP用水量下降、用水总量、单位工业增加值用水量、单位工业增加值用水量降低率、农田灌溉水有效利用系数、农村自来水普及率、供水保障率、非传统水资源利用率、日人均生活用水量、工业用水重复利用率等，既包括水资源的消耗总量，也通过单位产出和人均用量来体现使用效率，涉及农业灌溉用水、生活用水、工业用水等不同方面。

（3）能源消耗和使用效率

能源消耗和使用效率可以用能源消费总量、单位GDP能源消耗降低、非化石能源占一次能源消费比重、公共机构人均能耗降低率、绿色产品市场占有率（高效节能产品市场占有率）、工业余能回收利用率、分布式能源供能比例、可再生能源使用率、建筑合同能源管理率等指标来衡量。

（4）绿色生活

组团规模、用地混合街区比例、就业住房平衡指数等指标是体现城市产城融合、健康宜居水平的重要指标。

社区是为日常生活提供基本服务和设施的单元，是体现绿色生活的重要方面，用于反映社区服务水平的指标包括完整居住社区覆盖率、十五分钟社区生活圈覆盖率、社区便民商业服务设施覆盖率、社区老年服务站覆盖率、普惠性幼儿园覆盖率、社区卫生服务中心门诊分担率、人均社区体育场地面积、社区低碳能源设施覆盖率、老旧小区改造达标率等。

（5）绿色建造

体现绿色建造的指标包括绿色建筑比重（新建居住和公共建筑达到绿色建筑二星级以上标准的建筑比例）、新建民用建筑的绿色建筑达标率、绿色施工比例、装配式建筑比例等。

（6）绿色交通

绿色出行体现在两个方面，一是公交线路网密度、慢行路网密度、公交设施可达性、公交站点300m/500m服务半径覆盖率、清洁能源公交比例、新能源汽车保有量增长率等体现交通配套服务设施水平的指标；也可以通过绿色出行比例、公共交通比例、慢行交通比例、公共交通客运量等指标来体现结果。

3.环境低影响目标下的指标选择

环境低影响目标层包括土壤环境影响、水环境影响、大气环境影响、声环境影响、垃圾对环境的影响等五个系统层。评估内容包括土壤环境、水环境、大气环境和声环境等要素的监测结果，也包括对自然环境产生重要影响的活动强度、为降低环境影响采取的措施力度等。

（1）土壤环境影响

用来评估土地利用过程中对土壤的影响，可以用受污染耕地安全利用率、土壤污染净增加量等直接反应结果的指标，也可以使用单位耕地面积化肥使用量、单位耕地面积农药使用量等用于评估对土地环境产生影响的指标。

（2）水环境影响

评价水环境影响的指标包括区内地表水环境质量达标率、地表水达到或好于Ⅲ类水体比例、地表水劣Ⅴ类水体比例、重要江河湖泊水功能区水质达标率、城市集中式饮用水水源水质达到或优于Ⅲ类比例、近岸海域水质优良（一、二类）比例等，也可以评估污水收集处理率、污水资源化再生利用率、工业废水排放量等污水排放和处理类指标。

（3）大气环境影响

评估大气环境影响的指标包括三类，一类是直接反映空气质量的指标，包括地级及以上城市空气质量优良天数比例、PM2.5年均浓度等，方便不同城市之间的横向对比；一类是单位GDP二氧化碳排放降低、化学需氧量排放总量减少、氨氮排放总量减少、二氧化硫排放总量减少、氮氧化物排放总量减少、细颗粒物（PM2.5）未达标地级及以上城市浓度下降等反映空气质量变化的指标，可以用于城市自身的纵向对比，也可以用于反映环境治理效果；还有一类是反映气体、粉尘排放等对大气环境产生影响的指标，如单位工业增加值COD排放量、工业烟（粉）尘排放量等。

（4）声环境影响

反映声环境影响的指标包括城市环境噪声达标地段覆盖率、功能区噪声达标率、区域噪声平均值等。

(5) 垃圾对环境的影响

垃圾会对大气环境、水环境、土壤环境等产生影响，是城市环境综合整治中的重要组成部分。用于评估垃圾对环境影响的指标有两类，一类是垃圾的产生量，如日人均垃圾产生量；一类是不同类别垃圾的收集和处理情况，如一般工业固体废物综合利用率、农作物秸秆综合利用率、危险废物处置利用率、生活垃圾无害化处理率、城市生活垃圾回收资源利用率、建筑垃圾资源化利用率等。

4. 安全低风险目标下的指标选择

在安全低风险目标层下，包括城市防洪排涝风险及应对、突发自然灾害和事故灾难安置和公共卫生安全及处置三个系统层。一方面评估城乡硬件设施应对安全风险和事故处理的能力；另一方面评估事故和灾害发生情况和处置结果。

(1) 城市防洪排涝风险及应对

城市内涝是事关人民群众生命财产安全的重大民生问题，可以用两类指标来反映防洪排涝风险及应对情况。一类是城市建成区积水内涝点密度、城市积水内涝最长排干时间等用于评估内涝的指标；一类是与城市内涝相关的设施建设和管理情况，反映市政基础设施抗风险能力，如雨水年径流总量控制率、排水管道密度、排水管道长度、城市堤防长度、城市可渗透地面面积比例等。

(2) 突发自然灾害和事故灾难安置

应急避难场所是应对突发自然灾害和事故灾难的安置设施，通常用人均避难场所面积、应急避难场所数量、Ⅰ类应急避难场所数量、Ⅱ类应急避难场所数量、Ⅲ类应急避难场所数量、城市标准消防站及小型普通消防站覆盖率、城市道路交通事故万车死亡率、城市年安全事故死亡率等指标来衡量。

(3) 公共卫生安全及处置

从公共卫生安全的角度来看，需要重点关注城市医疗废物处理能力、突发传染病等公共卫生事件处理能力等，用于衡量的指标包括城市医疗废物处理能力、城市二级及以上医院覆盖率等。

4.3.6 指标体系建立流程

城乡绿色发展评价指标体系构建了"目标层—系统层—指标层"的工作框架，可根据不同需求、不同对象进行应用（表4-6）。

城乡绿色发展评价指标体系　　表4-6

目标层	系统层	指标层
生态低冲击	森林和植被覆盖	森林覆盖率（变化）、森林蓄积量、草原综合植被覆盖度
	生态修复	山体生态修复合格率、自然水体生态修复合格率、新增水土流失治理面积、可治理沙化土地治理率、新增矿山恢复治理面积
	生物多样性	本地植物指数、综合物种指数、鸟类食源树种植株比例、陆域自然保护区面积、海洋保护区面积、蓝绿空间占比、自然岸线保有率、湿地保护率、每十万人都市农业面积、永久基本农田保护面积、生态用地比例、城市生态廊道达标率

续表

目标层	系统层	指标层
生态低冲击	公园绿地	城市建成区绿地率、绿化覆盖率、人均公共绿地、人均城市公园面积、公园绿地服务半径覆盖率(公园300米服务半径覆盖率)、城市绿道服务半径覆盖率
资源低消耗	土地资源消耗和使用效率	国土开发强度(区域开发强度)、人均城乡居民点建设用地、耕地保有量、永久基本农田保护面积占比、新增建设用地规模、单位GDP建设用地面积降低率
	水资源消耗和使用效率	用水总量、日人均生活用水量、万元GDP用水量下降、单位工业增加值用水量、单位工业增加值用水量降低率、农田灌溉水有效利用系数、农村自来水普及率、供水保障率、非传统水资源利用率、再生水利用率、工业用水重复利用率
	能源消耗和使用效率	能源消费总量、单位GDP能源消耗降低、非化石能源占一次能源消费比重、公共机构人均能耗降低率、绿色产品市场占有率(高效节能产品市场占有率)、工业余能回收利用率、分布式能源供能比例、可再生能源使用率、建筑合同能源管理率
	绿色生活	组团规模、用地混合街区比例、就业住房平衡指数、人口密度超过每平方公里1.5万人的城市建设用地规模、完整居住社区覆盖率、十五分钟社区生活圈覆盖率、社区便民商业服务设施覆盖率、社区老年服务站覆盖率、普惠性幼儿园覆盖率、社区卫生服务中心门诊分担率、人均社区体育场地面积、社区低碳能源设施覆盖率、老旧小区改造达标率、新建住宅建筑高度超过80米的数量、新建住宅建筑密度超过30%的比例
	绿色交通	新能源汽车保有量增长率、公交线路网密度、城市道路网密度、慢行路网密度、公交设施可达性、公交站点300m/500m服务半径覆盖率、清洁能源公交比例、专用自行车道密度、绿色交通出行分担率、公共交通比例、慢行交通比例、公共交通客运量、城市常住人口平均单程通勤时间、通勤距离小于5公里的人口比例、轨道站点周边覆盖通勤比例、建成区高峰期平均机动车速度、道路无障碍设施设置率
	绿色建造	绿色建筑比重(新建建筑中绿色建筑占比、新建居住和公共建筑达到绿色建筑二星级以上标准的建筑比例)、新建民用建筑的绿色建筑达标率、绿色施工比例、装配式建筑比例
环境低影响	土壤环境影响	受污染耕地安全利用率、土壤污染净增加量、单位耕地面积化肥使用量、单位耕地面积农药使用量
	水环境影响	区内地表水环境质量达标率、地表水达到或好于Ⅲ类水体比例、地表水劣Ⅴ类水体比例、重要江河湖泊水功能区水质达标率、城市集中式饮用水水源水质达到或优于Ⅲ类比例、近岸海域水质优良(一、二类)比例、污水收集处理率、城市生活污水集中收集率、污水资源化再生利用率、工业废水排放量
	大气环境影响	城市空气质量优良天数比例、PM2.5年均浓度、单位GDP二氧化碳排放降低、化学需氧量排放总量减少、氨氮排放总量减少、二氧化硫排放总量减少、氮氧化物排放总量减少、细颗粒物(PM2.5)未达标城市浓度下降、单位工业增加值COD排放量、工业烟(粉)尘排放量
	声环境影响	城市环境噪声达标地段覆盖率、功能区噪声达标率、区域噪声平均值
	垃圾对环境的影响	一般工业固体废物综合利用率、农作物秸秆综合利用率、危险废物处置利用率、生活垃圾无害化处理率、城市生活垃圾回收资源利用率(城市生活垃圾资源化利用率)、建筑垃圾资源化利用率、日人均垃圾产生量

续表

目标层	系统层	指标层
安全低风险	防洪排涝风险及应对	雨水年径流总量控制率、排水管道密度、排水管道长度、城市堤防长度、城市可渗透地面面积比例、城市建成区积水内涝点密度（城市内涝积水点密度）、城市积水内涝最长排干时间
	突发自然灾害和事故灾难安置	人均避难场所面积、应急避难场所数量、Ⅰ类应急避难场所数量、Ⅱ类应急避难场所数量、Ⅲ类应急避难场所数量、城市标准消防站及小型普通消防站覆盖率、城市道路交通事故万车死亡率、城市年安全事故死亡率
	公共卫生安全及处置	城市医疗废物处理能力、城市二级及以上医院覆盖率

资料来源：作者收集整理。

指标体系的应用流程具体如下：

1. 指标遴选

根据不同评估要求和对象，开展指标遴选工作，常用的方法是基于德尔菲法的专家评价、专题研究、研讨会、问卷调查等，在此基础上确定指标并进行解释。可根据实际情况将指标确定为基本型、延伸型、特定型、鼓励性和一票否决型等不同类别。

基本型指标是反映城乡绿色发展基本面貌的指标。该指标有利于快速掌握城乡绿色建设总体水平，便于在城市间进行横向比较和对城市自身生态建设工作成效进行纵向比较。

延伸型指标是在基本型指标基础上，就同一考核范畴增设的指标。指标设置或者对基本型指标的研究对象做进一步细分，以把握下一层级的城乡绿色发展状况，或者对基本型指标的研究对象做进一步补充，以掌握该考核范畴的更多状况，从而实现更细致完善的评价结果。

特定型指标针对特定生态建设问题设置，考虑到城乡绿色发展问题具有地域差异和个体差异，对具有特定生态建设问题的城市，宜针对该特定问题进行评价，反映其问题程度、工作成效，以便形成针对性的改进措施。

鼓励型指标的设置用于引导城市在城乡绿色发展领域获得创新突破，加快生态建设提质做优，达到一定领先水平，如推动智慧城市和信息化发展、改善绿化和步行环境、鼓励在生态建设领域获奖等。

对于发生重大生态环境事件的城市，通过一票否决指标，形成否定结论。

2. 设置赋值

在综合考虑各系统层重要性的基础上进行权重赋值，指标赋值从两方面入手，一是依据国家战略和政策要求来确定目标值，二是依据历史数据进行推算和计量建模，综合确定不同目标年的目标值。

3. 数据收集与处理

选择基期进行数据采集应以口径统一、客观中立为准，数据来源宜广泛，尽可能使用国家公开统计数据、相关部委及专业研究机构公布的权威数据、遥感数据等，并通过不同渠道对数据进行校对，以达到真实反映城乡绿色发展状况的目的。鼓励通过实地调研、大数据等方式收集地方真实数据，作为官方数据源的有力补充。在不同城市之间进行对比时，指标来源需保持一致，在同一城市不同年份进行对比时，需保持指标口径一致（表4-7）。

构建科学合理的指标模型，在收集和调查的基础上对数据进行标准化处理，标准化处理的方式包括无量纲化处理和正向化处理等。其中，无量纲化处理往往采取极值法和标准差法，经极值法处理的数据能保持数值之间保持较小差异，便于比较，采用标准差法处理的数据结果相对分散。正向化处理的方式包括倒数法、负数法和求补法等，其中负数法最为科学，正向化后变动最小，但会出现负值。

4. 数据分析与结论

根据不同的研究和实践目标，开展总项、各分项的排名与解读，通过横向和纵向对比的方式进行规律总结，对重要区

官方数据来源　　　　　　　　　　　　　　　　　表4-7

编号	部委/机构	数据公开的形式	涉及的数据
1	国家统计局	中国城市统计年鉴	各级城市综合数据，包括土地资源、环境保护、基础设施等
		中国统计年鉴	各地区和主要城市综合数据，包括土地、水资源、污染物排放、空气质量等
2	住房和城乡建设部	城市建设统计年鉴	城市、村镇、县城供水排水、天然气使用、轨道交通、园林绿化、环境卫生、风景名胜区等
		城乡建设统计年鉴	
		城乡建设统计公报	
3	生态环境部	中国环境状况公报	大气、淡水、土地、自然生态、交通与能源、气候与自然灾害等
		中国环境统计年鉴	自然状况、水环境、海洋环境、大气环境、固体废物、自然生态、土地利用、林业、自然灾害及突发事件、环境投资、城市环境、农村环境等
		生态县、生态市、生态省建设指标	单位GDP能耗水耗、森林覆盖率、保护地区面积占比、主要污染物强度等
		国家生态文明建设示范市指标	生态空间、生态经济、生态环境、生态生活、生态制度、生态文化等
4	自然资源部	中国国土资源公报	土地资源、矿产资源、海洋资源、地质环境等
		中国矿产资源报告	矿产资源、矿产资源环境保护、矿产资源管理与政策等
5	交通运输部	交通运输行业发展统计公报	能源消耗与环境保护等
6	水利部	第一次全国水利普查公报	河湖基本情况、经济社会用水情况、河湖开发治理情况、水土保持情况等
		中国水资源公报	水资源量、蓄水动态、水资源开发利用、水资源质量等

资料来源：作者收集整理。

域、典型案例进行深入研究和分析。

在此基础上,明确未来进行可持续路径跟踪和时空刻画的方式,以利于后续动态评估的开展。可利用城乡绿色发展评价指标体系开展常态化权威专业评估,动态评估可分为年度评估和五年考核两种实施方式,并根据不同评估目的,选取适合的评价机制。

5

第5章

城乡绿色发展技术体系

5.1 技术应用须遵循的原则规律

"绿色发展"的本质是主体适应外部环境不断变化的自适应，因此没有统一的标准和做法，而是要尊重绿色发展的原则规律，方能实现真正的"绿色"。这些原则规律包括"四因制宜、自然做功、协同互促、包容和谐、高效循环、韧性健康"等，各个城市在选择适合自身应用的绿色技术时，应遵循以上原则规律。

（1）"四因"制宜

所谓绿色生态，就是能够很好地协调主体（城乡）与客体（宏观环境）之间的关系。不同地区的宏观自然生态和社会文化环境迥异，决定了各城市主体应采取完全不同的适应客体策略；不同地区的经济基础和城镇化阶段迥异，也决定了各城市主体应采取适应当地经济条件和发展阶段的"先进适用技术"，而不是不可承受的"奢侈技术"。所以，"因时制宜、因地制宜、因人制宜、因财制宜"是各城市在绿色技术应用上应遵循的基本准则。

（2）自然做功

绿色技术的应用要顺应自然，最大程度发挥自然的力量。顺应自然不是被动受制于自然，而是按照自然规律顺势而为，通过有限度地改造自然，让自然的能量尽最大可能地为人类造福（即"让自然做功"），实现人与自然和谐相处。譬如海绵城市建设的要义就是正确且充分利用"自然力"，实现"自然存积、自然渗透、自然净化"。

（3）协同互促

绿色技术的应用应顺应以协同替代竞争的大趋势，尤其是要体现区域分工和城乡融合，即保障城乡（区域）之间要素的充分流动、引导城乡（区域）功能的合理分工、彰显城乡（区域）各自的特色。

（4）包容和谐

包容和谐既是生物圈、社会圈内维护公平的诉求，也是提高生物圈、社会圈生存延续能力的"基因"。这就要求绿色技术的应用既要考虑到在自然生态领域保护生物的多样性，又要兼顾在社会生态领域维护社会的多元性。

（5）高效循环

高效循环体现了集约节约利用资源的价值取向。其中，"高效"体现在城市土地、水、能源的集约节约利用，以及城市公共设施、基础设施供给与周边居民生产生活需求之间的高效匹配关系。"循环"体现在土地、水、能源，以及其他物质产品的多次重复利用，以"摊薄"单次利用的资源消耗成本。同时应倡导"微循环"以降低长距离运输能耗，因地制宜地选择合适的工程技术手段，倡导分散、就近、有机化、生态化的处理方式，补充小型化设施，推动各类公用设施由功能分离向综合利用转变等，加强微降解、微能源、微冲击、微交通、微绿地、微调控等城市微循环体系的建设。

（6）韧性健康

为了应对未来的不确定性，应当从技术、组织、社会、经济等维度，建立具有鲁棒性、可恢复性、冗余性、智慧性、适应性等特点的"韧性城市"，从"减缓"和"适应"两个方面给出应对策略，突出前瞻性的风险评估和灾害预防，制定兼具系统性和灵活性的应急预案。要以人的生命健康为中心，为居民提供公共环境清洁安全、公共卫生体系健全、全民健身设施齐全的城乡空间，并从弱势群体的安全舒适角度考虑，建设儿童、老年、残疾人友好型城市。

5.2 区域和城市群绿色技术

城市群是在城镇化过程中，在特定的城镇化水平较高的地域空间里，以区域网络化组织为纽带，由若干个密集分布的不同等级的城市及其腹地通过空间相互作用而形成的城市-区域系统。城市群的出现是国民经济快速发展、现代化水平不断提高的标志之一。发展城市群可在更大范围内实现资源的优化配置，促进区域及各城市自身的高质量发展。都市圈是城市群内部以超大特大城市或辐射带动功能强的大城市为中心、以1小时通勤圈为基本范围的城镇化空间形态。建设现代化都市圈是推进新型城镇化的重要手段，既有利于优化人口和经济的空间结构，又有利于激活有效投资和潜在消费需求，增强内生发展动力。[①]

中国城镇化"下半场"的主导方向是绿色发展，空间演变趋势是区域一体化。城市群、都市圈形成过程中对区域总体资源配置的优化，本身就是绿色发展的一种体现，可以认为其综合发展质量的高低与其对绿色发展的贡献程度直接相关。区域绿色发展需要在城乡野融合、大中小协调的空间体系内，构建绿色低碳高效的交通、产业、设施网络，探索一体化的区域资源开发利用技术，优化区域生态环境，保障区域食品安全与农业可持续发展，建立区域魅力景观体系，并将生态价值作为区域绿色发展的新引擎。

5.2.1 城乡野融合、大中小协调的空间体系

1. 目标

为区域绿色发展提供空间布局和功能

---

① 国家发改委《关于培育发展现代化都市圈的指导意见》（发改规划〔2019〕328号）。其中，关于"1小时通勤圈"的概念界定在学术界尚有争议。

统筹的合理方案，支撑更高水平的区域生态保护、更高质量的区域经济发展、更高品质的区域空间供给、更高效能的区域现代化治理。

2. 基本概念

在区域良好的自然生态空间基底中形成各城市功能高度相关、空间彼此分隔、交通联系畅达、城乡融合互动、服务优质均好的城市群/都市圈空间形态；以实现区域整体的绿色发展质量最大化为目标，优化区域资源配置，构建大中小城市、小城镇、乡村协调有序、协同一体的城镇体系。

3. 关键步骤和技术

（1）构建城乡野融合的区域空间格局

在城市群和区域形成兼具不同强度保护与开发功能的统筹格局，将保护要素（山水林田湖草）与开发要素（城镇村）融为一体，体现尊重自然、兼容并蓄、以人为本的理念，在边界清晰、严格管控的基础上实现城-乡-野空间的相互融合渗透。

（2）形成大中小协调的区域城镇体系

形成资源公平共享、职能精细分工、特色优势多元、各等级规模城镇协作密切的协调发展格局，通过区域资源配置的"最优解"实现区域整体发展质量的最大化，避免同质竞争、降低负外部性、提高生产效率，保障区域绿色发展效能。

（3）构建专业化分工、社会化协作的区域服务网络

在重要城市群、都市圈及国家中心城市，建设国家级、省级区域医疗中心、高等教育中心、文化中心、科学中心，在国家公共服务中心体系构建中，努力实现顶级服务资源在各地区公平共享、便捷可达。

在区域范围内构建高水平均等化、系统一体化的基本公共服务体系，并结合城镇禀赋科学合理布局各类专业化服务设施，在大运量高快速交通网络的支撑下，扩大居民获得专业化服务的活动空间范围，以城镇合力满足生态文明新时代人们对优质服务体验的需求。

区域中心城市应强化创新交往机会、高水平文化艺术体验，提供优质的环境与服务、时尚的城市活动、有趣的公共空间、包容的文化氛围，形成对人才的持续吸引力，打造区域智慧中枢和交通枢纽。

中心城市外围新城、新市镇及二级城市应强化宜居宜业功能，实现与中心城的通勤，承载一定"双城双栖"人口，部分中心城年轻人、老年人口将外溢至此生活，可形成与中心城市功能互补的专业化研发中心或产业园区、国际交往中心、文化体育中心、国际休闲中心等职能。

特色小镇与乡村基本公共服务能力应与城市无差别，容纳大量"城乡双栖"人口。

魅力地区承载区域内各类人群的休闲需求，尤其是家庭和老人两类主要群体。

（4）推动区域范围内的城乡融合发展

将城市群、都市圈作为整体，统筹安排城市与乡村地区的发展，推动城乡要素有机融合、自由流动，将中心镇、重点镇、一般镇、中心村和农村居民点纳入城乡功能体系，合理布局城镇集中建设区以

外的农业生产空间、魅力郊野空间、生态保护空间。

发挥乡村地区生活方式与空间形态的独特优势，创新乡村地区发展模式，使乡村成为休闲旅游服务的承载地、传统文化的传承发展地、诗意栖居的郊野居住地、创新功能的适宜承接地，挖掘乡村地区多元价值，使城乡之间逐渐成为互补互利的均衡整体。

打破城乡户籍隔离，通过设施完善及信息互联，使乡村地区成为与城镇享有同等开放条件、同等基本公共服务品质的空间。探索政策创新，为掌握现代农业生产技能的新农民和追求乡村生活方式的"城乡双栖"人口提供流向乡村、留居乡村的途径（图5-1、表5-1）。

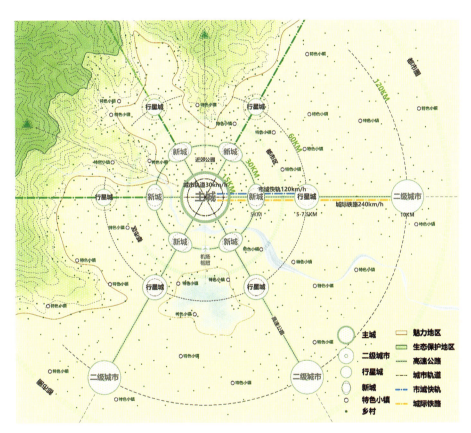

图5-1　城市群/都市圈绿色发展理想空间模式图[①]

资料来源：作者整理绘制。

---

① 以单中心结构城市群/都市圈为例，构建理想蓝图，探讨区域绿色发展的理想空间模式。该蓝图描绘的理想模式中，强调了由主城、新城、行星城、二级城市、特色小镇与美丽乡村、魅力地区、生态保护地区构成的绿色、健康区域有机体，区域内部实现空间舒朗、交通畅达、规模适度、职能协调、交往密切的目标。

第5章　城乡绿色发展技术体系　111

城市群/都市圈绿色发展理想空间架构　　　　　　表5-1

类别	功能	规模	空间联系
主城	将成为体验与机遇的供应者，为人们提供交往机会、高水平文化艺术体验等机会； 提供优质的环境与服务，时尚的城市活动，有趣的公共空间，包容的文化氛围，形成对人才的持续吸引力； 都市圈的智慧大脑中枢，交通网络中心	半径15千米左右，人口500万~800万人	时速30千米/小时城市轨道，站距1~2千米
新城	宜居宜业，可实现与中心城的通勤，部分中心城年轻人、老年人口将外溢至此生活； 可形成专业化研发中心、国际交往中心、文化体育中心、国际休闲中心等职能	半径5千米左右，人口100万左右	距中心城30千米； 以时速30千米/小时的城市轨道连接，站距1~2千米
行星城	与中心城有机联系的反磁力行星城； 可实现与中心城半小时通勤； 承载一定的"双城双栖"人口； 可形成专业化产业园区	半径5~7.5千米，人口100万~300万人	距中心城60千米； 以时速120千米/小时的市域快轨连接，站距5~10千米
二级城市	都市圈二级城市； 可实现与中心城半小时通勤； 承载一定的"双城双栖"人口	半径10千米左右，人口300万~500万人	距中心城120千米； 以时速240千米/小时的城际铁路连接，站距30千米左右
特色小镇美丽乡村	基本公共服务能力将与城市无差别，将容纳大量"城乡双栖"人口，尤其是日益增加的老年人口	—	完善的公路网连接
魅力地区	承载都市圈内各类人群的休闲需求，尤其是家庭和老人两类主要群体	—	可通过便捷联系的高速公路、市域快轨等交通设施快速到达
生态保护地区	重点突出其生态价值，实行最严格生态保护	—	—

资料来源：作者收集整理。

5.2.2 绿色高效的组织网络

1. 基于区域轨道交通网络的区域TOD

（1）目标

在城市群、都市圈发展中，完善"多层次完整网络"的交通体系，统筹规划建设高速互联的高密度交通网络，尤其突出大运量的轨道交通，打造"轨道上的城市群/都市圈"，进一步强化紧密互联，优化交通方式，避免重复建设。通过快速交通体系压缩时空距离，支撑区域空间网络化、格局扁平化、城镇特色化、服务均好化、生活同城化。

（2）基本概念

1）TOD

TOD（Transit Oriented Development）模式源于新城市主义思想，即以公共交通为导向的发展模式，其中的公共交通主要是指火车站、机场、地铁、轻轨等轨道交通及巴士干线。该模式强调以公共交通站点为中心、以400～800米（5～10分钟步行路程）为半径形成高强度开发的城市节点，节点功能强调集工作、商业、文化、教育、居住等为一身的"混合用途"。TOD的核心理念是形成有节制、公交导向的"紧凑开发"模式，特点是紧凑、功能复合、珍视环境等[①]。

2）区域TOD

区域TOD是将城市内TOD概念扩展到区域范围提出的，在实现区域内各制式轨道交通一体成网、无缝衔接基础上建议采用的区域开发模式，是加密区域城市功能网络、提高城际交通联系便捷度、控制区域开发建设强度的有效手段。

(3) 关键技术

1）城市群/都市圈轨道交通"四网融合"

形成多层次、一体化的轨道交通系统，打造轨道上的都市圈、城市群，推动干线铁路、城际铁路、市域（郊）铁路、城市轨道交通"四网融合"。打造复合型轨道交通廊道，高效利用既有的铁路资源、廊道资源。在新建轨道交通设施规划设计中，做好不同层次轨道交通线路间的互联互通和相关设施预留预控。新建枢纽需要在规划设计阶段为同台换乘、垂直换乘等预留空间，兼顾站城融合发展需求，并在改造项目中统筹考虑换乘客流[①]。按照MaaS（Mobility as a Service）"出行即服务"理念，加强多层次轨道交通运营管理一体化。

2）城际铁路与市域郊铁路两网合一、直联直通

重点建设进入城市中心或组团核心的城际铁路，发挥城际/市域郊铁路的制式优势，进一步适应中短距离的客运需求，体现城市密集地区高品质、高时间价值的出行诉求。城际铁路更多承担市域功能板块之间的联系，市域轨道统一建设标准和对接，跨界成网运营。

国内外实践

东京、巴黎经验

东京都市圈、巴黎都市圈等区域经过近百年发展，逐渐形成了成熟的轨道交通复合网络和运营管理体系。前者轨道交通线网由JR新干线、JR线、私铁线、地铁、有轨电车组成，为环形加放射并与市郊枢纽混合的结构；后者轨道交通由普铁系统、高铁系统、地铁系统、有轨电车系统组成。他们都经历了从单一制式下的独立运输到多制式并存下的独立运输再到多制式并存下的协同运输过程。目前，我国大中型城市已经基本建立了高铁、普速铁路、城际铁路、市域铁路以及城市轨道交通等各制式轨道交通组成的多层次轨道网络，旅客跨制式出行基本通过换乘实现，未来需由运营管理基本相互独立的局面走向轨道交通一体化发展。

---

① 张京祥.西方城市规划思想史纲[M].南京：东南大学出版社，2005.

3）以区域TOD模式优化城市群、都市圈交通网络与功能布局

在城市群、都市圈建立大运量高快速轨道网引领、城镇+产业+交通耦合的综合交通网络，以区域轨道作为重要载体组织区域要素，打破区域发展中城镇空间实体连绵的蔓延式布局，通过将区域功能中心与轨道交通站点紧密耦合，形成区域TOD模式，着重强化区域"流空间"密度和"节点空间"功能多元度，以此保障区域内城镇间的生态空间、农业空间更加完整、连片，区域整体空间保持间隔，功能形成网络。

2.以绿色低碳为目标的区域产业创新网络

（1）目标

以绿色经济、低碳经济理念为引领，以创新为核心驱动力，通过对区域产业体系实行绿色低碳化升级，形成支撑区域绿色发展的产业创新网络，以高效组织、协调布局、密切联动、协同创新，助力区域经济发展与资源环境消耗早日"脱钩"，在城市群、都市圈尺度形成更加安全、完整的生产供应链。

（2）基本概念

1）低碳经济

以低能耗、低污染、低排放为基础的经济发展模式，是人类社会继工业革命、信息革命之后的又一次经济革命浪潮，核心是能源技术创新、制度创新和人类生存发展观念的根本性转变，重要途径是构建低碳能源系统、低碳技术体系和低碳产业体系[1]。

2）绿色经济

绿色经济指的是以绿色产品和服务为主的经济形态，其实现手段，是以关键的环境制约因素（如碳排放）为发展契机，通过调整总投资、总消费、政府开支，创建并积累可持续发展所需的自然资本、清洁人造资本、健康的掌握新技术的人力资本、社会/体制资本。

绿色经济一方面要求经济增长与资源消耗和生态环境破坏"脱钩"，一方面要求通过投资于自然资本和技术创新，实现新型的经济增长和就业[2]。

（3）关键技术

1）城市产业结构绿色低碳化调整

结合本地既有资源禀赋与产业基础，以绿色经济、低碳经济为目标，推进传统产业低碳化改造，淘汰部分"高污染高能耗"产业，发展"低碳高附加值"的战略性新兴产业，如新能源汽车、新能源、节能循环再制造产业，以及轨道交通装备、住宅产业化、特色资源新材料等与绿色低碳产业密切相关的产业。大力发展生产性服务业，为产业体系优化升级提供保障。

通过"退二优二""退二进三"等方式为低碳制造业及现代服务业腾挪空间，并

---

[1] 顾朝林，谭纵波，韩春强等.气候变化与低碳城市规划[M].南京：东南大学出版社，2008：168.
[2] 盛馥来，诸大建.绿色经济：联合国视野中的理论、方法与案例[M].北京：中国财政经济出版社，2015.5.

适当增加土地投入用于新建循环经济产业园及其他绿色低碳产业园区/基地。

政府可设立专项资金及财税激励、补偿制度用于引导产业投资方向，并发展绿色金融，撬动社会资本支持绿色低碳产业发展。

2）形成低碳化区域产业网络

利用区域产业关联网络，推动区域同产业链企业间开展低碳协作，整体谋划产业链低碳化转型。

清理整顿、关停并转链内"高能耗、高污染"企业，以龙头企业低碳化改造为引领，提高对上下游相关企业生产标准要求，从产品设计研发到生产制造、包装、运输、销售、服务等各环节，都应实行严格的绿色低碳标准。

通过上下游企业资源耦合，对传统生产工艺进行技术改造升级，使产业链各环节低碳协同化。

3）协调布局区域内绿色低碳新兴产业

综合考虑区域内各城市产业基础和资源禀赋、产业发展成本和市场需求、区域科技资源分布和未来发展潜力，从区域全局利益出发，协调布局战略性新兴产业与生产性服务业，避免同质竞争与资源浪费。通过推动区域产业双向转移，逐步优化区域产业碳排放结构。

4）区域绿色低碳技术合作创新

通过在区域内各城市间开展针对绿色低碳产业新技术的研发合作，降低单个城市研发成本与风险。整合区域各城市资金和智力资源，以城市群、都市圈等为整体开展低碳技术引进消化再创新[1]。横向上构建区域同类企业共性低碳技术创新联盟，分工协作、共享资源、共同攻关。纵向上从区域产业链关联产业互补优势出发，打通产业绿色低碳技术各环节难点。

5）强化以区域创新综合体为引领的创新链、产业链、供应链关联

围绕打造区域自主可控、安全可靠的产业链、供应链目标，定向开展关键技术研发，并加强与成果转化、市场应用的有机衔接。根据区域产业布局，形成可为不同规模等级、不同主导产业方向的园区平台提供全过程"一站式"服务的区域产业创新服务综合体。在区域范围内开展产学研合作，发挥中心城市的科研院所及金融、信息等高等级生产性服务业的集聚优势与制造强市的中试应用孵化功能，形成区域整体"前后端"创新环节关联紧密的创新体系。探索建立以区域性科创投资公司为主体的"技术做市商"制度[2]，以龙头带动、联盟支持，推动区域技术市场实体化运作。

3.智慧高效的区域基础设施网络

（1）目标

通过智慧升级、技术应用、统筹规

---

[1] 冯占民.城市群低碳发展的合作治理创新研究[M].北京：人民出版社，2014.10.
[2] 陈庆.新基建助力区域城市群创新协同——重大科研基础设施视角[J].科技创业月刊，2020，33（10）：41-44.

划、协调布局、协同运管，建立支撑区域可持续发展的智慧、高效基础设施网络体系。

（2）基本概念

将区域基础设施网络的建设、完善、升级充分融入区域可持续发展及智慧城市群、智慧都市圈建设当中。在区域内打破行政区划隔离，形成基础设施跨区域、跨部门、跨产业在建设标准、时序、空间布局等方面的统筹协调机制，并合理运用"大云物移智链"等新一代信息技术，提高区域各类基础设施子系统的智慧性与高效性。

（3）关键技术

1）以空间效率与运管效益主导区域基础设施网络统筹布局

发挥基础设施对城镇化的引导作用，按照市场规则，促进基础设施区域化，统筹谋划、统一规划，实现跨市域共建、共管、共用、共享，构建符合区域整体可持续发展要求的现代化基础设施网络。协调布局各类基础设施，以节约用地、利于运营管理和提供高效服务为原则，避免用地过度分割，在区域范围内整合交通运输、供水、电力、通信、微波通道建设，形成区域性基础设施共同廊道。

2）建设区域资源要素云平台

统筹区域各城市发展基础、发展重点，利用新一代信息技术及遥感、空间分析等手段建立区域资源要素云平台，以海量数据捕获、实时监测、智能分析、信息发布等服务功能，加强各城市在生态保护、污染源管理与环境治理、灾害应急响应、产业转型升级与科技创新、交通客流管理等方面的智慧协同，更加科学、有序、高效配置区域各类资源要素。

3）探索建立区域量子通信网络

在打造更加智慧高效的区域信息技术设施网络中，加快新一代信息技术的发展和应用，包括物联网、大数据、云计算乃至量子通信技术。利用量子通信技术的加密和高速传输优势，在经济发达区域可率先探索建立区域内量子通信网络，对安全性和传输速度要求较高的金融、政务、国防、电子信息等领域可先行使用其服务。

国内外实践

量子通信"京沪干线"[①]

2013年，中科院、中国科学技术大学启动"京沪干线"项目，建设连接北京、上海的高可信、可扩展、军民融合的广域光纤量子通信网络。"京沪干线"是连接北京、上海，贯穿济南和合肥全长2000余公里的量子通信骨干网络，并通过北京接入点实现与"墨子号"的连接，是实现覆盖全球的量子保密通信网络的重要基

---

① https://baike.baidu.com/item/京沪干线.

础。"京沪干线"项目于2013年7月立项,于2017年8月底在合肥完成了全网技术验收,2017年9月29日正式开通。"京沪干线"全线路密钥率大于20千比特/秒(kbps),可满足上万用户的密钥分发业务需求,已实现北京、上海、济南、合肥、乌鲁木齐南山地面站和奥地利科学院6点间的洲际量子通信视频会议。

"京沪干线"将推动量子通信在金融、政务、国防、电子信息等领域的大规模应用,建立完整的量子通信产业链和下一代国家主权信息安全生态系统,最终构建基于量子通信安全保障的量子互联网。

4）构建区域能源互联网

以电力系统为核心与纽带,利用互联网思想与技术改造能源行业,打造风、光、电、水、油、气等多能源互补,电源、电网、负荷、储能各环节纵向协调,各能源主体彼此关联依存,能源与信息高度融合的新型能源生态系统。激活区域各类分布式能源资源,充分利用可再生能源,实现能源高效集成、智能管控,更好地服务于区域经济高质量发展[1]。

5.2.3 区域资源一体化开发利用

1. 水—能源—粮食关联网络（WEF-Nexus）体系框架

（1）目标

增强水、能源、粮食三大战略性资源在生产、消费和管理中的协同度,提升资源整体开发利用效率,以多种资源关联网络内部的协同互馈、配置优化、动态平衡来更好应对气候变化、社会变化等系统风险,支撑区域可持续发展。

（2）基本概念

水、能源、粮食作为事关人类社会可持续发展的战略性、基础性资源,三者"相生相克",互为因果、互为制衡,在生产、消耗与管理过程中普遍存在权衡取舍与潜在冲突[2]。水—能源—粮食关联网络（WEF-Nexus）重点关注水、能源和食物之间的复杂关联关系与一体协同机制,是可持续发展研究领域一种全新的资源综合管理概念（图5-2）。WEF-Nexus的提出标志着资源治理范式从单一部门转向多部门协同,从线性"整合"转向非线性"协同"[3]。

---

[1] 范烨,马小丽,董青,郑真. 长三角一体化区域能源互联网协同共享发展构想与实践[A].《中国电力企业管理创新实践（2019年）》编委会.中国电力企业管理创新实践（2019年）[C].《中国电力企业管理》杂志社,2020：4.

[2] Hoff H. Understanding the Nexus[R]. Background Paper for the Bonn 2011 Conference：The Water Energy and Food Security Nexus，Stockholm：Stockholm Environment Institute，2011.

[3] 李桂君,黄道涵,李玉龙.水-能源-粮食关联关系：区域可持续发展研究的新视角[J].中央财经大学学报,2016(12)：76-90.

图5-2　联合国2030可持续发展17目标SDGs（Sustainable Development Goals）

资料来源：联合国官方网站 https：//www.un.org/sustainabledevelopment/zh/sustainable-development-goals/

（3）关键技术

1）梳理水、能源、粮食资源关联

基于水、能源、粮食两两之间以及三者之间在生产、消费和管理中的相互促进或制约关系，系统梳理水资源取用、输送、处理等环节的能源消耗关系，能源生产从矿产开采到电能产生过程中清洗、冷却、传导环节的水资源消耗关系，粮食从作物生长到食品加工过程中的水资源与能源消耗关系，能源生产过程中以粮食为原料产出生物质能的关系等。

2）协同优化水、能源、粮食资源开发利用模式

通过规划高效的水资源调配方案和水利工程，为能源生产和粮食生产提供稳定可靠的水源保障。通过规划科学的能源规模、结构和布局，改善水资源调配能力和手段，从而提高粮食生产效率。通过规划合理的农业灌溉用地规模和农业结构，降低农业生产的水耗与能耗，并以此优化食品结构，达到节能降碳的目的[①]。通过发展循环农业、循环工业，整体提高水、能资源在农产品和工业品生产加工过程中的使用效率，以闭环链条降低资源消耗，

---

① 彭少明，郑小康，王煜，蒋桂芹.黄河流域水资源-能源-粮食的协同优化[J].水科学进展，2017，28（05）：681-690.

并产出再生水、能资源。总体通过WEF-Nexus的系统优化，促进资源开发利用整体协同、良性循环。

3）引入环境因素，构建WEEF-Nexus

借鉴2009年国际原子能机构提出的CLEW（Climate, land, energy and water）分析框架，在水资源、能源和粮食相互交织的问题上，综合考虑土地利用、气候变化等因素，并可结合能源、水文、农业等模型进行系统研究，本书提出，在国际WEF-Nexus体系的基础上增加环境（Environment），建立中国特色的WEEF-Nexus体系框架（图5-3），破解我国国情面临的多要素紧约束与"脆弱的平衡"状态，强化"水—环境—能源—粮食"之间的关联性分析、整体性协同、全局性优化。

建立中国特色的WEEF-Nexus体系框架，近期重点消除四者在目标、指标上的矛盾和冲突，保证相互之间"交圈"；远期建立整体上实现WEEF投入/产出效率最优的量化模型，并在制度上建立相关主管部门的协同机制。

2. 碳捕集、利用与封存（CCS/CCUS）

（1）目标

在有条件地区探索除节能与提高能源效率、发展新能源与可再生能源、增加碳汇之外更加直接有效减缓二氧化碳排放的区域碳减排新技术，搭建"人工碳循环"，加速地球生态系统的"碳消耗"能力，助力系统"碳平衡"修复。同时利用CCS/CCUS技术，促进能源、化工、材料领域传统高碳排放行业的优势逆转与技术变革。

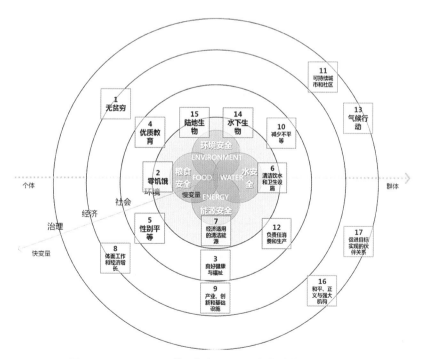

图5-3　WEEF-Nexus体系框架及SDGs指标在体系中的位置

资料来源：作者整理绘制。

（2）基本概念

1）碳捕获与封存（CCS）

碳捕集与封存（Carbon Capture and Storage）技术是指将二氧化碳从工业或相关排放源中分离出来，输送到封存地点，并长期与大气隔绝的过程。这种技术被认为是未来大规模减少温室气体排放、减缓全球变暖最经济、可行的方法。

2）碳捕集、利用与封存（CCUS）

CCUS技术是CCS技术新的发展趋势，即把生产过程中排放的二氧化碳进行提纯，循环再利用于新的生产过程，而不是简单封存。与CCS相比，CCUS可以将二氧化碳资源化，经济效益与可操作性更强。2006年4~5月北京香山会议第276次、第279次学术讨论会上，与会专家建议近期二氧化碳减排必须与利用紧密结合，主要途径是二氧化碳强化采油等资源化利用，自此形成CCUS概念。国际能源署（IEA）在其最新发布的报告中表示，只有在全球范围内大规模部署CCUS设施，才能达到深度减排目标以缓解气候变化的不利影响[①]。

（3）关键技术

1）碳捕集

在煤化工、火力发电厂、天然气净化厂、石化厂、日化厂等常见碳排放源的生产过程中，根据捕集选择的阶段和方式，可分为燃烧前、燃烧后和富氧燃烧三类捕集方式，涉及技术包括燃烧前化学吸收、物理吸收、物理吸附、膜分离，燃烧后化学吸收、吸附法、膜分离，富氧燃烧的常压、增压和化学链等技术。

其中燃烧前捕集成本较低、效率较高，但需要基于煤气化联合发电装置（Integrated Gasification Combined Cycle，IGCC）；富氧燃烧可提高二氧化碳捕集率；燃烧后捕集相对应用更为广泛，技术更为成熟。

2）碳输送

可采用车运、陆上管道、海上管道、海上船舶等输送方式。罐车拉运、海船拉运主要应用于先导试验阶段中小规模运输，管道气相输送和超临界态输送适用于工业应用阶段较大规模运输。

3）碳利用

石油石化、核能、煤炭、电力、化工等工业行业可广泛开展地质利用、化学利用、生物利用和纯粹地质封存技术工程实践，如合成高纯一氧化碳、烟丝膨化、化肥生产、超临界二氧化碳萃取、饮料添加剂、食品保鲜和储存、焊接保护气、灭火器、粉煤输送、合成可降解塑料、改善盐碱水质、培养海藻、油田驱油等。

聚焦二氧化碳的地质利用，特别是二氧化碳驱提高石油采收率、二氧化碳强化天然气开采、二氧化碳驱替煤层气、二氧化碳地浸开采铀矿、二氧化碳驱替排采地下水、二氧化碳用于微藻养殖、二氧化碳

---

① 国际能源署：净零排放离不开碳捕捉、利用和封存技.术 https://baijiahao.baidu.com/s?id=1681780304258051980&wfr=spider&for=pc.

与基性-超基性岩层成矿固化、二氧化碳矿渣化学反应发电等技术方向。

4）碳封存

通常采用的封存方式包括植被吸收、深部盐水层或矿藏地质埋存、深海溶解、材料合成或矿化等，封存空间可使用陆上咸水层、海底咸水层、枯竭油田、枯竭气田等[1]（图5-4）。

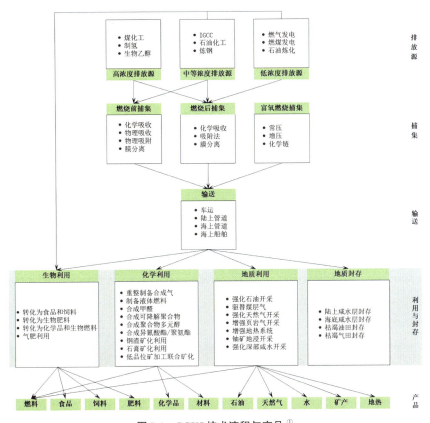

图5-4　CCUS技术流程与产品[1]

国内外实践

国外CCS/CCUS技术发展与应用较快且较具规模的国家包括美国、加拿大、挪威等国，澳大利亚、日本、阿联酋等国家也在加速推进二氧化碳捕集项目的工业化（表5-2、表5-3）。

国内CCUS示范项目从碳捕集源看，主要集中在燃煤发电和煤化工领域，CO_2运输方式主要以罐车为主，管道运输项目较少。从碳利用和封存方式看，燃煤电厂

---

[1] 王高峰，秦积舜，孙伟善等.碳捕集、利用与封存案例分析及产业发展建议[M].北京：化学工业出版社，2020.

碳捕集后一般为食品或工业所用，煤化工碳捕集较多用于驱油（EOR）以提高石油采收率，两类源碳捕集均有盐水层封存案例，且封存潜力较大。截至2019年8月，国内共开展了9个纯捕集示范项目、12个地质利用与封存项目，其中包含10个全流程示范项目，此外国内还开展了数十个化工、生物利用项目。地质利用与封存项目主要分布在鄂尔多斯盆地、渤海湾盆地、松辽盆地、沁水-临汾盆地、海拉尔盆地、苏北盆地、准噶尔盆地，涉及省份包括内蒙古自治区、山东省、河南省、陕西省、山西省、新疆维吾尔自治区、吉林省、江苏省。

全球主要国家CCS/CCUS项目一览表[①]　　表5-2

项目名称	地点	捕集能力/(万$t·a^{-1}$)	CO_2来源	CO_2去向	运行年份
Terrell	美国	40～50	天然气处理	EOR	1972
Enid	美国俄克拉何马州	70	化肥厂	EOR	1982
Shute Creek	美国怀俄明州	700	天然气处理	EOR	1986
Sleipner	挪威	90	天然气处理	盐水层	1996
Val Verde	美国得克萨斯州	130	天然气处理	EOR	1998
Weyburn	美国/加拿大	100	煤气化	EOR	2000
In Salah	阿尔及利亚	120	天然气处理	枯竭气田	2004—2011
Snohvit	挪威	70	天然气处理	盐水层	2008
Century	美国得克萨斯州	840	天然气处理	EOR	2010
Coffeyville	美国堪萨斯州	80	化肥厂	EOR	2013
Lost Cabin	美国怀俄明州	90	天然气处理	EOR	2013
Lula	巴西	70	天然气处理	EOR	2013
Air Products	美国得克萨斯州	100	甲烷重整	EOR	2013
Boundary Dam	加拿大	100（110MW）	燃煤电厂	EOR/盐水层	2014
Quset	加拿大	110	甲烷重整	盐水层	2015
Uthmaniyah	沙特阿拉伯	80	天然气处理	EOR	2015
Decatur	美国伊利诺伊州	100	乙醇	盐水层	2016
Kemper	美国密西西比州	340（582MW）	燃煤电厂	EOR	2016
Petra Nova	美国得克萨斯州	160（240MW）	燃煤电厂	EOR	2016
Gorgon	澳大利亚	400	天然气处理	盐水层	2016

[①] 赵志强，张贺，焦畅，王秋枫，林贤莉.全球CCOS技术和应用现状分析[J].现代工业，2021，41（04）：5-10.

续表

项目名称	地点	捕集能力/(万t·a^{-1})	CO_2来源	CO_2去向	运行年份
苫小牧CCS示范项目	日本	10	氢气产品	盐水层	2016
Abu Dhabi	阿联酋	80	钢铁厂	EOR	2016
Alberta Trunk	加拿大	30～60	化肥厂	EOR	2016
Alberta Trunk	加拿大	120～140	炼油厂	EOR	2017

2019年全球主要国家CCUS项目与封存量[①] 表5-3

国家	累计封存量(万t)	CCUS年封存量(万t)	CO_2年排放量(万t)	项目数量(个)
美国	＞5800(1972～2019年)	约2100	514520	9
中国	约200(2007～2019年)	10～100	942870	10
挪威	约2200(1996～2019年)	170	3550	2
加拿大	约4425(2000～2019年)	约300	55030	4

5.2.4 区域生态网络与区域"绿心"

1. 区域生物多样性维护与生态网络构建

（1）目标

以生物多样性保护为核心，加强区域生态安全性，通过复合型区域生态网络的构建，保证生境连续性和完整性，并通过维持和增加生境斑块间连接，为气候变化下物种迁移提供通道。

（2）基本概念

1）生物多样性

是指地球上所有生物体及其所包含的基因、赖以生存的生态环境的多样化和变异性，包括遗传多样性、物种多样性和生态系统多样性三个层次。人类只有为自然留下更多空间，同时消除土地和海洋用途变化、过度开发、气候变化、污染和外来入侵物种等驱动因素，才能阻止和扭转生物多样性的丧失[②]。

中国过去十年在生物多样性保护方面的主要贡献包括推动以国家公园为主体的自然保护地体系建立、将生态管理纳入法律政策体系和关键发展方案、强调生物多样性保护与本地经济发展的互促，以及积极探索生物多样性带来的服务价值转化[③]。

2）生态网络

生态网络是由各类生物栖息地、生态廊道以及节点组成的可以保证区域物质循环、能量交换以及信息流通的复合型网

[①] 蔡博峰等.中国二氧化碳捕集、利用与封存（CCUS）状态报告[M].北京：中国环境出版集团，2020.
[②] 祝剑.联合国环境规划署：如何与自然和平相处[N].社会科学报，2021-03-18(007).
[③] 牛志明.保护生物多样性的中国经验[N].经济参考报，2021-03-23(005).

络，其概念起源于生物保护领域，目前已形成了较为成熟的规划操作模式，即基于区域生境评价、生物多样性保护等目标，通过可达性评价、连通性评价、适宜性评价等方法选取生态节点和廊道，形成生态网络方案并进行最优方案研判[1]。

（3）关键技术

1）识别生态源地

基于生物栖息地适宜性评价开展，也可考虑人类活动，围绕城市或区域生态斑块的复合属性特征来构建景观要素辨识体系，识别生态源地。

2）设置阻力面

提取空间阻力因子，利用夜间灯光数据修正基于地表覆被赋值的生态阻力面。综合判定区域生态源地的空间定位，实现重要空间阻力关系判别。

3）模拟潜在廊道

根据确定的生态源地和空间阻力因子，采用最小累积阻力模型（minimal cumulative resistance，MCR）明确区域生态安全等级空间分布，并识别关键性生态廊道。

4）生态网络构建

结合潜力模型和网络连通性评价指数对廊道重要性进行定量分析，并结合网络建设成本探索合理阈值，提出最优化生态网络构建方案，同时针对不同等级的区域生态安全格局制定差异化的空间优化策略。

2. 打造区域"绿心"

（1）目标

在城镇密集地区控制连绵蔓延，并且将位于区域内城镇边缘"三不管"的消极地带转化为凝聚绿色发展合力的积极空间。

（2）基本概念

城市群、都市圈、流域地区等区域内，各城市交界地带兼具生态环境保护、限制城市蔓延、凝聚绿色发展共识、实现城乡融合、满足居民休闲游憩需求等功能的巨型生态、农业空间。

（3）关键技术

1）锚固保护底线

严格落实国土空间规划，严守生态保护红线、永久基本农田保护红线、城市开发边界。锁定生态底线，保护水源涵养、土壤保持、生物多样性维持与生境保护的重要生态本底。整体保护农田、村落、田园景观。建立分级分类管控体系，针对不同权属、不同分区、不同功能类型的保护性空间，提出差异化管控要求与标准。

2）发展复合功能

在严格保护、遏制城市连绵的前提下，基于凝聚区域活力、满足人民群众休闲需求的目的，在区域"绿心"的非建设空间弹性灵活引入适宜的教育科普、生态旅游、田园休闲、文化与艺术体验、体育健身等游憩娱乐功能。基于促进区域

---

[1] 刘晓阳，魏铭，曾坚，张森.闽三角城市群生态网络分析与构建[J].资源科学，2021，43（02）：357-367.

内城镇间交往交流、发挥自然资源价值的目的,还可在符合规划的范围内,在区域"绿心"的局部可建设空间内,发展对生态环境品质要求较高的科技研发、会议会展、文化创意、养生度假、健康管理等"风景驱动型"产业。将"绿心"地区绿色经济发展与乡村振兴、城乡融合密切结合。

3) 提高可达性

在减少对自然生境连接阻碍的前提下,完善"绿心"地区城镇之间的交通基础设施网络,加强各级各类绿道、风景道建设,提高跨市交界道路的连通性及各类景观资源的可达性。满足"绿心"地区各类交通方式需求,重视步行、自行车等慢行交通对道路及旅游服务设施的设计要求。结合景观资源特征设计道路,提供体验感最佳的通行方式。

4) 建立地区合作

在城市群、都市圈、流域地区等区域,由上级政府统筹、各城市参与,建立具有部分行政管理职能的区域发展合作组织,定期召开市长联席会议,并于其中专门设立区域"绿心"协调机构,共同制定"绿心"地区顶层设计,实施统一"规建管"。将"绿心"作为区域生态网络构建的核心区、重点区,确保区域内水气相通、林田相济、人与自然和谐共生。探索多样化的税费调节机制、生态补偿机制和自然资产交易制度,提升各城市参与"绿心"生态建设的积极性。

国内外实践

1. 长株潭绿心

长株潭城市群生态绿心概念正式提出于2003年湖南省的《长株潭城市群区域规划》正式提出,位于长沙、株洲和湘潭三市交汇地区,面积约522.87平方千米。其中,长沙305.69平方千米,占58.46%;株洲82.36平方千米,占15.74%;湘潭134.82平方千米,占25.80%。纳入规划与保护之后,长株潭城市群生态绿心保护取得了较好成效,有效遏制了长株潭三市"摊大饼"式的毁绿扩城趋势。

《长株潭城市群区域规划》提出,有效保护并合理利用长株潭三市相向地带,发挥城市群"绿心"功能。对于如何把天然绿地建设成为具有城市功能的"绿心",规划提出在保护好生态基底、发挥生态屏障功能的前提下,将绿心地区从三市边缘地带,建设成为城市群"空间整合关键、功能提升依托、三市联系纽带",成为创新利用生态资本的示范窗口。8月27日,《长株潭城市群生态绿心地区总体规划(2010—2030)(2018年修改)》获省政府批复,将建设成为"生态文明样板区、湖湘文化展示区、两型社会创新窗口、城乡融合试验平台",打造成为高品质具有国际影响的城市群绿心(图5-5)。

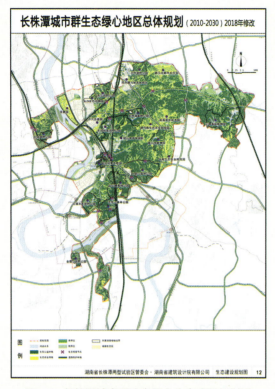

图 5-5　长株潭城市群生态绿心生态建设规划图

资料来源:《长株潭城市群生态绿心地区总体规划（2010-2030）2018年修改》。

2.荷兰兰斯塔德地区

荷兰兰斯塔德地区是在世界享有盛誉的以"绿心"为核心的多中心城市群，跨越北荷兰、南荷兰和乌得勒支三个省，由阿姆斯特丹、鹿特丹、海牙和乌得勒支4个核心城市及周边的中小城镇围合而成，城镇空间布局呈环形或马蹄形，约占全国国土面积的26%，城市地区彼此之间被绿色地带和一个大规模的中央开放地区所分隔，即"绿心"（Green Heart）[①]（图5-6、图5-7）。

兰斯塔德"绿心"作为城市群城镇交界地区的巨型绿色空间、开放空间、农业空间，因其特殊的泥炭地质，目前主要存在畜牧养殖、温室园艺等农业经济活动，兼顾生态建设和娱乐休闲功能。经过多年的规划与发展，"绿心"已经成为有明确管控边界的区域，内部包括少部分建成区、自然环境及水体以及近80%的农业用

---

① 谢盈盈.荷兰兰斯塔德"绿心"——巨型公共绿地空间案例经验[J].北京规划建设，2010（03）：64-69.

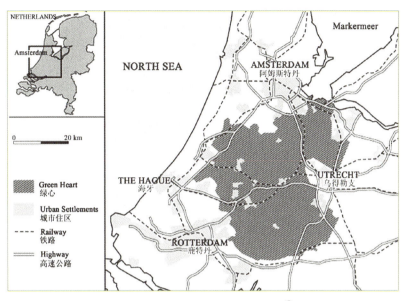

图5-6　兰斯塔德地区空间布局结构[①]

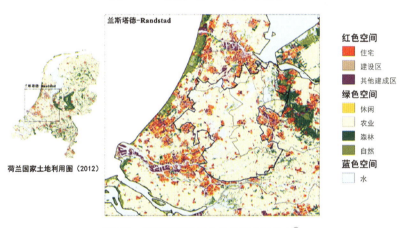

图5-7　兰斯塔德地区土地利用（2012）[①]

地，"绿心"边界形成了自然环境与城市之间的缓冲区域，用来防止城市的无序扩散。从20世纪30年代至今，"绿心"的发展策略逐渐由起初的严格保护与土地使用管制，演变为鼓励和引导内部适度建设，并随着2008年空间规划法改革和国家分权下放，从单一空间概念走向融合，在《兰斯塔德2040远景规划》中被并入"蓝绿三角洲"网络，其发展责任也下放到了地方。这也意味着对"绿心"的认识从传统

---

① 邓慧弢. 荷兰兰斯塔德"绿心"城市开放空间研究[D]. 东南大学，2019.

基于城市—乡村划分的空间形态，转变为凝聚城市网络活力的"蓝绿"结构的一部分，其功能也随着人们对户外休闲需求的增加而变得更为丰富，从将城市隔离开的屏障转变为保护景观多样性和提升区域绿色品质的魅力地区。通过将"网络社会"的概念融入城乡一体发展中，兰斯塔德环状城市带和"绿心"不再被视作对立部分，而是成为具有高度活力的大都市地区、乡村、自然和水共同构成的大地景观，形成更为复杂和整体的社会体系与空间体系[①]。

5.2.5 区域粮食安全与农业供给侧改革

1. 农业供给侧改革

（1）目标

优化区域农业生产资源配置，扩大区域农产品有效供给，提升区域农业绿色发展水平与综合竞争力。

（2）政策依据

《关于深入推进农业供给侧结构性改革，加快培育农业农村发展新动能的若干意见》，中共中央、国务院，2016年12月。

（3）基本概念

多方式调整优化区域农业结构，从供给、生产端着手，分析需求端在新时期、新形势下的变化，结合区域自身资源禀赋特征和产业发展趋势，从保障区域粮食安全、合理配置农业生产资源、高效规划农业生产布局、调整优化农业产业结构、促进一二三产融合、探索未来农业生产新技术与新模式等方面，开展区域农业供给侧改革。

（4）关键技术

1）藏粮于地、藏粮于技、藏粮于民，确保粮食安全

严格落实和保护国土空间规划划定的永久基本农田，大规模建设高标准农田，提升耕地质量。研究绿色增产模式及其他现代农业技术，健全农业科创激励机制。保障农民种粮合理收益，并将乡村振兴、城乡融合发展与培育新型农业经营主体相结合，探索将农户与现代农业发展有效衔接的经营模式，形成新一代高素质职业农民队伍。

2）调整优化区域农业生产布局

以自然禀赋为前提，构建与资源环境承载力相匹配的区域农业生产格局。构建优势区域布局和专业生产格局，宜粮则粮、宜经则经、宜草则草、宜牧则牧、宜渔则渔。根据区域内各城镇自然条件、社会经济条件、农业发展水平、市场需求等的差异，因地制宜编制完善区域农产品生产布局规划，形成片区专业化生产与分工。积极建设培育区域农业产业集群，发

---

① 袁琳.荷兰兰斯塔德"绿心战略"60年发展中的争论与共识——兼论对当代中国的启示[J].国际城市规划，2015，30（06）：50-56.

展优势农产品生产基地,促进农业龙头企业与农民专业合作社、家庭农场、农业大户的交流合作。由政府制定特色优势农产品生产标准,保障高端农产品市场和农产品品牌的供应。

3)调整优化农业产业结构

保障口粮种植面积,根据市场需求和区域农业可持续发展要求,优化经济作物生产结构。结合畜牧业发展,以养定种,实现粮食、经济作物、饲草料三元种植结构协调。充分挖掘存量潜力,拓展优质牧草发展空间。提高资源利用效率,发展生态循环农业模式,推广绿肥种植、稻田养鱼(虾、蟹)、鱼菜共生等技术[①]。

4)一二三产融合互动

在推动农业产业化、壮大龙头企业的基础上,延伸产业链,并在打造完整供应链的过程中进一步优化区域产业布局。发展农产品加工业,根据产品特征和市场特征引导农产品加工企业向上游生产基地、特色优势产区以及下游重点销售区和物流节点双向转移。建立专业化、规模化、标准化原料生产基地与龙头企业、加工企业、物流企业间的联结机制。大力发展都市现代农业,结合休闲农业发展民宿旅游、农耕文化体验、农业主题公园、创意农田景观等农业"美丽经济"。

5)加快研究"垂直农业"技术

推动未来农业新技术研发,形成可摆脱水土资源和劳动力束缚的工业化农业系统。建设"植物工厂",运用智能化控制设施,实时监测作物生长状态,根据反馈数据高精度调控"工厂"内农作物生长的温度、湿度、光照、二氧化碳浓度,并对各类作物所需的营养液进行个性化配制、灭菌、输送和回收,同样实时监控和校正营养液环境。探索运用"垂直农业"技术发展楼宇农场、荒漠农场、海上农场及家庭微型农场。

国内外实践

2020年初,由于国际消费电子展CES的关系,业界的大部分注意力集中在为超市杂货店和消费者家庭设计的规模较小的垂直农场系统上,如Infarm进一步扩展其概念,将迷你的垂直农场放在超市中(图5-8),并在去年中完成C轮1.7亿美元融资。

许多其他公司,包括Aerogarden,MyFood,Rise Gardens,Aspara和Farmshelf,都提供为消费者家庭而设计的垂直种植系统。而且,像LG和GE这种家电企业,也都在尝试把室内农业转变为下一代家电类别概念。特别是,由于大流行和消费者突然对食物主权的兴趣,这种需求激增。

[①] 中华人民共和国农业农村部印发《农业部关于进一步调整优化农业结构的指导意见》(农发〔2015〕2号).中华人民共和国农业农村部官方网站.2015.

图5-8 Infarm在超市放置的迷你垂直农场①

大型商业化农场如Freight Farms于去年年初与食品分销商索迪斯（Sodexo）合作，将货柜式垂直农场引入校园（图5-9），并很快完成1500万美元的B轮融资；AeroFarm是从阿布扎比投资办公室（Adio）获得1亿美元投资的公司之一，将把荒

图5-9 Freight Farms在集装箱里种植有机蔬菜并放置到校园空地②

---

① https://new.qq.com/rain/a/20210106a0bg2100 腾讯：2020年垂直农业发展引人瞩目，2021年将如何发展？

② https://www.lieyunwang.com/archives/138631 猎云网：Freight Farms：集装箱里种蔬菜，做一个高科技的农场主．

漠变成受控环境的农田；Elevate Farms获得了1000万美元的投资，在加拿大北部偏远的地区建造了一系列大型垂直农场，保证当地居民的食物供应；Bright Farm在E轮融资中获得1亿美元，以扩大高科技温室农场网络；Bowery公布其迄今技术最先进的室内农场，将为方圆200英里内的近5000万人提供服务；中科三安则宣布推出无人值守全自动垂直农业系统"UPLIFT"（图5-10），对全球的种植者来说，这是生产力的提升[①]。

图5-10　中科三安打造无人化"植物工厂"[①]

6）发展城市群、都市圈定制农业

牢牢把握国民对绿色健康生活的需求，将农业与健康产业相结合，从消费者健康管理对膳食结构的要求出发，利用城市群、都市圈快捷的交通网络、畅达的信息网络和紧密的产业网络，形成绿色食品、绿色农产品定制化生产供应链条。依靠创新商业模式，使农业生产者可直接对接城市消费者，后者也可通过探访定制农产品产地并体验生产过程的方式，成为生产者的一部分，还可植入共享经济模式，建设定制共享农场，满足城市家庭田园生活需求。

2. 农产品生产流通模式变革

（1）目标

以农产品生产流通模式变革保障食品安全，并实现农业生产流通体系各个主体共享区域农业绿色发展、智能化发展成果。

（2）基本概念

充分运用新技术、新模式，改变传统农业生产流通体系组织方式，通过环节精简、信息直联、全程监管，同时满足区域内农业生产主体对效益的需求、产品销售主体对效率的追求和消费者对品质的要求。

---

① https://baijiahao.baidu.com/s?id=1673603011599263685&wfr=spider&for=pc36氪：较传统栽培技术产量提升近百倍，「中科三安SANANBIO」为未来农业打造无人化植物工厂.

（3）关键技术

1）农产品生鲜直采

依托新零售的发展和食品行业数字技术的开发，建立以消费者需求为核心的区域农产品生鲜直采供应体系（图5-11），大幅减少生鲜流通环节，缩短供应链，降低采购成本，并将节省成本让利于消费者和农户，带动农户增收，支持乡村振兴。通过超市、商场等销售主体与农产品基地种植户签订合作协议，设定农产品种植、收购标准，并开展种植流程全面监督，从源头把控产品质量。

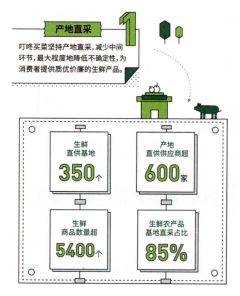

图5-11 叮咚买菜产地直采布局[①]

2）绿色食物安全信息与追踪技术

集成利用物联网（IOT）技术的整体感知、可靠传输、智能处理等特征，区块链（Blockchain）技术的不可伪造、全程留痕可追溯、公开透明等特征，全球产品电子代码体系（EPC）的一物一码特征，以及智慧物流跟踪定位等技术，形成农产品-食品-消费"端对端"可追溯性解决方案，实现"从农田到餐桌"各环节信息全记录与共享可查，避免数据丢失及人为篡改，保障食物安全[②]。

3）建立数字农业平台

强化农产品生产者在农产品供应链中的信息获取能力，利用信息技术进一步打通消费端到生产端的反馈回路，将农产品流通经营过程中所收集的数据，与不同地域民族饮食习惯、不同人群饮食偏好及健康管理需求相结合，精准计算各类农产品的生产需求，以数据剖析市场辅助经营决策[③]。农村地区需加强信息基础设施建设和信息技术技能培训，使更广大农民有机会、有能力直接参与到数字农业平台中，通过直观、高效掌握市场需求，提升农业生产效率和农民收益率。

5.2.6 区域魅力景观空间体系

1. 目标

保护好、传承好和利用好中华优秀遗产，充分彰显承载辉煌历史、壮美山河的魅力国土，推动自然与文化综合价值的提

---

① http：//www.linkshop.com.cn/web/archives/2021/461639.shtml 联商网：叮咚买菜生鲜直供产地达350个基地直采占比达85%.
② 《中国环境与发展国际合作委员会专题政策研究报告：重大绿色技术创新及其实施机制》.
③ 李家华.互联网背景下的农产品物流体系升级路径[J].江苏农业科学，2019，47（13）：24-28.

升和再创造。将自然与文化资源作为城乡绿色发展的新动能，促进"两山转化"与绿色发展。为人民提供更加丰富多元的生态文化产品，创造特色鲜明、多元活力的包容社会，提升人民群众安全感、归属感、幸福感。

2. 基本概念

"魅力景观空间"是满足人民对高品质空间追求和展现中华大地锦绣山河、弘扬中华民族悠久文化的区域，是介于城镇功能区高强度建设和生态功能区严格禁止建设之间的区域，是推动生态产品和文化产品价值实现的区域，是建设宜游宜养"美丽中国"的空间载体。

3. 关键技术

（1）保护以国家公园为主体的自然保护地体系

国家公园、自然保护区的核心保护区内强化保护自然生态系统中重要、自然景观独特、自然遗产精华、生物多样性富集的地区；一般控制区在限制人为活动、控制游憩服务设施规模、强度、风貌的基础上，吸引旅游、观览、教育、科考、探险等人类活动，提升生态系统的综合服务功能。

（2）保护各类历史文化遗存

推动建设国家文化公园，梳理世界自然和文化遗产及历史文化名城名镇名村、传统村落、历史建筑等文化遗产，各级文物保护单位、大遗址、地下文物埋藏区、水下文物保护区等不可移动文物。保护各类历史文化遗存本体的真实性与完整性，严格落实各类保护界线与保护要求。整体性保护与各类历史文化遗存共生的相关自然环境。保护各类非物质文化遗产及与之相关的文化场所和生活方式。

挖掘各类遗存的历史文化内涵，促进历史文化遗产保护与公共文化服务供给、地方文化产业培育、城镇风貌营造相结合，发挥文化带动经济的引擎作用和凝聚社会的磁极作用，提高空间环境的文化品位。

（3）构建魅力空间体系，整体保护展示区域魅力景观

识别具有景观代表性的区域自然资源富集空间，加强自然保护地同旅游景区协同开展生态保护与修复，加大石漠化、水土流失区域治理，科学开发旅游景区，合理布局旅游度假设施，增强景区交通可达性，完善必要的旅游服务设施和解说系统，推动绿水青山向金山银山转化。

识别具有地域象征性的文化标识空间，系统构建独特自然地理环境与所形成地域文化之间的网络化关联，加强自然山水与历史城镇、乡村聚落的整体保护，对文化遗产与周围自然景观之间的空间秩序进行保护修复与挖掘展示。

识别构建区域自然景观廊道与文化遗产廊道，系统保护展示跨区域线性魅力空间，以线带面，带动区域整体空间品质与资产价值提升。

（4）传承顺应自然的农业文化遗产，提高耕地生态质量

恢复遗产的使用功能，结合永久基本农田保护和农业现代化建设，按照传统基于自然的生态化利用方式开展农业生产、

水利调配和客货运输，并在周边区域加以更广泛的应用和传承，降低对农药化肥等现代要素的依赖，实现农业生态绿色发展。

（5）建设魅力海湾和魅力海岸带

滨海区域实施"蓝色海湾"修复工程，恢复生态岸线、提升生活岸线、塑造亲水空间，保护和挖掘海防卫所、特色渔村、海洋民俗等海洋文化，营造通海街道，严控临海建筑高度、密度和形态，维护海岸带特色景观轴、天际线、山脊线，塑造特色鲜明的滨海城乡风貌。在生态保护的前提下建设魅力海岛及海域，加强有条件建设的无居民海岛开发，发展各类海洋休闲及生态旅游功能。

（6）加强魅力地区各类遗产与区域环境的协调

依托丰富的自然与文化禀赋，协调周边区域的整体风貌，保护生物多样性、文化多元性、地质地貌景观多样性。制定相关专项规划，强化各类遗产与周边城市、乡村、山水环境的整体关联，塑造自然与文化结合的地域特色风貌，协同推进区域整体的生态保护修复、文化保护传承和城乡融合发展。加强魅力地区土地使用用途和空间开发形态的整体管控与引导，防止外部人为建设活动对各类遗产的干扰，对产生严重影响的开发建设行为进行修复、整治、腾退。

（7）加强城市群、都市圈与自然文化遗产的链接

在城市群、都市圈内依托自然文化资源建设一批生态优美、富有文化底蕴的世界级旅游景区和度假区、国家级旅游休闲城市和街区，以及特色小镇和特色田园乡村，并与周边自然与文化遗产空间通过旅游铁路、风景公路、慢行系统衔接成网，满足人口密集地区的休闲游憩需求，最大限度创造自然生态和历史文化产品的综合价值。

（8）提升魅力地区整体服务能力与综合价值

发挥魅力地区物质环境改善和精神境界升华的复合功能，通过各类遗产保护、山水景观环境改善、传统风貌特色塑造等措施实现综合价值的提升。依托自然与文化资源发展新经济，推动生态产业化和产业生态化，探索城镇和乡村的特色化发展路径。建设高品质的旅游服务设施和基础设施，推动旅游服务系统的信息化、智能化。推动山水林田湖草生态修复和全域国土综合整治，逐步恢复生境、接续文脉。

国内外实践

日本回应人民的需求，建设"美丽而有风格的国土"

日本为建设"美丽而有风格的国土"，在国内大力进行景观建设，改善旅游基础设施，注重申遗提高日本旅游知名度，力求使日国民感受到自己家乡的魅力和感觉到作为日本人的生活是多么幸福和美好。

日本构建美丽国土的重要载体是日本国土空间规划体系中的自然公园地区，因作为空间规划五类地区之一，具有国家重要空间战略地位，法规体系健全，在规划管理和协调方面具有优势。

日本国土空间规划，对应事权部门，明确划分5类地区，辅以5个部门法律，5套分类和管理体系。土地利用基本规划将都道府县的土地依据功能和管控目标划分为城市、农业、森林、自然公园、自然保护等5类地区（图5-12）。其中自然公园地区依据1957年颁布的《自然公园法》划定，旨在保护日本优越的自然风景并增强利用，发挥促进国民的健康、游憩和教育的功能，并有助于保护生物多样性。

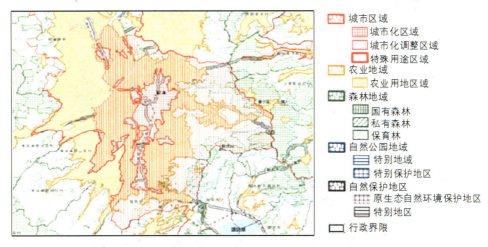

图5-12　日本土地利用基本规划空间分类

资料来源：日本土地综合情报局。

自然公园地区不仅有专项的法律和相应的管控引导方式，而且出现与其他四类地区空间重叠的情况时，土地利用基本规划可以作为各类地区专项规划的上位规划，依据5类地区的协调指导原则明确土地利用的优先方式。

美国回应国家的需求，弘扬"风景民族主义"

由于缺少本民族特有的文化，美国人在自然的荒野中，找到了凝聚其民族历史的重要媒介——风景，由此产生了一种"风景民族主义"。其重要载体是美国的国家公园（图5-13、图5-14），体现着美国的精髓——"国家属于人民"。国家公园是传统和国家特征的标志，保存着美国的原生景色与开拓精神。

美国宜游空间以三大类资源+20小类宜游地组成空间管理体系，该体系以国家公园及国家自然保护区为主体，其中国家公园60个，总面积210821平方千米，国

图5-13　美国科罗拉多峡谷马蹄湾
图片来源：作者自摄。

图5-14　美国羚羊峡谷
图片来源：作者自摄。

家自然保护区21个,总面积97899平方千米。美国旅游推广局负责将上述体系内的旅游品牌在世界范围内推广,并协助政府办理游客签证服务。

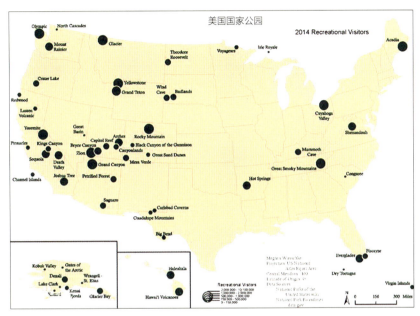

图5-15 美国国家公园体系

资料来源:作者整理。

5.2.7 区域生态产品价值实现

1. 生态系统生产总值(gross ecosystem product,GEP)与生态资产核算

(1)目标

以更加直观的方式认识生态系统功能价值,为绿色发展和更好实现生态价值的转化提供量化计算、监测、规划、考核、决策的工具。

(2)基本概念

1)生态系统生产总值核算

生态系统生产总值(Gross Ecosystem Product,GEP)是指生态系统为人类提供的最终产品和服务及其价值的总和,包括生态系统产品提供价值、生态调节服务价值和生态文化服务价值。生态系统生产总值(GEP)的核算包括功能量核算和价值量核算两部分,前者是指监测与统计生态系统在一定时间内提供的各类产品的产量、生态调剂服务的功能量和生态旅游游客量等;后者是指评估特定区域或国家一年期间生态系统提供的产品与服务功能及其经济价值。

目前存在以下争议:第一,不同专家团队的货币当量折算比率有很大不同;第二,如何将"虚拟"的货币当量转化为"真金白银"的经济贡献尚有待探索。按照习近平总书记"两山"理论,最终的实现路径需要通过碳交易、水权交易、林权交易等一系列市场行为促进自然资源要素流动并形成合理价格,才能转化为"真金白银"的货币。所以GEP最终是基于自然资源充分交易和市场化配置基础上的真实货币价值。

2)生态资产核算

生态资产是自然资源资产的主要组成部分,是能够为人类提供生态产品和服务的自然资产,包括森林、灌丛、草地、湿地、荒漠等自然生态系统,农田、城镇绿地等以自然生态过程为基础的人工生态系统,以及野生动植物资源。生态资产的实物量核算即统计不同质量等级的各类生态系统面积以及野生动植物物种数和重要保护物种的种群数量。

生态资产核算和生态系统生产总值(GEP)核算是开展生态补偿效益评估的重要手段。

(3)关键技术

1)GEP核算——确定计量指标

建立生态系统服务功能监测体系,结合生态系统模型估算,确定产品提供、调节功能、文化功能方面的计量指标。其中,产品提供的核算指标可包括农林牧副渔产品产量、用水量、生态能源总量、装饰观赏资源产量等;调节功能的核算指标可包括水源涵养量、土壤保持量、洪水调蓄量、防风固沙量、固碳释氧量、大气净化量、水质净化量、气候调节量、病虫害发生面积等;文化功能核算指标主要是游客总人数。

2)GEP核算——确定价值

采用实际市场法、替代市场法、模拟市场法等方法进行功能量向货币当量转化。实际市场法主要用于核算生态系统产品提供价值;替代市场法主要用于核算生态系统调节服务和文化服务产品价值,需要以"影子价格"和消费者剩余来表达生态系统服务功能的价格和经济价值;模拟市场法主要用于调节服务产品价值核算,是通过调查、问卷、投标等方式获得消费者支付意愿来表达生态服务功能的经济价值。

3)GEP核算——加总GEP

以生态系统产品提供价值(EPV)、生态系统调节服务价值(ERV)、生态系统文化服务价值(ECV)三者之和作为最终的生态系统生产总值(GEP)。

4)生态资产核算——各类生态资产质量评价与实物量核算

纳入生态资产核算的资产类型分为自然生态系统、以自然生态过程为基础的人工生态系统和野生动植物三大类。各类生态资产的实物量即面积可通过遥感数据或社会经济统计数据获得,质量评价则依据相对生物量密度、植被覆盖度、水质等不同指标进行划分。

5)生态资产核算——生态资产综合指数核算

为便于比较面积与质量差异较大的不同区域生态资产总量情况,可将生态资产综合指数作为核算自然生态系统生态资产实物量和质量的综合指标。生态资产不同质量等级的面积与相应质量权重因子的乘积与该类生态资产总面积与最高质量权重因子乘积的比值,得到生态资产的无量纲质量等级指数;生态资产的面积与全国国土总面积的比值得到生态资产的无量纲面积指数。质量等级指数与面积指数的乘积,即为生态资产综合指数。

根据生态资产核算结果,编制生态资产实物量核算表、生态资产实物量负债表、生态资产实物量损益表,分析生态资产期初和期末的存量变化及其原因(图5-16)。

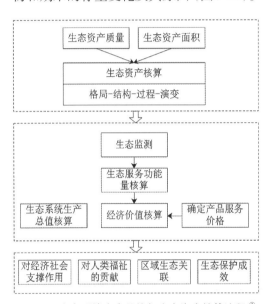

图5-16　生态系统生产总值与生态资产核算流程[①]

2.建立生态产品价值的市场实现机制

(1)目标

通过促进产权明晰和要素流动,打通区域生态产品价值实现的制度路径,推动自然资源的高使用价值和高资产价值"显性化",培育加快绿色发展新动能,开辟实现绿色惠民新路径。

(2)政策依据

《关于建立健全生态产品价值实现机制的意见》(中共中央办公厅、国务院办公厅,2021年4月)。《意见》提出,到2025年,生态产品价值实现的制度框架初步形成,比较科学的生态产品价值核算体系初步建立,生态保护补偿和生态环境损害赔偿政策制度逐步完善,生态产品价值实现的政府考核评估机制初步形成,生态产品"难度量、难抵押、难交易、难变现"等问题得到有效解决,保护生态环境的利益导向机制基本形成,生态优势转化为经济优势的能力明显增强。到2035年,完善的生态产品价值实现机制全面建立,具有中国特色的生态文明建设新模式全面形成,广泛形成绿色生产生活方式,为基本实现美丽中国建设目标提供有力支撑。

(3)基本概念

运用习近平总书记"两山理论"、制度经济学理论和空间功能分区理论思想,建立多权分置、归属清晰的自然资源产权制度,导向明确、市场主导的要素流动激励机制,市场主导、充分博弈的交易制度,破解资源产权虚置和要素流动障碍导致的生态产品"交易成本过高"难题。

(4)关键技术

1)建立多权分置、归属清晰的自然资源产权制度

以扩权赋能、激发活力为重心,通过

---

① 欧阳志云,靳乐山等.面向生态补偿的生态系统生产总值(GEP)和生态资产核算[M].北京:科学出版社,2018.

创新权能促进要素流动，通过明晰产权促进有效激励。丰富使用权内涵，将使用权细分为不可流转权能和可流转权能；完善使用权内容，建立涵盖多种"有用性"的产权体系；完善环境权内容，重视环境容量权和环境质量权。以"他项权"丰富使用权权能，在符合空间规划和用途管制的前提下，赋予各类使用权人转让、出租、抵押、继承、入股等他项权利，创新自然资源资产所有者权益的多种有效实现形式。扎实做好自然资源资产的确权、登记和颁证工作，建立归属清晰、权责明确、监管有效的自然资源资产产权制度[①]（图5-17）。

2）建立边界清晰、差异引导的分区制度

以"三区三线"为依据，设定差异化的要素流动范围和规则。生态保护红线和永久基本农田范围以内的区域，应严格保护生态资源，推进人口搬迁[②]，同时对准入用途设定正面清单。生态功能区和农业功能区中红线范围以外的区域，应在保护的基础上促进生态资源通过多元方式实现服务功能，鼓励人口双向流动，鼓励服务于生态产品的公共物品投入，但应对准入用途、规模、强度、风貌设定负面清单。城镇功能区内，应促进生态资源有效利用，鼓励人口流入，同时加强公共物品投放，提高建设用地利用效率（图5-18）。

3）完善生态产品市场定价机制

对具有排他性和竞争性的生态产品，其定价对象是已被界定清晰的产权（如经营权）属性，应让市场机制在资源配置中发挥决定性作用，通过产权竞价促进合理价格形成；政府发挥制定和维护市场交易规则的作用。对具有非排他性的生态产品（如生态环境），无法直接定价，可将

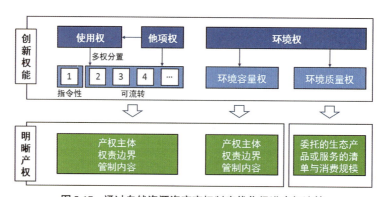

图5-17 通过自然资源资产产权制度优化促进产权流转

资料来源：作者整理绘制。

[①] 中共中央办公厅 国务院办公厅印发《关于统筹推进自然资源资产产权制度改革的指导意见》．中国政府网．2019-04-14．

[②] 丁四保，王昱，等．主体功能区划与区域生态补偿问题研究[M]．北京：科学出版社，2012：146-147．

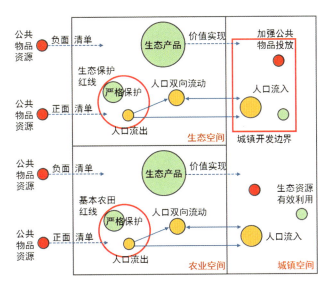

图5-18 差异化引导要素流动的分区制度

资料来源：作者整理绘制。

其生态服务价值委托到具体的物质型或服务型产品上，如采用生态产业化的经营方式，将环境价值附着于绿色健康农产品、工业品或服务业产品的价值中[1]，以委托产品的价格间接实现市场定价。为维护生态产品品质，要以生态环境和设施承载力为上限，控制消费人群规模，并对"购票者"提供适当的附加服务，提升其付费意愿。

4）健全生态产品市场交易制度

建立市场供给、公私伙伴供给、自治性供给生态产品的市场交易制度，包括私人间双边市场、第三方规制市场和区域间准市场。私人间双边市场是指生态产品供求主体之间开展的直接交易；第三方规制市场是指依托政府设立的市场中介组织，引导企业间自主参与的交易；区域间准市场即平级政府间的横向生态补偿，可被看作准市场化的交易机制[1]。

5）建立责权明晰、公平有效的补偿制度

建立基于市场化、自愿性、合同制的生态服务购买机制，拓宽生态补偿的融资渠道与补偿方式。根据主体行为的生态外部性，建立双边支付体系，对保护修复行为加大支付力度，或给予税收优惠与贴息贷款，以其投入成本和损失的"机会成本"之和作为补偿底限；对开发建设行为造成生态产品功能损害的责任者严格实行赔偿制度，支付方式包括收费（税）和绿色保证金等[2]，以其产生的修复成本或增加的社会生产成本作为补偿底限。以GEP

---

[1] 黎元生.生态产业化经营与生态产品价值实现[J].中国特色社会主义研究，2018（04）：84-90.
[2] 丁爱中，李原园，等.与水有关的生态补偿实践与经验[M].北京：中国水利水电出版社，2018：15-18.

和生态资产核算作为补偿标准评价因素，核定补偿级差，进行综合补偿，避免重复。对生态保护红线和永久基本农田范围以内的区域，以政府主导的纵向转移支付为主要方式；生态功能区和农业功能区中红线范围以外的区域，应主要通过市场机制实现生态产品价值。但在受到正/负外部性影响的利益主体无法清晰界定的情况下，则需要以政府作为代言主体支付/接纳补偿。

5.3 城市绿色发展技术

绿色城市是指遵循"四因制宜、自然做功、协同互促、包容和谐、高效循环、韧性健康"等原则规律，以实现"生态低冲击、资源低消耗、环境低影响、安全低风险"为目标的城市发展和建设模式。绿色城市的地域范围包括行政辖区内的生产、生活和生态空间，也融合了城市和乡村空间。绿色城市的建设涉及绿色生产、绿色生活各个领域，本节将具体介绍全域三生空间协同、城市形态引导和土地利用创新、城市能源转型、固体废弃物收集和处理、健康循环的城市水系统、提高城市韧性、绿色交通、绿地和开敞空间建设、生态修复9个领域的新兴技术。

5.3.1 全域三生空间协同

1. 资源环境承载能力和国土空间开发适宜性评价

（1）目标

分析区域资源禀赋和环境条件，研判国土空间开发利用问题和风险，识别生态保护极重要区，明确农业生产、城镇建设的最大合理规模和适宜空间，为优化国土空间开发保护格局、完善区域主体功能定位，划定生态保护红线、永久基本农田、城镇开发边界，实施国土空间生态修复和国土综合整治重大工程提供基础性依据。

（2）政策依据

《资源环境承载能力和国土空间开发适宜性评价指南（试行）》（自然资源部，2020年1月）。

（3）基本概念

1）资源环境承载能力：基于特定发展阶段、经济技术水平、生产生活方式和生态保护目标，一定地域范围内资源环境要素能够支撑农业生产、城镇建设等人类活动的最大合理规模。

2）国土空间开发适宜性：在维系生态系统健康和国土安全的前提下，综合考虑资源环境等要素条件，特定国土空间进行农业生产、城镇建设等人类活动的适宜程度。

（4）关键步骤和技术

1）双评价服务于"指标管理"和"空间管理"的双重需要，通过资源环境承载力评价得出开发利用规模的上限，通过国土空间开发适宜性评价得出农业种植和城镇建设适宜的空间范围，两者共同对人类行为进行约束（图5-19、图5-20）。

2）各地可根据国土空间治理的现实需求和区域特征进行补充和改进，形成适用于当地特色的评价指标体系，提高评价的针对性[1]。例如，自然灾害高发易发地区应该重点开展灾害风险评价，传统资源型地区要重视矿业开发对地质环境影响的评价。

3）各地为使评价分析适应不同空间尺度、地形、气候和地表覆盖特征的需要，可在"试行指南"给出关键要素和评价取向的基础上，探索多样化的评价方法[2]。

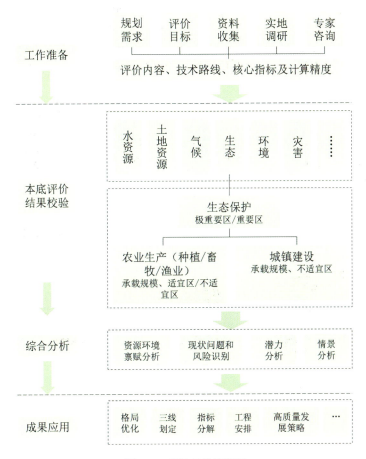

图5-19　评价工作流程图

资料来源：《资源环境承载能力和国土空间开发适宜性评价指南（试行）》，自然资源部，2020年1月。

---

[1] 郝庆，邓玲，封志明.面向国土空间规划的"双评价"：抗解问题与有限理性[J].自然资源学报，2021，36（3）：541-551.

[2] 杨帆，宗立，沈珏琳，刘乐峰.科学理性与决策机制："双评价"与国土空间规划的思考[J].自然资源学报，2020，35（10）：2311-2324.

低冲击　低消耗　低影响　低风险的城乡绿色发展路径

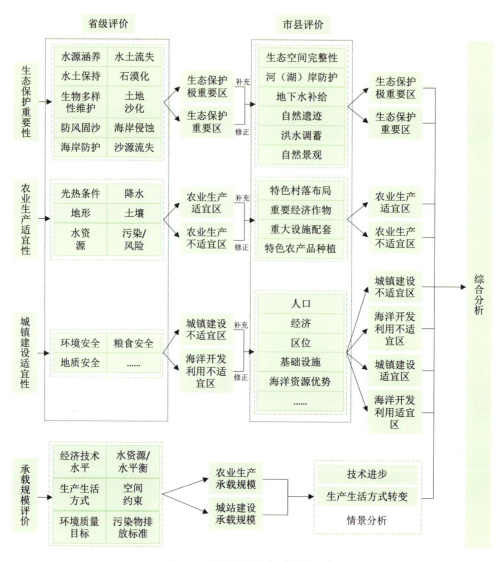

图5-20　"试行指南"技术流程示意

资料来源：杨帆，宗立，沈珏琳，刘乐峰.科学理性与决策机制："双评价"与国土空间规划的思考[J].自然资源学报，2020，35（10）：2311-2324.

例如，西藏、贵州、重庆等地区在城镇建设适宜性评价中可结合区域实际修正适宜的高程、坡度参数。

4）国家和省级层面的"双评价"既具有全局性又具有指导意义，到了基层层面不宜再做一般性的细化评价，而应在双评价结果对于生态和农业、城镇空间的战略判读基础上，对一些具体的问题进行深化研究。例如，生态空间的管控如何符合生态系统运行规律和生态产品价值实现需求，如何引导生态空间内既有居民点的建设和人口活动等。

2. 构建并维护城市生态安全格局

（1）目标

构建城市生态安全格局，维护城市生态系统结构和过程的健康与完整，保障城市生态安全。

（2）基本概念

1）生态安全格局：特定的景观构型和具有重要生态意义的景观要素，由一些关键性的局部、点和位置关系构成，这些结构和景观要素对景观生态过程具有关键支撑作用，一旦遭受破坏，生态过程和功能将受到极大影响[1]。"源地-廊道"已成为生态安全格局构建及区域生态安全格局分析的典型范式。

2）源地：是对区域生态过程与功能起决定作用并对区域生态安全具有重要意义或者担负重要辐射功能的生境斑块[2]。

3）廊道：是生态网络体系中对物质、能量与信息流动具有重要连通作用，尤其是为动物迁徙提供重要通道的带状区域[3]。

（3）关键步骤和技术

1）格局识别：通过生态过程（包括自然过程，如水的流动；生物过程，如物种的空间运动）的分析和模拟，来判别对这些过程的健康与安全具有关键意义的景观格局，包括生态源地、缓冲区、生态廊道、辐射通道和生态战略节点等（图5-21）。

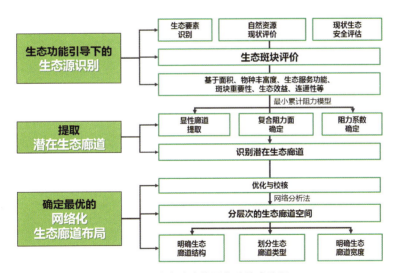

图5-21 生态安全格局构建技术流程

资料来源：镇江市自然资源系统保护利用专题研究。

---

[1] 俞孔坚，王思思，李迪华，等. 北京市生态安全格局及城市增长预景[J]. 生态学报，2009（03）：1189-1204.

[2] 彭建，赵会娟，刘焱序，吴健生. 区域生态安全格局构建研究进展与展望. 地理研究，2017，36（3）：407-419.

[3] 李卫锋，王仰麟，彭建，等. 深圳市景观格局演变及其驱动因素分析. 应用生态学报，2004，15（8）：1403-1410.

2）格局维护：将识别出来的生态安全格局特征，作为生态红线、自然保护地等一系列生态保护和管控区域划定的科学依据，从而将抽象的生态安全格局落实为具体的管理职责。将生态安全格局中识别出来的重要生态源、生态廊道作为重点地区，率先开展生态修复和生态建设，以确保生态安全格局的稳定和生态效益的最大化。

国内外实践

镇江市国土空间规划识别生态安全格局

镇江市的生态源识别是从生态斑块规模及生态斑块功能两个方面对市域范围内主要的生态要素林地、草地、水域、湿地和公园绿地进行识别。基于规模，镇江市将大于等于1公顷的林地斑块、草地斑块，大于等于20公顷的湖泊水库斑块纳入生态源。基于功能，镇江市将重要河流、所有湿地、大于1公顷的公园绿地、生态红线纳入生态源（图5-22）。最终确定镇江市生态源总面积约920平方千米，占全市总面积的24%。

镇江市运用阻力模型获取全域的潜在生态廊道（图5-23），再用人工校核的方式，予以修正，最终确认的生态廊道主要为两类，一类是依托林地山体形成的生态廊道，主要指宁镇山脉生态廊道和茅山山脉生态廊道；另一类是依托河流水域形成的生态廊道，主要包括长江和夹江、大运河、丹金溧河等生态廊道。在此基础上，构建源地-廊道组成的镇江生态安全格局（图5-24）。

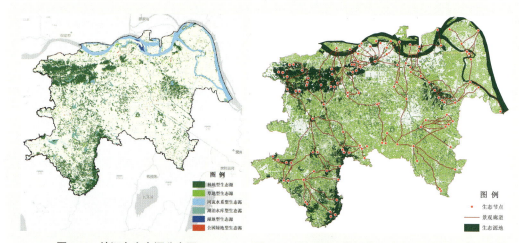

图5-22 镇江市生态源分布图　　图5-23 通过阻力模型获取镇江全域的潜在生态廊道

资料来源：镇江市自然资源系统保护和利用专题研究。

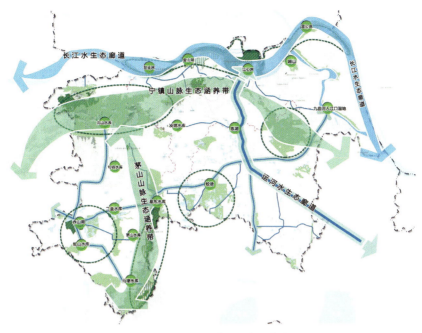

图 5-24 修正后的镇江生态安全格局

资料来源:镇江市自然资源系统保护和利用专题研究。

3. 山水城营建

(1) 目标

传承中国传统山水城营建手法,用于当前的城市规划建设之中,有助于城市历史文化保护和可持续发展,塑造城市特色,彰显城市精神。

(2) 基本概念

1) 山水城市:是提倡人工环境与自然环境相协调发展,最终建立人工环境和自然环境相融合的人类聚居环境[①]。中国历史上城市营建在结合山水环境方面,具有四个基本的法则,即山水定势、山水立形、山水补巧、山水兴文[②]。

2) 城市山水人文空间格局:具体是指将城市与周边山、水、川、谷、塬、田、林等视若整体,全面体察、认知和把握山水秩序,将事关城市历史与文化精神的重要人文空间要素,统一按照文化性、艺术性、整体性的组织原则布局在山水秩序的关键势位,进而形成城市山水秩序与人文空间秩序相融合的整体格局。

(3) 关键步骤和技术

1) 山水定势:依据山水环境框定城

---

① 吴良镛.《山水城市与二十一世纪中国城市发展纵横谈——为山水城市讨论会写》.鲍世行、顾孟潮主编.《城市学与山水城市》.北京:中国建筑工业出版社.1996年.P246.
② 杨保军,王军.山水人文智慧引领下的历史城市保护更新研究[J].城市规划学刊,2020(02):80-88.

市的基本方位、朝向和态势。

2）山水立形：结合山水环境建立城池的格局形态、空间布局、重要地标等。山水环境优越的城市，城池形态普遍依山就水进行布局，因地制宜地形成相对自由的空间格局。

3）山水补巧：是指城市营建中对自然山水缺憾的巧妙修补。对于自然山水形势的不如意之处，古人往往以精巧的手法进行适度的修补与调适，从而达到自然与人工建设的理想融合状态。

4）山水兴文：是指城市营建中借助自然山水与城市格局网络营造人文教化空间，以洗涤、塑造城市的人文精神。城市人文教化空间通常会设置在山水网络的关键节点处，并从建筑选址、空间尺度、景观视线等多个方面加以统筹。

5）中国传统山水城营建手法可用作山—水—城整体格局修复、空间网络与风貌修补、特色功能与活力提升。

国内外实践

泰安市战略规则借鉴"方域经画"手法构建大尺度山水城空间格局

"方域经画"手法是指基于体察区域山川形势，明辨山川脉络及关键要素，提炼极具区域个性的山水格局，进行区域内的空间划分和城市布局，以满足安防、水利、道路、风景及文化建设的需要①。

图5-25 岱南山水形胜分析图

资料来源：泰安市城乡一体空间发展战略规划。

注：从区域山水形胜角度看，泰山是鲁中山区的中心，同时泰山、泰安城、大汶口遗址、曲阜、邹城布局具有明显的轴线性。山体在北部形成环绕之势，阻挡了冬季的寒风；东南部开敞，引入季风和雨水，滋养了多个古城（图5-25）。

---

① 李欣鹏，王树声，李小龙，高元.方域经画：一种区域山水人居格局的谋划方式[J].城市规划，2018，42（07）：69-70.

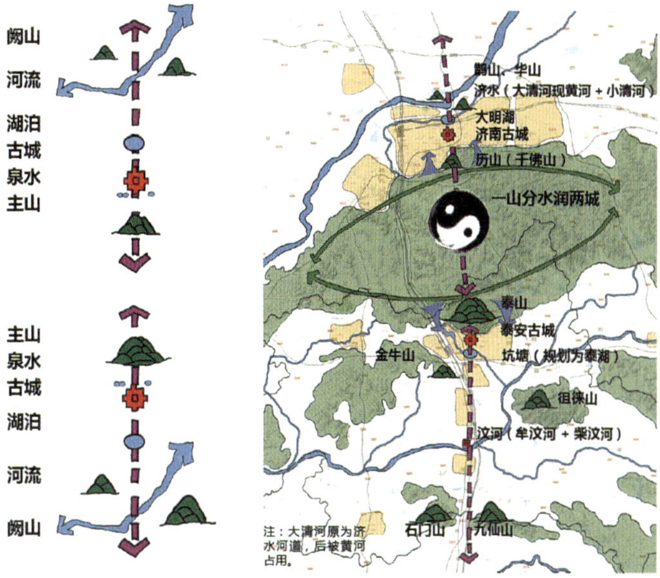

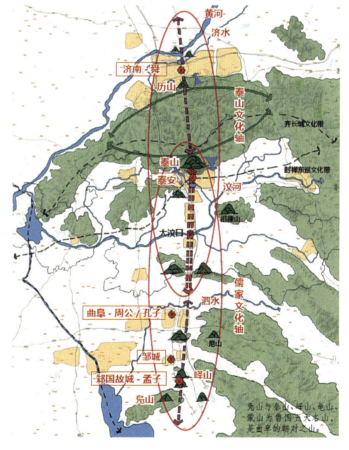

图 5-26 泰安与济南山水同构关系图

资料来源：泰安市城乡一体空间发展战略规划。

注：泰山一山分水润两城，两侧形成了相反的"山-泉-城-湖-河-阙"的空间序列（图5-26）。

图 5-27 山水圣人文化轴的文化内容分布

资料来源：泰安市城乡一体空间发展战略规划。

注：以泰山为核心，南起峄山、凫山，北至黄河，串联济南、泰安、宁阳、曲阜、邹城构建一条"山-水-圣人"文化轴，其文化内容包括：四山：历山、泰山、峄山、凫山；四水：黄河、济水、汶河、泗水；四城：济南、泰安、曲阜、邹城；四圣：舜、周公、孔子、孟子（图5-27）。

第5章　城乡绿色发展技术体系 | 149

低冲击　低消耗　低影响　低风险的城乡绿色发展路径

衡阳市国土空间规划借鉴"黠缀""凝秀""回澜"等手法修复山水城格局

"黠缀"[①]是一种以体察山水格局为基础,发掘复杂地形中所隐含的独特形胜和空间秩序,借以确立城市关键要素的选址和城市形态布局;通过生态维护、交通组织、空间设施建设及文化环境提升,实现根植于山水形胜的人工格局创造,进而满足城市安防、生活、文化、审美等人居需求。

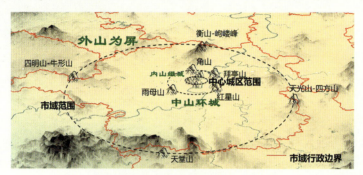

图5-28　衡阳市域范围内山体分布特征

资料来源:衡阳市总体城市设计。

注:衡阳市地处湘中盆地中部,山岗丘陵环绕,湘江穿城而过,中心城区更有耒水、蒸水与湘江交汇,形成"外山为屏、中山环城、内山缀城"以及"三水汇流"的空间特色(图5-28)。

图5-29　中心城区空间格局分析

资料来源:衡阳市总体城市设计。

注:新一轮的城市设计延续"黠缀"的理念,通过对自然地形、生态重要性、河岸冲刷等自然地理要素分析,重新梳理山水关系,形成"四山卫城、三水绕城、组团布局"的空间格局(图5-29),引导城市在山环水绕的自然本底条件下发展。

[①]"天造地设之巧,在人善于黠缀耳"《新淦县志·卷一·地理志·山川》,1873年.

"凝秀"①指在建成区范围内,在体现山水景观的节点布局标志性建筑,作为衔接城市与自然山水的"点睛之笔",体现"天人合一"的价值观,升华城市人文境界。

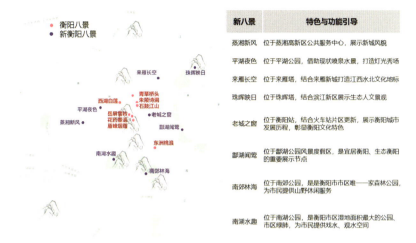

图5-30　中心城区"八景"系统景观特色与功能引导

资料来源:衡阳市总体城市设计。

注:衡阳在明清时期通过打造"石鼓江山""东洲桃浪"等文化景观形成了"衡阳八景"景观序列。在新一轮的城市设计中,以老"八景"为基础,通过梳理城市空间发展脉络,寻找山水人文空间,形成"朱晖映日""来雁长空""南郊林海"等新"八景",发掘城市山水景观,体现城市的特色风貌(图5-30)。

"回澜"②是利用水势形态,布局重要文化建筑,整合空间秩序,打造景观序列的一种手法。

图5-31　中心城区沿江轴线塑造

资料来源:衡阳市总体城市设计。

---

① 王树声,张瑶,李小龙.凝秀:一种妙收山水精致而升华城市境界的规划方式[J].城市规划,2018,042(008).

② 朱玲,王树声,徐玉倩.回澜:一种结合特殊水脉的空间秩序构建模式[J].城市规划,2017,06.

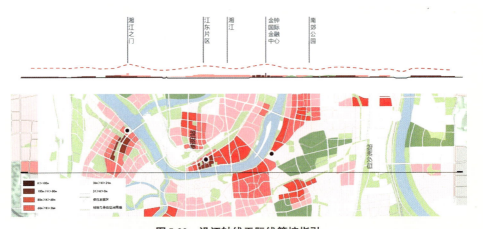

图5-32 沿江轴线天际线管控指引
资料来源：衡阳市总体城市设计。

注："三塔锁江"是古代衡阳城市营造的特点之一。来雁塔、接龙塔、珠晖塔作为城市制高点，在空间上形成了明确的南北轴线，框定了城市的发展方向。水在风水里主财，因此"三塔锁江"也寄托了规划者希望城市"聚财""聚才"的美好期望。新一轮的城市设计通过打造"湘江之门"等城市制高点，强调城市沿江轴线，在现代城市建设语境下形成"定水定城"的景观序列（图5-31、图5-32）。

4. 主体功能区优化算法

（1）目标

完善主体功能区战略和制度，依托资源禀赋、发挥比较优势、实现功能互补，以"非线性优化法"替代现有的去量纲加减法或优先位序矩阵映射法，充分体现"共存"的价值观，实现生态、农业、城镇等多维度的"整体效率最优"。

（2）基本概念

1) 非线性优化算法：受约束的最优化问题是一类数学最优化问题，它由目标函数以及与目标函数中的变量相关的约束条件两部分组成，优化过程则为在约束条件下最优化（最大化或最小化）目标函数。非线性优化算法是其中的一个子类，是指目标函数 f(x) 是一个非线性函数。

2) 主体功能区的非线性优化算法

如果以每个单元在某个维度的单项评价值理解为该单元在该维度上的禀赋水平（假设禀赋越高级别的数值越低），那么我们赋予每个单元的主体功能，希望达到的最终目标是：

$$\min Z = \sum_{i=1}^{n}\sum_{j=1}^{3} a_{ij} x_{ij}$$

其中，Z是综合效益，x_{ij}是最终确定的某单元的主体功能，a_{ij}是最终确定的某单元主体功能的对应级别。

也就是说，在预先人工设定生态、农业、城镇单元各有多少个的前提下，我们希望的结果是："选定为生态主体功能的单元对应的生态单项评价值加和+选定为农业主体功能的单元对应的农业单项评价值加和+选定为城镇主体功能的单元对应的城镇单项评价值加和"为最小值（假设禀赋越高级别的数值越低）。

"组队参赛"问题

假定一个班15个同学,每个人都参与了数学、艺术、体育三项测试,分别有三项测试的全班排名(例如某同学数学排名全班第1、艺术第4、体育第12)。现要组成3个队分别参加数学、艺术、体育竞赛,每个同学只能参加一个队,每个队都是5名同学。那如何给这15个同学组队,让3个队的团体成绩最好(在这个案例中,可以等价地理解为:参与数学竞赛同学的数学全班排名+参与艺术竞赛同学的艺术全班排名+参与体育竞赛同学的体育全班排名之和为最小)。

非线性优化算法结果如表5-4,表中深色部分标出的即为每位同学应选择参加的比赛队伍,这个选择方案是实现团体综合成绩最好的唯一最优解(即深色部分的排名数字加总之和最小)。

从这个最优化方案中,我们可以看到以下现象:

(1)不能简单地从某个维度(学科)出发,让这个维度排名前5位的单元(队员)去做这个维度的事情(参加这个学科的比赛)。因为,单维度的最优,将导致综合维度的非最优。

同学排名及组队获得团队成绩最优的解决方案　　　　表5-4

	数学排名	艺术排名	体育排名
队员1	**1**	4	12
队员2	12	15	**3**
队员3	11	9	**7**
队员4	**7**	12	13
队员5	4	**3**	6
队员6	8	**1**	11
队员7	10	8	**1**
队员8	**2**	14	2
队员9	14	6	**5**
队员10	13	**2**	10
队员11	**3**	13	15
队员12	6	**5**	4
队员13	9	11	**8**
队员14	15	**7**	14
队员15	**5**	10	9

资料来源:笔者根据相关资料绘制。

（2）假设每个单元（队员）的各维度（数学、艺术、体育）禀赋没有正相关或负相关关系（例如：不是说数学好同学的体育肯定不好），那么去量纲加减法或矩阵映射法是无能为力的，唯有通过非线性优化算法可以计算这类问题，并得出唯一最优解。

（3）关键步骤和技术

1）按常规方法进行单项评价，即对各县域单元内的生态禀赋、农业禀赋、城镇禀赋进行分级评价，得到三种功能禀赋等级分布的三张底图。

2）在综合评价阶段，以"非线性优化算法"替代去量纲加减法或优先位序矩阵映射法，得到综合效益最优解。

引入变量 x_{ij}（i 为县级行政单元序号，范围（1, n）；j 为功能类型（$j=1$ 代表城镇；$j=2$ 代表生态；$j=3$ 代表农业））：

$$x_{ij} = \begin{cases} 1 \text{ 若第} i \text{个行政单元选择} \\ \quad \text{第} j \text{类作为主体功能} \\ 0 \text{ 若第} i \text{个行政单元不选择} \\ \quad \text{第} j \text{类作为主体功能} \end{cases}$$

设矩阵 A_{n*3} 为单项禀赋评价矩阵，其中 a_{ij} 为第 j 类功能对应的第 i 个行政单元的禀赋等级，

$$\min Z = \sum_{i=1}^{n} \sum_{j=1}^{3} a_{ij} x_{ij}$$

通过求最小值的矩阵运算就可得到以县域空间为单元的主体功能区划定最优结果。

注：由于各单元的单项评价最多只有5个级别（可以理解为存在大量的"并列排名"），因此很难避免某两个单元存在各单项评价完全一致的情况，这种情况下不排除这两个单元在结果中处于可相互替换的地位，或者说，在 minZ 这个数值具有唯一最优解的情况下，分组方案可能不是唯一的。

主体功能分区对于各类主体功能的单元总数和各主体功能的权重可以进行预设调节，其现实意义在于上级政府可依据自身的资源配置能力（例如：可享受生态补偿的行政单元数量）设定各类功能区的数量，并在禀赋相似的行政单元中进行取舍的多方案比较。

5.3.2 城市形态引导和土地利用创新

1. 划定城镇开发边界引导紧凑型开发

（1）目标

守住安全边界和底线，控制城市无序蔓延，采取集约型、绿色式城镇发展模式，引导城市政府盘活存量用地、提高土地利用效率。

（2）政策依据

《市级国土空间总体规划编制指南（试行）》（自然资源部，2020年9月）。《自然资源部国土空间规划局自然资源部耕地保护监督司关于加快推进永久基本农田核实整改补足和城镇开发边界划定工作的函》（自然资源部，2021年6月）。

(3) 基本概念

1) 城镇开发边界：是在国土空间规划中划定的，一定时期内因城镇发展需要，可以集中进行城镇开发建设，完善城镇功能、提升空间品质的区域边界，涉及城市、建制镇以及各类开发区等。城镇开发边界内可分为城镇集中建设区、城镇弹性发展区和特别用途区（图5-33）。

2) 城镇集中建设区：指根据规划城镇建设用地规模，为满足城镇居民生产生活需要，划定的一定时期内允许开展城镇开发和集中建设的地域空间。

3) 城镇弹性发展区：指为应对城镇发展的不确定性，在城镇集中建设区外划定的，在满足特定条件下方可进行城镇开发和集中建设的地域空间。

4) 特别用途区：指为完善城镇功能，提升人居环境品质，保持城镇开发边界的完整性，根据规划管理需划入开发边界内的重点地区，主要包括与城镇关联密切的生态涵养、休闲游憩、防护隔离、自然和历史文化保护等地域空间。

(4) 关键步骤和技术

1) 统筹三条控制线的划定，在生态保护红线基本稳定的基础上，优先划定永久基本农田，确保三条控制线不交叉冲突。

2) 依据国土空间开发适宜性评价和风险评估确定城镇不可建设地区的边界，避让地质灾害风险区、蓄滞洪区等。

3) 依据资源环境承载能力评价确定在合理经济成本和技术支撑条件下城镇集中建设区的规模。

4) 为应对城镇发展的不确定性，确定适当比例的城镇弹性发展区面积。

5) 城镇开发边界的划定应体现城镇功能的整体性和开发建设活动的关联性。

6) 城镇开发边界的划定应充分利用河流、山川、交通基础设施等自然地理和地物边界，便于识别、便于管理。

7) 城市政府有义务在城镇开发边界

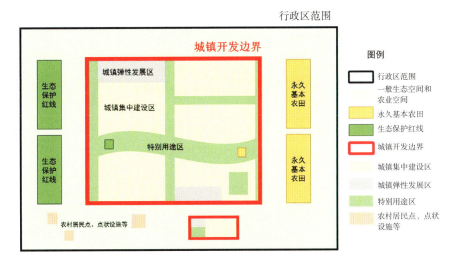

图5-33 空间关系示意图

资料来源：《市级国土空间总体规划编制指南（试行）》。

内提供城镇公共服务设施和基础设施。

2. 优先考虑存量盘活和填充式开发

（1）目标

提高土地利用效率和城市环境品质，控制城市无序蔓延。

（2）基本概念

填充式开发：是指在城市既有建成区内，利用零星空地、未充分开发地块、未充分利用地块等进行的开发建设[①]。按照原使用状况，可分为空地开发、未充分开发地块开发、未充分利用地块开发；依据原用地类型，可分为废弃工业用地（棕地）再开发、废弃商业用地（灰地）再开发、衰败居住区再开发等。在我国，相对于增量用地而言的城镇存量建设用地，一般包括闲置土地（批而未建）、空闲土地（已建弃用）和批而未供土地三种类型[②]，基本符合填充式开发的用地界定，存量建设用地再开发的对象主要包括旧村、旧厂房、旧城镇等。

（3）关键步骤和技术

1）潜力评估：是基础性工作，基于用地的容积率、建筑密度、人口密度、土地闲置率等构建综合的潜力评价指标，判断未来可供使用的空间资源的规模、性质以及分布情况。

2）影响评价：评价因子应当是综合的，要全面考虑填充式开发在就业机会、经济增长、社会公平、环境、文化、基础设施承载能力等方面可能带来的影响。影响评价既需要在实施填充式开发前进行预判，也需要在实施过程中不断跟踪研究。

3）公众参与：填充式开发由于会改变邻里环境，需要在开发前增强周边社区居民对项目的了解。在很多实践项目中，前期的公众参与及规划建设中对公众意见的适当采纳，都能起到帮助项目顺利推进的作用[③]。

国内外实践

1. 芬兰等国家结合老旧社区改造进行填充式开发

近年来，芬兰、美国、澳大利亚等多个国家将填充式开发模式应用到城市老旧社区改造中，在基本保持原有社区形态基础上，利用既有社区内布局分散、畸零或低效利用的地块进行新土地开发；同时，新开发项目所得又能平衡部分对原社区升级改造的投入成本，以此激励外部资本的介入[④]。

---

① 文萍，赵鹏军. 存量用地背景下填充式开发研究综述[J]. 国际城市规划，2019（34）：134-140.

② 林坚，杨有强，苗春蕾. 中国城镇存量用地资源空间分异特征探析[J]. 中国土地科学，2008，22（1）：10-15.

③ 文萍，赵鹏军. 存量用地背景下填充式开发研究综述[J]. 国际城市规划. 2019，34（01）：134-140.

④ 周佳乐，丁锐，张小平，黄保华. 芬兰老旧社区填充式开发模式与启示. 国际城市规划. https：//kns.cnki.net/kcms/detail/11.5583.TU.20201126.1521.004.html.

2.中国深圳、北京、上海相继启动存量建设用地再开发

在我国,深圳、北京、上海等城市也相继提出建设用地总量减量或"零增长"的概念,通过存量工业用地调整升级、中心城城市更新、"城中村"改造等方式优化存量建设用地。

2009年以来,深圳在实践中逐步建立了从市、区到地方的城市更新三级管控体系(图5-34),具体包括市级层面的深圳市城市更新专项规划、区级层面的区级城市更新专项规划以及重点片区更新统筹规划、地方层面的城市更新单元规划,已成为城市空间治理的常规路径[①]。

① 市级城市更新专项规划:旨在为政府推进城市更新工作明确宏观导向和行动计划,确保城市更新工作与国民经济和社会发展规划、国土空间总体规划相衔接,提出城市更新重点区域及其更新方向、总体规模、实施时序和更新策略等。

② 区级城市更新专项规划:将市级城市更新专项规划进行分解,使之能够更好地契合各区发展诉求、调动各区主观能动性,对于衔接落实更新计划管理和统筹指引更新单元规划编制也具有积极作用。

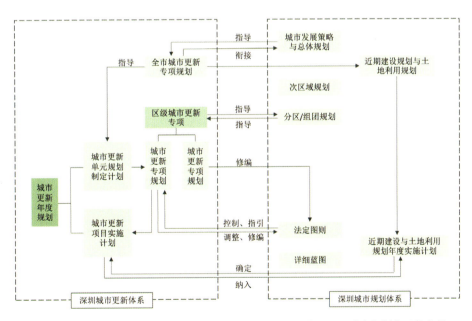

图5-34 福田区三级更新规划管控体系与深圳市更新规划体系以及城市规划体系的衔接

资料来源:福田区城市更新统筹规划工作技术指引。

---

① 赵冠宁,司马晓,黄卫东,岳隽.面向存量的城市规划体系改良:深圳的经验[J].城市规划学刊,2019(4):87-94.

③更新单元规划：通常由项目委托方（往往是更新的实施主体）牵头组织，以城市规划专业为核心，将市场策划、产业研究、交通研究、市政研究、建筑设计、投融资测算、生态分析等多专业内容作为规划成果的支撑性内容。城市更新单元规划按照法定图则的控制要求制定，是对接实施的综合接口，也是原权利主体、开发主体和公众得以表达自身发展意向与需求的平台。

3. 建构多中心、组团式城镇格局

（1）目标

在"城—乡—野相融合的优美自然环境"与"紧凑集约高效的城市"之间寻找平衡，避免超大特大城市过度集聚导致的"城市病"。

（2）基本概念

1）多中心格局：是相对于"单中心"的一种城镇格局。在区域中指由多个中心城市相互紧密联系构成的城镇组群；在城市中指由多层次的公共服务中心体系（其中城市级公共服务中心大于1个）构成的城市空间格局。

2）组团式格局：是相对于"蔓延式"的一种城镇格局。以一定规模的城市组团作为基本空间单元，组团之间有一定宽度的自然生态隔离，组团内部功能有相对完整性。

（3）关键步骤和技术

1）建构多中心格局

①在区域层面，多中心式的布局从单个城市内部扩大到更广大的都市圈和城市群区域进行统筹考虑。

②在单个城市内部，多中心的格局体现为等级清晰、职能有别的中心体系建设。等级规划应聚焦那些为本地居民服务的商业、生活中心，而职能分类应区分出"非本地"职能主导的城市中心。

③某些特定的战略功能往往不可能也不需要在传统的高等级本地服务中心集聚发展。一些新兴中心也能承担面向市域或更大区域的特定职能，因此应将战略中心（促进战略功能高度集聚）、专业化中心（促进特定功能集聚）、创新和教育中心等类型从本地服务为主的商业中心、生活中心里区分出来，赋予以针对性的规划政策[①]。

④基层社区中心由于直接服务于所在社区，其提供的服务功能和覆盖范围是反映城市宜居水平和基层治理水平的重要指标，当前国家提出依托基层社区中心构建5分钟、10分钟和15分钟的生活圈。

⑤城市中心体系规划明确中心的空间位置、类型、等级以及相应的规划原则、条件和具体策略，土地使用、住房开发、产业发展、公共交通等相关政策以中心体系作为空间参照的基础框架，进行相互协调。

---

① 晏龙旭，王德，张尚武，殷振轩，谭文垦. 国际大都市中心体系规划的经验与借鉴——基于五个案例城市的研究. 国际城市规划. https://kns.cnki.net/kcms/detail/11.5583.TU.20210121.1806.002.html.

2）建构组团式格局

①本身有一定自然地形变化的城市利用山体河流作为组团的边界；

②平原城市利用大型交通基础设施廊道或人工绿化廊道来划分组团；

③组团大小和规模的确定，基于自然地理的边界，也基于一定等级中心的服务范围，最新的研究和实践也在考虑通过分布式基础设施系统的设置来进行组团的界定；

④在新城建设中组团格局被塑造，在城市更新改造中组团格局被强化或重建。

国内外实践

1. 新加坡城市中心体系

由城市重建局发布的2019版新加坡总体规划草案提出，城市中心体系规划的目标是"强化经济门户、在可达的区位创造就业、促进创新的增长"。规划强化了城市中心类型划分，弱化了等级。分为四类：产业中心（16个）、商业商务节点（12个）、高教中心（5个）、交通运输枢纽（2个）。具体规划政策对应上述目标展开。一是强化CBD、东部门户（围绕樟宜机场）、北部和南部门户（支撑产业发展带的商业商务中心）的集聚发展。尤其强调提高CBD的国际吸引力，例如打造7×24小时生活方式，提高CBD活力、多样性、游憩设施和历史文化品质等。二是在合适的、靠近居住区的位置培育壮大城市中心，优化城市的职住关系、商住关系。三是促进创新和经济增长，部分产业中心的地块被赋予了灵活调整土地使用、路网、公共空间、基础设施等详细规划的权限①。

2. 上海公共活动中心体系设置

上海2035规划中的公共活动中心被分为"城市主中心（中央活动区）—城市副中心—地区中心—社区中心"四个层级，其中中央活动区规划范围约75平方千米，作为全球城市核心功能的重要承载区；后三个层级规划16个城市副中心、42个地区中心、社区中心，分别服务所在区域、所在地区和所在社区（表5-5）。

3. 在新城新区建设中引导形成组团式格局

《河北雄安新区规划纲要》中提出在起步区"按照功能相对完整、空间疏密有度的理念，布局五个尺度适宜、功能混合、职住均衡的紧凑组团"，每个组团的规模在20～30平方千米，组团内部产业、居住和配套功能相对完整，强化职住均衡。组团之间由宽度在300～800米贯穿南北的绿廊、水系和湿地隔离，形成城市重要

---

① 由于总体规划仅为草案，相关内容仅在网站上简略介绍，本文的介绍可能与最终文本略有出入，见 https://www.ura.gov.sg/Corporate/Planning/Draft-Master-Plan-19/.

上海2035规划的公共活动中心体系　　　　　　　　　　　　　表5-5

层级体系	地域类型		主要职能
	主城区	郊区	
第一层级（城市主中心）	中央活动区	—	全球城市功能的核心承载区，包括金融、商务、商业、文化、休闲、旅游等功能的高度融合，既链接全球网络又服务整个市域
第二层级（城市副中心）	主城副中心	新城中心	面向所在区域的公共活动中心，同时承担面向市域或国际的特定职能
		核心镇中心	
第三层级（地区中心）	地区中心	新城地区中心	面向所在地区的公共活动中心
		新市镇中心	
第四层级（社区中心）	社区中心	社区中心	面向所在社区的公共活动中心

资料来源：上海2035规划文本。

的通风廊道和绿色空间，降低热岛效应。组团级的公共服务设施服务人口在15万~30万人，主要包括文化、体育、医疗和创新四类设施。

4. 在城市更新中基于韧性的考虑进行组团化改造

日本东京作为世界上最大规模的城市，在其2040年规划中提出韧性城市的规划：把整个东京划分为30多个组团，通过逐步改造，让每个组团都拥有独立的能源供应、独立的供水、独立的水处理系统、独立的垃圾循环利用、独立的通信保障和医疗保障（图5-35）。每个组团中都有1个规模适宜的综合性医院，这个医院在疫情到来的时候就可以迅速转化成为传染病防治医院①。对组团内部进行功能的更新，植入多样性的功能，也是让组团变得更加坚韧的手段。

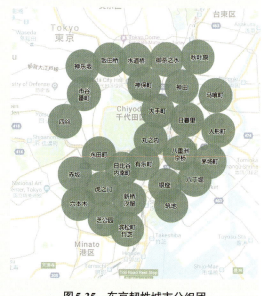

图5-35　东京韧性城市分组团

资料来源：《都市营造的宏伟设计—东京2040》，2017.

---

① 柯锦雄.《东京2040》为城市规划打开新思路[EB/OL].(2019-10-29)[2020-10-30]. https：//pl.ifeng.com/c/7rASNRqfA24.

4. 城市土地混合利用

（1）目标

提高土地使用效率，降低居民通勤时间，提高居民生活便利度。推动城市土地混合利用是城市空间治理走向精细化的路径。

（2）基本概念

土地混合利用既包括土地用途的混合，也包括建筑物和房屋类型的混合、建筑风格的混合、价格和租金的混合。

（3）政策依据

《国土空间调查、规划、用途管制用地用海分类指南（试行）》（自然资源部，2020年11月）。在原则中提出"在保障安全、避免功能冲突的前提下，鼓励节约集约利用国土空间资源，国土空间详细规划可在本指南分类基础上确定用地用海的混合利用以及地上、地下空间的复合利用"。

（4）关键步骤和技术

1）不同土地利用方式可在不同时空尺度上以多种形式进行混合，如商业、办公与住宅在建筑单体上的垂直混合，学校在晚上可作为社区活动中心，剧院可以在白天用作会场。

2）应开展综合、全面、准确的土地混合利用定量研究，包括引入多样性、邻近度等一系列指标。

3）在城市中心、其他拥有良好公共交通服务以及在进行新开发的区域，鼓励进行土地混合使用。

4）在大型居住社区开发中，鼓励保障性住房和商品住房的混合开发，不鼓励设置集中大面积的老年社区。

5）应避免出现一些土地使用类型与其他使用类型存在明显不兼容的混合利用，如住房和重工业用地。

国内外实践

1. 深圳土地用途混合使用指引

深圳通过地方性的城市规划标准和准则优化，鼓励混合使用，促进土地的精细化和规范化管理（表5-6）。

2. 新加坡纬壹科技城功能混合的创新街区建设

伴随着新兴产业的发展和新业态的涌现，建设功能混合的科技创新街区也成为一种趋势。新加坡纬壹科技城突破传统工业园区的既定思维，提出了"集工作、学习、生活、休闲于一体"的"活力社群"规划理念，打造集办公、居住、休闲娱乐、教育设施于一体的硬件环境（表5-7）。在"活力社群"理念的指导下，科技园区不仅在工作、生活、娱乐、学习等功能上进行横向的混合，还提出"一栋建筑就是一个创新社区"的理念，对工作、生活、娱乐、学习等功能进行纵向融合[①]（图5-36）。

---

① 张俊. 创新导向下高科技园区的规划管控研究——以广州科学城与新加坡纬壹科技城为例[D]. 广州：华南理工大学，2019：79-82.

深圳市常用土地用途混合使用指引   表 5-6

利用深度		鼓励混合使用的用地类别	可混合使用的用地类别
大类	中类		
居住用地（R）	二类居住用地（R2）	C1	M1、W1
	三类居住用地（R3）	C1	GIC2、R2
商业服务业用地（C）	商业用地（C1）		C1
公共管理与服务设施用地（GIC）	文体设施用地（GIC2）		C1、R3
工业用地（M）	普通工业用地（M1）	W1	C1、R3
物流仓储用地（W）	轨道交通用地（S3）	C1、R2	GIC2、R3
交通设施用地（S）	交通站场用地（S4）	C1	GIC2、R3
公用设施用地（U）	供应设施用地（U1）		G1、GIC2、S4
	环境卫生设施用地（U5）		G1、GIC2、S4

资料来源：深圳市规划和国土资源委员会：《深圳城市规划标准与准则》，2018。

纬壹科技城土地使用占比   表 5-7

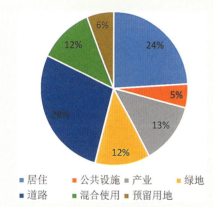

资料来源：新加坡纬壹科技城值得我们学些什么？
https://www.sohu.com/a/249629726_100117214。

考虑到工作与生活是科技城最重要的两大功能，纬壹科技城将工作空间分布在捷运系统的主要运输节点或者人员移动系统站点附近以便提高工作的可达性，而生活空间位于环境优美的绿地附近。学习与娱乐空间则精细分布在工作与生活之间，充当工作与生活区域之间的桥梁。

同时，纬壹科技城根据不同的功能组团其固有的行业特点进行组合与设计，通过执行不同的混合比例、嵌入不同的业态，来满足其个性化需求，比如生命科学园希望创造一个更宁静的环境而被生物科技研究人员所青睐，而信息通信区则期望拥有一个更大的休闲娱乐空间来促进内部的交流与合作。

在垂直方向上，以信息通信区第5期为例，建筑位于捷运站的顶部，建筑高度为17层，提供约58000平方米的优质商业及娱乐空间，同时该项目还包括一个"工作-办公室-家庭-办公室（WOHO）"的独立办公大楼，并将5600平方米的零售空间嵌入该项目，希望通过这种精细化深度融合，创造一个满足信息通信和媒体人群需求的生活方式。

(a) (b)

图 5-36 新加坡纬壹科技城

资料来源：网络。

5. 密度强度管控

（1）目标

将城市建设控制到合理的密度、强度范围内。一方面要提高土地使用效率，严控铺张浪费；另一方面要考虑生活舒适性，避免过度拥挤。鉴于我国人均建设用地紧缺的客观情况，总体上应采取中高密度、强度的开发方式。

（2）基本概念

1）密度：一般指城市人口、建筑和设施的聚集程度，主要通过人口密度、建筑密度、道路网密度等指标来衡量。

2）强度：主要用于衡量土地利用的效率，包括国土空间开发强度和建设用地开发强度，其中国土空间开发强度指建设用地占国土总面积的比例，建设用地开发强度主要通过容积率、开放空间率来衡量。

（3）关键步骤和技术

受不同发展历史、自然条件、地域文化、法律制度等要素的影响，合理的密度和强度引导管控需要分层次、分区域。一般分为市域、片区、社区/街区三个层次的管控和引导[①]。

1）市域层面：要确定城市总体引导原则，如香港和新加坡采取"兼顾充分发挥土地经济效益和注重自然环境的保护和培育"的总体思路，确定了整体"较高强度、高密度"的开发模式，深圳以"适度高密度发展"为总体原则。北京、上海等城市在最新一轮的总体规划中，均提出了建筑总量的规模目标，将建筑总量与人口规模、用地规模一起作为科学决策的基础平台。

2）片区层面：依据不同区位、不同用地类型划定城市强度和密度引导分区。

---

① "全国市长研修学院系列培训教材"编委会.致力于绿色发展的城乡建设 城市密度和强度[M].北京：中国建筑工业出版社，P97-106.

参考国内外城市管理实践，合理的密度和强度引导管控应以环境和公共设施承载力为前提，区分居住、商业、工业等不同用地类型，并综合考虑区位、城市商业中心等级、交通条件、生活习惯以及相关建设规范来进行分区划定，其中引导管控的指标多集中在容积率、建筑层数或高度、建筑密度等方面。

3）社区/街区层面：考虑到地块大小不同，以及是否位于历史城区、滨水地区、交通枢纽地区、城市更新地区等特殊区域，在基准容积率的基础上，因地制宜地进行调整和修正，以保障实际开发的弹性和地区发展的特性。

国内外实践

1.新加坡密度规定

新加坡形成5级密度分区，从实际建设中来看，新加坡85%~90%的住宅地块属于中密度和中高密度开发，以10~13层建筑为主，容积率1.6~2.1，建筑密度40%以下；5%~10%的住宅用地属于低层、低密度开发；还有5%的住宅用地属于高强度和超高强度开发（表5-8）。

新加坡住宅发展的一般密度规定　　　　表5-8

密度	容积率	建筑密度/%	建筑高度控制/层数	
			一般控制规定	可达到的最高值
超高	>2.8	0	>30	>36
高	最高2.8	40	30	36
中高	最高2.1	40	20	24
中	最高1.6	40	10	12
低	最高1.4	40	4	5
独立或联立式住宅（低）	由高度表示	—	—	—

资料来源：作者收集整理。

2.深圳市密度分区

深圳以促进土地节约集约利用、加强生态环境和特色风貌保护、保证土地开发权益的公平性为主要原则，综合考虑城市空间结构、区位条件、交通条件以及设施承载能力等因素建立了全市基准强度分区模型，将建设用地划分为5个密度分区（表5-9）。

深圳城市建设用地密度分区等级基本规定　　　　　　　　　　　　　　表5-9

密度分区	开发建设特征	居住用地		商业服务业用地	新型产业用地	普通工业用地
		基准容积率	最高容积率			
密度一区	高密度	3.2	6.0	5.4	4.0	3.5
密度二区	中高密度	3.2	6.0	4.5	4.0	3.5
密度三区	中密度	3.0	5.5	4.0	4.0	3.5
密度四区	中低密度	2.5	4.0	2.5	2.5	2.0
密度五区	低密度	1.5	2.5	2.0	2.0	2.5

资料来源：深圳市人民政府.深圳市城市规划标准与准则（2019年局部修订）[EB/OL].（2019-10-18）[2020-12-21]. http：//www.sz.gov.cn/szzt2010/wgkzl/glgk/jgxxgk/gtzy/content/post_1355426.html.

3.上海市开发强度分区

上海以轨道交通为核心确定开发强度分区体系，根据轨道交通站点周边500米、800米、1500米不同服务范围，确定每个街坊能划入的强度等级区域（表5-10）。

上海开发强度分区指标表　　　　　　　　　　　　　　表5-10

开发强度分区		住宅用地		商业商务（工业）用地	
		容积率	一般高度/m	容积率	一般高度/m
一级	基本强度	≤1.2	24	1.0~2.0	24
	特定强度	≤1.6	—	≤2.5	—
二级	基本强度	1.2~1.6	40	2.0~2.5	24
	特定强度	≤2.0	—	≤3.0	—
三级	基本强度	1.6~2.0	40	2.5~3.0	40
	特定强度	≤2.5	—	≤4.0	—
四级	基本强度	2.0~2.5	60	3.0~3.5	60
	特定强度	≤3.0	—	≤5.0	—
五级	基本强度	2.5	60	3.5~4.0	100
	特定强度	>3.0	—	>5.0	—

资料来源：上海市规划和国土资源管理局.上海市控制性详细规划技术准则（2016年修订版）[EB/OL].（2016-12-07）[2020-12-21]. http：//hd.ghzyj.sh.gov.cn/zcfg/ghbz/201701/t20170111_707084.html.

6. 小街区密路网

（1）目标

在城市中心区打通道路"毛细血管"、避免交通拥堵，同时塑造舒适便利、多元包容的人性化空间，带动商业、文化、娱乐等服务设施发展、提升城市活力[①]。

（2）基本概念

小街区密路网的核心是形成开放街区，即一种规模较小、街道功能相对综合、路网组织效率高的空间组织模式。

（3）关键步骤和技术

1）合理位置：小街区密路网专指城市中心区，城市外围组团和郊区并非必要。

2）合理尺度：小街区应规模适度，并非越小越好。参照国内外街区建设的经验和教训，可以归纳总结出以下经验值作为我国街区建设的适宜尺度区间：公共活动中心区道路间距宜小于200米；居住社区道路间距宜小于250米。国家要求到2020年，城市建成区平均路网密度提高到8千米/平方千米，但对于城市中心区而言，路网密度会更高。上海提出在商业活动强度高、土地利用混杂度高和公共交通便利的中心城区，宜将机动车网络提高到8～12千米/平方千米。

3）开放空间：将公共设施和开敞空间改为沿街的外向布局，使其服务对象从单一社区的居民变为周边不同社区的居民（图5-37）。

4）人性化街道空间和界面：统筹人行道、设施带与建筑退线空间，形成完整、丰富的街道公共活动空间；控制沿街建筑高度与街道整体宽度的合理比例；设置合理的小尺度路缘石半径；结合不同人群的需求，对各类街道附属设施进行统筹考虑、精心设计，体现"以人为本"的设计关怀，创造出具有地方特色的城市街道空间。

5）土地混合利用：鼓励在街区、街坊和地块进行土地复合利用，形成水平和垂直功能混合（图5-38）。

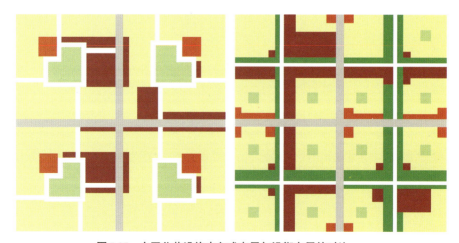

图5-37 小区公共设施内向式布局与沿街布局的对比

---

① 杨保军.《关于开放街区的讨论》[J].城市规划2016（12）：113-117.

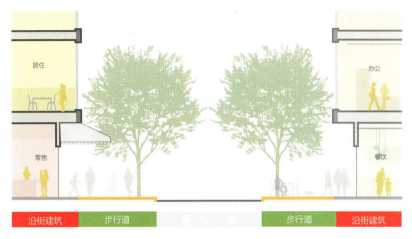

图 5-38 街区水平和垂直功能混合
资料来源：上海街道设计导则。

6）交通设施：小街区密路网的发展趋势是把加密的道路让给慢行交通使用，建设安全、连续、舒适的慢行系统；在旧城更新中新增街道，可采用共享街道①、机非混行街道和步行街道的形式；在新建地区规划密路网时，应采用外干内支的路网结构，避免过境交通穿越组团中心；在核心区道路网密度达到10千米/平方千米以上时，可考虑使用单行路组织机动车交通，提高交通出行效率。

国内外实践

1. 上海街道设计

上海街道设计导则中提出要从"道路红线管控"向"街道空间管控"转变，突破既有的工程设计思维，突出街道的人文特征，对市政设施、景观环境、沿街建筑、历史风貌等要素进行有机整合，通过整体空间景观环境设计塑造特色街道（图5-39）。

2. 巴塞罗那"大街区、疏路网"规划革新

巴塞罗那是欧洲人口密度最高的城市之一，该城市人口密度达到1.58万人/平方千米，在扩展区更高达3.6万人/平方千米。"小街区、密路网"的布局下，城市道路密度达到11.2千米/平方千米，是欧洲道路密度最高的城市之一。在汽车大量使用的背景下，巴塞罗那四通八达的街区路网虽然一定程度上缓解了城市交通拥堵问题，保障了城市居民的日常汽车出行需求，然而机动车的大量使用却带来了空气

---

① 共享街道指不采用隔离等传统的人车分流措施，取消路缘石高差，对路面进行全铺装，由行人、非机动车和机动车共享街道空间。车流量不大的商业街道和以慢行交通为主的支路可建设成为共享街道。

低冲击　低消耗　低影响　低风险的城乡绿色发展路径

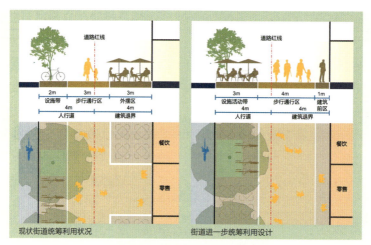

图 5-39　街道统筹利用设计

资料来源：上海街道设计导则。

污染、噪声严重、行人安全隐患、街道空间被侵蚀等问题。该城市在近些年持续实施"大街区、疏路网"的革新，具体做法包括把9个相邻的传统街区组成一个大约400米×400米的交通管制"大街区"，大街区外部道路服务于城市交通，内部道路则转换为市民的公共活动空间，通过步行和自行车出行衔接外部的城市交通，旨在把街区内的道路空间归还给行人，通过减少人们对私家车的依赖和使用，降低环境污染，创造更绿色、更干净和更加适于步行的街区城市[①]（图5-40）。

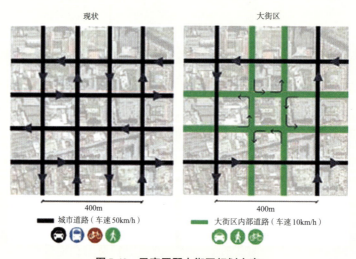

图 5-40　巴塞罗那大街区规划方案

资料来源：http://www.bcnecologin.net/。

---

① 廖开怀，蔡云楠. 重塑街区道路公共性——巴塞罗那"大街区"规划的理念、实践和启示[J]. 国际城市规划，2018, 3(33)：98-104.

7. 公交导向型开发（TOD）

（1）目标

将大运量公共交通"供给"与城市公共中心的高强度"需求"相耦合，实现城市有限空间资源的优化配置，提高土地使用效率。

（2）基本概念

在公共交通走廊和站点周边布局城市各级公共中心，开发适宜步行且密度较高的混合用途街区。

（3）关键步骤和技术

TOD有四项基本的规划原则，分别是密度、土地混合利用、步行环境和公交服务。

1）较高的密度是TOD的最基本特征，通过提高密度来提升土地使用效率。

2）土地的混合利用可以大大提高空间的利用率，并应将密度控制在合理的范围之内。

3）良好的步行环境是TOD街区成功的关键。

4）公共交通是TOD的核心要素，成功的TOD有赖于高质量的公交服务。

5）TOD兼顾社会公平。在TOD带来公交可达性改善的同时，应兼顾低收入群体的社会公平，在交通枢纽和站点周边配置一定比例的保障性住房（包括人才住房、安居型商品房、公共租赁住房）[1]。

6）TOD吸引城市创新功能。尝试将TOD和创新街区（innovation district）、智慧社区（smart community）等模式融合。

国内外实践

1. 在TOD区域提供保障性住房

芝加哥地区为TOD区域分别提供了17%、25%和33%的容积率奖励（Density Bonus），对于新增的容积率，分别要求25%、50%和100%比例的规定保障性住房规模[2]。

深圳近些年一直在探索与城市轨道相结合的保障性住房开发模式，现有模式主要包括地铁车辆段上盖开发、轨道站点周边的新出让用地建设、城市更新项目配建、旧工业区改造或产业园区配建等。其中依托轨道站点筛选保障性住房潜力用地，布局保障性住房的空间选址方式优势突出，长圳保障性住房社区就是用轨道站

---

[1] 林雄斌，杨家文，丁川.迈向更加可支付的机动性与住房——公交导向开发及其公平效应的规划[J]. 城市规划，2018，42（9）：118-126.

[2] Chicago Metropolitan Planning Councils. Chicago's 2015 Transit-Oriented Development Ordinance[EB/OL]. http：//www.metroplanning.org/work/project/30/subpage/4?utm_source=%2ftod-ordinance&utm_medium=web&utm_campaign=redirect，2015.

点周边新增用地和车辆段上盖建设的大型保障性住房社区案例[①]。

2. 大阪站前综合体：结合知识之都（Knowledge Capital）建设

大阪站前综合体位于城市中心，形成距离交通枢纽站点800米步行尺度范围内的高强度开发创新街区，呈现创新功能垂直组织和一体开发的综合体形态；并依托综合交通枢纽站点和轨道网，在更大尺度上链接了各类创新产业资源，形成距离交通枢纽站点轨道出行10分钟范围半径7千米的创新圈[②]（图5-41、图5-42）。

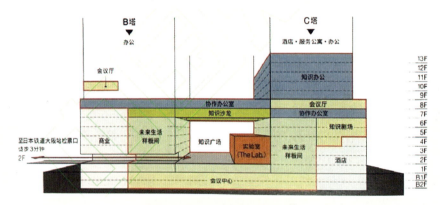

图5-41　知识之都的建筑功能[②]

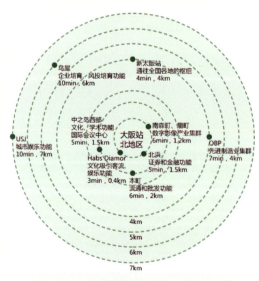

图5-42　知识之都的10分钟功能整合圈[②]

---

① 汤雪璇. 与轨道结合的深圳长圳保障房选址与规划[J]. 住区，2021（01）：62-68.
② 刘泉，黄丁芳，钱征寒，张莞苣. 枢纽地区的创新街区模式探索——以大阪站前综合体知识之都为例. 国际城市规划 https：//kns.cnki.net/kcms/detail/115583.TU.20201126.1300.002.html.

8. 合理开发利用地下空间

（1）目标

缓解土地紧张、交通拥堵等城市病，实现地下空间分层利用、多专业统筹、可持续利用。

（2）基本概念

1）城市立体开发：采用城市上空、地面和地下相结合的开发模式，统一规划，开发利用城市上部和地下空间，在有限的城市空间中，尽可能扩大环境容量，改善环境质量。

2）地下空间开发：我国城市立体开发的重要方向。我国大陆地区地下空间开发经历了民防工程和地下商业街为主的初始化阶段、轨道交通开发背景下的规模化阶段和2010年以来以轨道交通、综合管廊、地下综合体共同支撑的网络化阶段，未来发展的趋势是走向智慧化、绿色化、深层化和综合化[1]。

（3）关键步骤和技术

1）立体分层利用地下空间：鼓励浅层开发为主，适度开发次浅层，保护次深层空间，战略预留深层空间；浅层地下空间主要为城市公共活动空间，优先布置人员活动相对频繁的空间，如轨道交通车站、地下人行通道、地下商业街、地下停车库、地下管线等设施；次浅层地下空间主要为市政和轨道交通设施空间，安排综合管廊、地下市政场站、轨道交通车站和区间隧道、地下物流仓储设施；次深层地下空间以保护为主，在特殊情况下，可按需求科学合理地开发利用；深层地下空间作为战略资源予以保护。

2）鼓励地上地下一体化建设：鼓励城市的一些公共设施充分统筹地上地下空间设计和使用，营造富有特色的景观风貌和体验；利用现代科学技术克服地下空间的景观、光照、通风等消极因素，做好无障碍和标识设计（图5-43）。

(a)

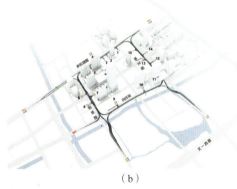
(b)

图5-43 杭州未来科技城地下环路

资料来源：网络。

---

[1] 油新华，何光尧，王强勋，张磊.我国城市地下空间利用现状及发展趋势[J].隧道建设，2019，39（2）：173-188.

3）探索地下空间整体开发模式：地下空间重点地区和集中连片建设区，探索整体开发，整合地块和道路下方空间，布局地下公共活动、交通、基础设施、人防等功能，合理划分产权，提升地下空间的品质与使用效率。

4）地下道路系统：地下道路已逐渐成为城市核心区立体交通的常用配置，在众多大城市中央商务区广泛应用（图5-43），例如北京中关村地下环路、无锡锡东新城地下环路、武汉王家墩地下环路和苏州星港街地下环路等。近年来，在北京副中心和雄安新区，规划了系统化和规模化的地下道路系统。

5）地下停车系统：机械式地下车库自动化程度和土地利用率相对较高，其布置灵活、停车密度大，是城市停车设施发展的新方向。在智能停车技术的辅助下，取车时间和停车位都能实现大幅度的节约。

6）地下仓储和物流系统：地下物流系统是一种前瞻性的地下空间开发形式，是指城市内部及城市间通过地下管道或隧道运输货物的运输和供应系统[①]。地下物流系统通过转变城市配送方式，一方面有助于缓解物流爆发式增长与城市交通间的矛盾，有效减少城市交通拥堵和尾气排放，以美化城市环境。另一方面配送不受交通拥堵、交通管制和气候影响，可提高物流配送时效并降低配送成本。

国内外实践

北京通州城市副中心地下综合交通枢纽

北京通州城市副中心地下综合交通枢纽秉承站城一体化原则，将商业商务中心、城际铁路站、轨道交通站、东西接驳场站、地下公共服务空间、市政配套设施等功能合并建设，呼应"站、城、融"规划理念（图5-44、图5-45）。

图5-44　北京城市副中心站综合交通枢纽鸟瞰

资料来源：网络。

---

① 钱七虎，郭东军. 城市地下物流系统导论[M]. 北京：人民交通出版社，2007.

图 5-45　北京城市副中心站综合交通枢纽内部换乘空间

资料来源：网络。

5.3.3　城市能源转型

1. 城市可再生能源技术应用

（1）目标

提高可再生能源在能源消费中的比重，优化城市能源结构，减少城市对化石能源的依赖，减少碳排放。

（2）基本概念

可再生能源：再生能源包括太阳能、水能、风能、生物质能、地热能等，它们在自然界可以循环再生，是相对于会穷尽的非再生能源的一种能源。城市中常见的可再生能源利用主要包括太阳能利用、生物质能和热泵技术利用三种。

（3）关键步骤和技术

1）太阳能利用：包括光电、光热和被动式太阳房三种利用方式，考虑到我国的太阳能资源分布存在地域上的差异性（表5-11），不同地区使用太阳能的方式也有差别。光电：在城市中应用太阳能光电主要有三种形式，即光伏建筑一体化、建筑附着光伏系统、光伏电站。光热：家用太阳能热水器是最常见的热利用形式，我国也是太阳能热水器最大的生产国和应用国。被动式太阳房：是指通过建筑朝向和周围环境的合理布置、内部空间和外部形体的巧妙处理以及建筑材料和结构的恰当选择，使建筑物能收集、蓄存和分配太阳热能。它不仅能在不同程度上满足建筑物在冬季的供暖需求，也能在夏季起到遮蔽太阳辐射、散逸室内热量、降低室内温度的作用。被动式太阳房一般不需要机械设备及动力，这是它区别于主动式太阳房的主要特点。

2）生物质能利用：垃圾焚烧发电可归入生物质能源利用技术。垃圾焚烧发电厂规划最重要的原则是确保垃圾电厂的安全、清洁、可靠运行。

3）热泵技术利用：从自然界的空气、水、土壤、工业废热等中获取低品位热能，经过电力或热力做功，为人们提供高品位热能（见图5-46）。热泵技术包括空

中国太阳能资源分布 表5-11

地区类型	年日照时数（h/a）	标准光照下年平均日照时间（h）	年辐射总量（MJ/m²·a）	等量热量折合标准煤（kg）	包括的主要地区	备注
一类	3200～3300	5.08～6.3	6680～8400	225～285	宁夏北部、甘肃北部、新疆南部、青海西部、西藏西部	太阳能资源最丰富地区
二类	3000～3200	4.45～5.08	5852～6680	200～225	河北西北部、山西北部、内蒙古南部、宁夏南部、甘肃中部、青海东部、西藏东南部、新疆南部	较丰富地区
三类	2200～3000	3.8～4.45	5016～5852	170～200	山东、河南、河北东南部、山西南部、新疆北部、吉林、辽宁、云南、陕西北部、甘肃东南部、广东南部、福建南部、江苏北部、安徽北部、台湾西南部	中等地区
四类	1400～2000	3.1～3.8	4180～5016	140～170	湖南、湖北、广西、江西、浙江、福建北部、广东北部、陕西南部、江苏南部、安徽南部、黑龙江、台湾东北部	较差地区
五类	1000～1400	2.5～3.1	3343～4180	115～140	四川大部分地区、贵州	最差地区

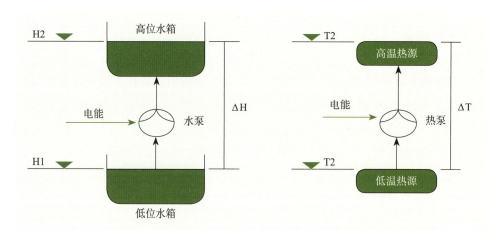

图5-46 热泵和水泵的工作原理

气源热泵和水源热泵，其中以水源热泵为主。地表水源热泵：三峡、新安江等大型水库深层水常年保持在4度，可以直接用来供冷，瑞士日内瓦湖、加拿大安大略湖等都有深层湖水直接供冷的大型工程项目，并被作为城市的基础设施。土壤源热

① 叶祖达，龙惟定.低碳生态 城市规划编制[M].北京：中国建筑工业出版社，2016.

泵：通过地埋管换热器与岩土体进行热能交换，关键在于土壤的热平衡，即夏季储入的热量要等于冬季取出的热量。为保持该平衡，在严寒地区宜按夏季负荷确定土壤源热泵容量，冬季不足部分用其他辅助热源补充，在夏热冬冷地区宜按冬季负荷确定土壤源热泵容量，夏季不足部分用其他辅助冷源补充。地下水源热泵：地下水温度稳定，供热季节性能指数和能效比都较高，夏季温度较低的地下水可直接供应到末端用于空调，但地下水源热泵对环境的破坏作用尤其需要注意，包括：地下水回灌困难，继而可能引发地下水位下降等问题。

国内外实践

浙江省建德市江水源热泵应用

建德市位于钱塘江上游，是新安江水库（千岛湖）坝址所在地，在大坝下游20千米处形成了水温常年保持在14℃～17℃的冷水恒温区，在开发利用水源热泵上具有得天独厚的优势。目前建德市江水源热泵已经在市体育馆、游泳健身中心等一些城市大型公共建筑和酒店中得到应用。截至2020年底，建德已建成水源热泵项目18个，应用面积约30万平方米，并且取得了不错的效果。

2. 能源互联网

（1）目标

发展能源互联网，打破传统能源产业之间的供需界限，最大程度地促进煤炭、石油、天然气、热、电等一、二次能源类型的互联、互通和互补；在用户侧支持各种新能源、分布式能源的大规模接入，实现用电设备的即插即用；通过局域自治消纳和广域对等互联，实现能量流的优化调控和高效利用，构建开放灵活的产业和商业形态[①]。

（2）基本概念

能源互联网：指以电力系统为中心，智能电网为骨干，互联网、大数据、云计算及其他前沿信息通信技术为纽带，综合运用先进的电力电子技术和智能管理技术，能够实现横向多源互补、纵向源-网-荷-储协调的能源与信息高度融合的下一代能源体系（图5-47）。

（3）关键步骤和技术

1）能源互联网的关键技术特征，包括：可再生能源在广域范围内的优化利用；灵活性和可控性极高的电力网络；分布式能量的自治单元；新型信息-能

---

① 曹军威，孟坤，王继业，等. 能源互联网与能源路由器[J]. 中国科学：信息科学，2014，44（6）：714-727.

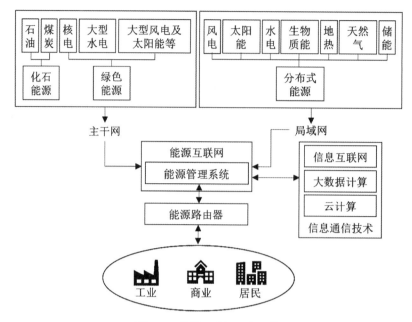

图5-47 能源互联网示意图[1]

源融合的"广域网";储能装置的广泛应用;全面智能化的管控方式[1]。

2)分布式能源技术:包括分布式发电、电力输配系统和热输送管网、对负荷端的需求侧管理、能量存储装置,覆盖了能源系统的源、网、荷、储四大环节。第三代分布式能源系统是以分布式多品种能源发电、多形式能源输出为特征,每一栋建筑既产能又用能,通过能源互联网共享资源的能源微网[2]。

3)光储直柔技术:是发展可再生能源和能源互联网的关键技术之一。"光"是指分布式光伏。"储"是指分布式储能,不仅指电源侧和电网侧的储能,也包括负荷侧的储能。"直"是指随着建筑中电源和负载的直流化程度越来越高,改用直流配用电网,取消直流设备与配电网之间的交直变换环节,同时放开配用电系统对电压和频率的限制[3]。"柔"是指柔性供电,具体指针对不同电力用户及负荷的需求,提供不同电能质量和电能形式的电力供应[4](图5-48)。

---

[1] 马钊,周孝信,尚宇炜,盛万兴.能源互联网概念、关键技术及发展模式探索[J].电网技术.2015, 39(11):3014-3022.

[2] 龙惟定.绿色生态城区能源管理与互联网思维[J].建设科技,2015(7):28-30.

[3] 李叶茂,李雨桐,郝斌,罗春燕.低碳发展背景下的建筑"光储直柔"配用电系统关键技术分析[J].供用电,2021,38(01):32-38.

[4] 韩民晓,肖湘宁,徐永海.柔性化供电技术[J].电力系统自动化,2002(08):1-5+50.

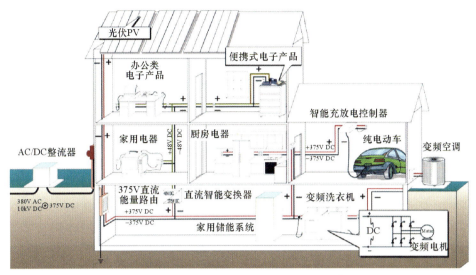

图5-48 "光储直柔"建筑新型供配电技术①

国内外实践

1. 北京市光储直柔技术的运用

为实现到2022年北京市可再生能源在能源消费总量中的比重达到10%以上的目标，北京市在2020年底发布的《关于进一步支持光伏发电系统推广应用的通知》中提到"新建居住建筑应设置太阳能光伏发电系统或太阳能热利用系统"，并推荐采用直流配电，并设置合理储能装置。

2. 河南兰考农村能源互联网建设试点

2018年7月，兰考县正式获批全国首个农村能源革命试点建设示范县，承担探索新时代县域能源转型新路子的重要使命。兰考具有丰富的风、光、地热等可再生资源以及农林废弃物、畜禽粪污等资源，都可以转化为电能。在国网河南省电力公司牵头下，兰考能源互联网平台启动建设。平台研发了运行监控、发电预测、可调负荷分析、策略生成等系统功能，实现了源网荷储一体化运行，有效抑制了光伏、风电等新能源发电并网带来的电网波动，提高电网安全运行水平，保障清洁能源就地最大化消纳。兰考县农村已实现从"消费前端"向"生产前端"的转变。按照兰考能源革命目标，2021年，兰考可再生能源发电量占县域全社会用电量比重可达90%②。

---

① 李叶茂，李雨桐，郝斌，罗春燕.低碳发展背景下的建筑"光储直柔"配用电系统关键技术分析[J]. 供用电，2021，38（01）：32-38.
② 代小龙；王昱清.电力助推乡村振兴的"兰考样板"——国网河南电力兰考农村能源互联网综合示范建设观察[J].河南电力，2021（03）：20-21.

5.3.4 固体废弃物收集和处理

1. 低碳生活方式促进废弃物源头减量

（1）目标

通过倡导更加绿色低碳的生活方式，鼓励人们从衣、食、住、行等生活的各个方面转变观念，最大可能避免不必要的物质浪费，从源头实现生活垃圾减量与降低碳排放。

（2）基本概念

低碳生活方式是符合生态文明时代要求与潮流的更加健康、自然、安全、环保的低成本生活方式[1]，只需要在购买和使用商品、饮食、居家生活、工作、出行等方面做出简单改变，就可在大幅降低个人生活消费成本的同时，减少对自然资源的消耗。

（3）关键技术

1）垃圾分类

包括垃圾的分类投放、分类收集、分类运输、分类处理。我国的垃圾分类法规体系日益完善，垃圾分类试点城市大多数采用四分法，即厨余垃圾、可回收物、有害垃圾、其他垃圾。

相比于分类投放，未来我国仍需在分类收运和处理环节完善相关标准规范，在"前端简单分类"的同时做好"后端精细分类"[2]，引入市场力量，提高垃圾回收利用率。

国内外实践

2020年修订通过的《固体废弃物污染环境防治法》将"国家推行生活垃圾分类制度"明确写入了法律条款，各地也在不断出台垃圾分类法规、规章，推动地方垃圾分类工作（图5-49、图5-50），目前46个试点城市制订的生活垃圾分类标准，除

图5-49 北京生活垃圾分类标准[3]

---

[1] 应璐珺.今天你减碳了吗？——低碳生活新主张[J].今日科技，2009(11)：46-49.
[2] 陈蒙.生活垃圾分类模式国际比较及其对中国的启示[J/OL].西安交通大学学报（社会科学版）：1-13[2021-05-05]. http://kns.cnki.net/kcms/detail/61.1329.C.20210425.1224.002.html.
[3] 北京市生活垃圾分类指导手册：http://www.beijing.gov.cn/ywdt/zwzt/bjsshljflzdsc/#book7/page1.

广元分为3类（可回收垃圾、不可回收垃圾、有害垃圾），福州分为5类（可回收物、餐厨垃圾、有害垃圾、大件垃圾、其他垃圾），其余44个试点城市都分为4类（厨余垃圾、可回收物、有害垃圾、其他垃圾）。

图5-50　北京生活垃圾分类收运与处理流程[①]

2）素食主义（Vegetarianism Life）

通过倡导素食主义饮食，减少碳排量高度密集的肉食，降低食物生产、加工处理、运输、零售、烹调等环节的温室气体排放和废弃物总量。

3）极简主义生活（Minimalism Life）

即低消费，大幅度减少拥有物品的生活方式。以日本杂物管理咨询师山下英子提出的"断舍离"的生活态度为代表，断即是不买、不收取不需要的东西，舍即是处理掉堆放在家没用的东西，离即是舍对物质的迷恋，让自己处于更宽敞舒适的自由空间[②]。

4）旧物利用

国内逐渐盛行共享理念，共享经济产品范围不断扩大，年轻人对二手商品的接

[①] 北京市生活垃圾分类指导手册：http://www.beijing.gov.cn/ywdt/zwzt/bjsshljflzdsc/#book7/page1.
[②] 山下英子著；吴倩译.断舍离[M].南宁：广西科学技术出版社，2013.07.

受度也逐渐提高。多种形式的旧物交换、旧物再利用、旧物艺术化改造（图5-51）等，极大提高了消费品的使用价值，促进了消费品制造过程中的碳减排，也减少了废弃物总量。

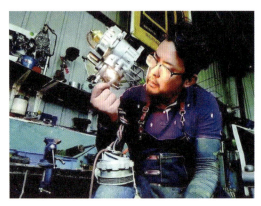

图5-51 再生艺术装置创作者①

作为共享经济中二手物品交易平台的代表者，闲鱼在阿里巴巴公布的2020年财报中年成交额已突破2000亿元。"闲置经济"本质是对物品不同生命阶段的共享，大大延长消费品的使用寿命，通过合理消化闲置，将有限资源服务于更多群体。未来闲置物品流通市场仍然巨大，闲置物品价值仍有较大挖掘空间①（图5-52、图5-53、图5-54）。

5）杜绝过度包装

商品包装是商品生产和制造的终点，也是商品流通的起点，与其他材料相比，包装材料的使用寿命短，丢弃后会成为生活固体废弃物的主要来源。据统计，我国每年包装废弃物总量在1600万吨左右，并以10%的速度增长，仅有不足20%的包装废弃物得到了回收②。

可采用多种方式减少商品包装材料的浪费，如采用再生可回收材料进行包装，优化设计包装结构，通过设计引导消费者对包装物进行再利用，通过立法完善对包装质量、体积、材料、规格的规范。

6）光盘行动

光盘行动的宗旨是餐厅不多点、食堂不多打、厨房不多做。养成生活中珍惜粮食、厉行节约反对浪费的习惯。2020年8月11日，习近平作出重要指示强调，坚决制止餐饮浪费行为，切实培养节约习惯，在全社会营造浪费可耻节约为荣的氛围。2021年4月29日，十三届全国人民代表大会常委会第二十八次会议表决通过《中华人民共和国反食品浪费法》，自公布之日起施行。

2. 多方式促进固体废弃物资源化利用

（1）目标

最大限度发掘废弃物的回收利用价值，使垃圾成为有效资源。

（2）基本概念

在固体废弃物回收的基础上，运用技术手段将废弃物中的物质和能源进行最大限度的回收与综合利用，大幅减少废物产量，加速物质、能量的循环，从而取得最大的经济效益和生态效益。常见的资源化

---

① 真正的共享经济：预计今年中国闲置市场规模可达到1万亿元：https://baijiahao.baidu.com/s?id=1684948344305831334&wfr=spider&for=pc.

② 乔洁，冯从从.优化包装设计实现废弃物源头减量[J].包装工程，2018，39(18)：34-38.

图 5-52 "闲鱼"APP 交易物品分类　　图 5-53 "爱回收"APP 回收电子产品后处理方式　　图 5-54 "转转"APP 物品估价分类

资料来源：网络。

途径包括提取废弃物中的有价组分、建筑材料再生产、农肥再生产、回收能源、取代工业原料等[①]。

(3) 关键技术

1) 固体废弃物成分分析

进行环境卫生设施规划布局之前，建议先对本地城市固体废弃物典型成分及比例进行分析，固废中的湿有机垃圾(如餐厨垃圾)、干有机垃圾(如木材、纸张)和无机垃圾(如金属、玻璃、塑料)的相对比例是确定低碳化废物处理方法的关键。危险废弃物因需要单独收集和处理，也应估算比例。建议按照功能区的不同确定不同的分类收集方案。不同功能区产生的垃圾组成大不相同，所适合的垃圾分类收集方案也应有所区别。

2) 垃圾分选利用技术

利用红外线吸收光谱分析技术、图像识别技术、变重分选技术、温度传感技术等先进技术，将收集的固体废弃物重新分类，并从中精准分选出高纯度的可回收组分，目前发达国家已用于多种混合废弃物分选中，如混合废旧塑料、电子垃圾、城市生活垃圾、混合包装物垃圾、报废汽车破碎料等。从原生垃圾中分拣出有价值的物料，用于相关工业企业生产，充分利用垃圾热值，并提前将垃圾中的有害物质分离出来，如含有 Cl 元素的 PVC (聚氯乙

---

① 刘克锋，张颖. 环境学导论[M]. 北京：中国林业出版社，2012.

烯）塑料盒重金属等，可在源头上遏制焚烧阶段二噁英的产生[①]。

3）电子废弃物收集和资源化利用

即从电子电气设备废弃物中破碎解离、精细回收各类金属、橡胶塑料、玻璃等有价值的无机材料，使其成为可再次使用的产品生产原材料，尤其是影响到战略资源保障的稀缺贵重材料。

国内外实践

研究显示，全球电子电气废弃物的价值已超过600亿美元，中国从废旧电子产品中获取的铝仅占10%、锡6%、钴0.6%、稀土0%，如对其进行100%回收利用，到2030年仅材料价值就将达33亿美元。2020年5月，国家发展改革委等七部委联合下发《关于完善废旧家电回收处理体系推动家电更新消费的实施方案》，明确提出"各地方、各部门要进一步提高对完善废旧家电回收处理体系、促进家电消费更新重要意义的认识"。

金属原料的回收利用也是节能降碳的重要手段。据有关专家预计，2030年，需处理的电动汽车电池将超过150万吨。在生产电池、正极活性材料及其前驱体时也会产生废料，这些废旧电池和废料中含有锂、钴、镍等资源，相比从天然矿藏中开采，从电池中回收金属原料所产生的碳足迹至少可减少25%[②]。在东京奥运会筹备过程中，日本国民共捐出近8万吨小家电和621万部手机，并使用从中提纯出的32公斤黄金、3.5吨银、2.2吨铜，制作成奥运奖牌，这在奥运史上是首次。

4）建筑材料循环利用

实现建筑材料循环的关键在于将循环经济理念融入建筑全生命周期管理中，即在材料与构件生产、规划与设计、建造与运输、运行与维护、拆除与处理的全过程中有序管理各类材料，形成材料的闭环使用，通过设计和循环价值链提高建筑材料的价值，使建筑物在使用寿命结束时变成有用材料库。

国内外实践

荷兰可持续建筑领域的权威机构 RAU 建筑事务所创始人托马斯·劳（T·Rau）和妻子萨宾·奥伯胡伯（S·Oberhuber）在 2017 年出版了《材料问题》一书，发表了

[①] 常燕青，辛然，常中龙，吴海锁.简述垃圾分选新技术的国际发展[J].能源与节能，2021（02）：106-108.

[②] 《中国环境与发展国际合作委员会专题政策研究报告：重大绿色技术创新及其实施机制》.

"世界材料权利宣言",提出应将材料的可持续利用考虑到建筑设计中,并于同年建立马达斯特(Madaster)平台,构建了线上"材料仓库"(Materialdepot)(图5-55),为建筑原材料注册"护照",通过注册和归档的方式简化拆卸材料后回收和再利用的过程,鼓励智能设计并消除浪费。在RAU事务所的荷兰安联能源电网公司大楼改造项目中,就借助这一平台将旧建筑中80%的材料保留用于新建筑中。护照记录了部件价值、位置信息,保存在建筑蓝图中,方便未来拆卸和价值评估[①]。

图5-55 马达斯特平台(Madaster-Platform)线上"材料仓库"[②]

阿姆斯特丹多功能餐厅和办公楼项目在设计、建造时就考虑了最终拆卸、利用问题,运用"钢结构+模块化内部空间"技术,即将建筑设计为大柱网、高层高的标准模块,可按需实现内部空间自由分割、建筑结构与建筑设备管线分离、设备设施与功能空间变化相适应。该技术是绿色建筑技术领域的关键技术之一,可实现建筑材料的循环利用,有效节约建材,减少建筑废弃物[③]。

5)厨余垃圾高价值利用

我国常用的厨余垃圾资源化处理技术主要为厌氧发酵、好氧堆肥和饲料化三类。建议推广在城市社区中以厨余垃圾作为堆肥原料,利用厨余垃圾中丰富的有机质和各种营养物质通过就地好氧堆肥制成肥料,并直接运用在社区农业种植或绿化中。该技术需要结合社区规划,在符合上位规划及城市管理要求的前提下,探索挖掘存量空间作为堆肥场地及社区农业种植

---

① 高新,郭镒恺,刘长安.建筑是座"材料仓库"——荷兰安联(Aliander)能源电网公司改建[J].中外建筑,2020(10):155-158.
② Madaster-Platform官网:https://madaster.com/platform/.
③ 《中国环境与发展国际合作委员会专题政策研究报告:重大绿色技术创新及其实施机制》.

场地，争取打造食品从农场到餐桌再到农场的无废闭环。

其他对厨余垃圾的高值化利用新技术还包括废油脂生产生物柴油技术、废油脂生产生物塑料技术、养殖昆虫制备蛋白饲料技术、制备微生物蛋白饲料技术、制备生物燃料技术、生物制氢技术、制备中链脂肪酸技术等[1]。

国内外实践

美国纽约空中农场

2010年5月创立的美国纽约布鲁克林农庄号称全世界最大的屋顶土培农场，是利用闲置屋顶空间生产有机农产品的都市农业范本（图5-56、图5-57）。农庄创办者致力于以本地化的都市屋顶农业改善城市生态环境，将从当地个人及餐厅收集的厨余垃圾和当地企业的废弃木片、锯末转化为有机肥料，并使用这些有机肥料种植多种蔬果、饲养蛋鸡，养殖蜜蜂，产品在当地农夫市集售卖，也供应CSA（社区支持农业）会员和一些餐厅使用。农场使用了纽约两座建筑的楼顶，总面积2.5英亩，每年可生产约5万磅有机农产品。他们还和纽约的众多非营利组织合作开展活动，致力于建立更健康、更稳固的本地社区[2]。

图5-56 纽约空中农场[2]

图5-57 纽约空中农场活动[2]

6）生活垃圾全资源化综合处理

初步收集的生活垃圾，可通过垃圾精细化分选系统、高值化利用生产系统、清洁生产技术系统构成的全资源化综合处理系统实现各组分物尽其用。其中，垃圾精细化分选系统可包含破袋筛分、物理分选、滚筒筛分、深度分选等模块，经过系列流程将生活垃圾分选为有机物、无机

---

[1] 常燕青，黄慧敏，赵振振，殷俊，张红亮，张进锋.餐厨垃圾资源化处理与高值化利用技术发展展望[J].环境卫生工程，2021，29（01）：44-51.

[2] 空中农场，立体农业……老外们把都市农业玩的不像话！https://www.sohu.com/a/167695725_796875.

物、金属、渗滤液四大类。

高值化利用生产系统可包含制砖生产、有机物制肥、木塑制品生产、垃圾衍生燃料（RDF）生产等模块。在制砖过程中同时接纳建筑垃圾、粉煤灰等制作出生态砖块。在制肥过程中同时接纳家畜肥、专项收集的餐厨垃圾和一部分生活污水污泥，制作出营养土和有机肥。在木塑制品生产过程中，使用经过深度分选出的废塑料，加上秸秆、木粉等农林废弃物，制成木材-塑料复合材料。在垃圾衍生燃料（RDF）生产过程中，使用经过深度分选出的可燃物，以及农林废弃物、有机物制肥筛上物，制成固体替代燃料。

清洁生产技术系统可包含残余固废能源化处置、工艺废水处理零排放、废气粉尘达标排放控制等模块，将垃圾处理过程中的剩余废气废水废渣再进行最终的无害化处理或回用（国内常见垃圾处理设施见图5-58）。

3. 循环经济与综合固废管理

（1）目标

转变经济发展的线性模式，提高物质与能量资源利用率，减少垃圾排放量，让经济活动逐渐与资源环境消耗脱钩，并推动创新、增加就业，实现经济效益、社会效益和生态环境效益的共赢。

（2）基本概念

循环经济是以可持续发展理念指导经

图5-58　北京市垃圾处理设施-焚烧发电厂[①]

（a）北京北控绿海能环保有限公司海淀区再生能源发电厂；（b）通州区再生能源发电厂；（c）北京北控雁栖再生能源科技有限公司怀柔区生活垃圾焚烧发电厂；（d）北京首钢生物质能源科技有限公司鲁家山循环经济基地；（e）北京南宫生物质能源有限公司南宫生活垃圾焚烧厂

[①] 北京市生活垃圾分类指导手册：http：//www.beijing.gov.cn/ywdt/zwzt/bjsshljflzdsc/#book7/page1.

济活动，以资源高效循环利用为核心，遵循减量化（Reduce）、再利用（Reuse）、资源化（Recycle）的"3R"原则，将产品生产单线流动的"资源—产品生产与销售—废弃物排放"过程（线性经济）转变为"资源—产品生产与销售—再生资源回收—再生产"的闭环流动过程，使所有物质、能量在经济循环中得到合理和持久利用，直至原料真正无处可用。

从循环层次上来说，包含体现减量化原则的资产循环模式，即将产品作为资产，售卖其使用价值，仅在产品使用环节内部循环；体现再利用原则的产品循环模式，即延长产品及其零部件的使用寿命，并可将零部件直接用于再制造，从产品使用到产品制造环节循环；体现资源化原则的废物循环模式，即对生产中和消费后的固体废弃物进行回收利用和资源化，在产品使用、废弃物处理、原料生产、产品制造环节中循环[①]。第三种模式的概念适用于本章节涉及废弃物综合管理的介绍，虽然废弃物回收利用和资源化相关技术已在前述章节中出现，此节中笔者仍希望从循环经济视角再提出该领域近年来的部分新技术供读者探讨。

(3) 关键技术

1) 鼓励企业绿色制造

在产品的整个生命周期的每一个阶段并行、综合地考虑资源效率和环境影响，从产品设计阶段开始，就要力求以绿色工艺、绿色材料以及严格、科学的管理，使最终废弃物最少，并尽可能实现废弃物资源化、无害化，目标是产品的设计—制造—包装—运输—使用—回收—再利用—报废处理—废弃物处置全过程中，环境影响最小、资源效率最高。

绿色制造模式是一个低熵的闭环生产制造系统，不同于末端处理的环境保护办法，要以系统集成的方式考虑产品的环境属性，因此制造过程和制造环境的设计与产品设计同样重要。需要综合运用现代制造技术、信息技术、自动化技术、管理技术和环境技术，将生产活动中的人、技术、经营管理、物质与能量资源、生态环境，以及信息流、物料流、能量流、资金流有机集成，构成绿色集成制造系统。

2) 推动园区循环化改造

提升园区内各企业资源效率，实行清洁生产技术应用、工艺设备更新、设备监管、减排技术改造，先从企业内部实现循环。优化园区产业布局、企业布局和基础设施布局，合理延伸产业链条，以中间产品的衔接利用及废弃物的再生循环为核心形成产业纵向循环链接，并推动园区产业补链升级与集群化，实现资源共享。完善园区基础设施建设，在园区运转中推动物质与能源梯级利用、水资源持续回用、固废集中处置、污染集中治理。最终实现园区资源高效、循环利用和废

[①] 盛馥来，诸大建.绿色经济：联合国视野中的理论、方法与案例[M].北京：中国财政经济出版社，2015.5.

物零排放[①]。

3）建立地方循环经济产业体系

充分利用地方既有产业基础，由政府主导、企业共同参与，建立地方循环经济发展联盟，集聚物质利用链上下游关联性较强的循环经济型企业，形成企业间物质传输的闭环链接。鼓励企业建设先进的工业废物处理和再利用设施。发展高附加值的废物回收再利用产业，即对生产消费活动产生的废弃物进行分类回收、处理、再利用、再资源化、最终处理等的"静脉产业"，在城市规划中统筹考虑设施布局，建设静脉产业园。通过完善制度体系、法律体系、财税体系，促进资源循环利用与环境保护关键技术研发，并推动制造业（动脉产业）与回收利用产业（静脉产业）交互发展。

4）运用区块链技术驱动资源循环利用

区块链（Blockchain）是分布式数据存储、点对点传输、共识机制、加密算法等计算机技术的新型应用模式，其本质是一个去中心化、不可篡改、全程留痕、可以追溯、集体维护、公开透明的共享账本和数据库。区块链技术最初是通过比特币和加密货币的出现传播的，但现在被广泛应用于金融、物联网、供应链管理、公共管理、能源、交通、数字版权、公益等领域。

区块链的不可篡改、可追溯、去中心化特性，使其可将本属于政府和大企业的环境保护责任通过货币和技术交到个人手中，激励更广大用户（个人/企业）参与绿色经济、循环经济。区块链技术应用于企业的产品全生命周期管理中，可全程追踪产品生产原料属性（如可降解程度）及对材料的回收再利用、最终处置等行为，以调整税收等奖惩方式，提高企业循环生产效率。区块链技术还可通过智能合约对参与生态环境保护或材料回收的个人用户进行奖励补偿，补偿资金可来自国际众筹，也可用代币/积分激励机制促进民众自觉规范垃圾分类行为。[②]

国内外实践

1. 海地塑料银行（Plastic Bank）[②]

海地塑料银行是于2013年由一个太阳能供电废品回收市场发展而来，最初是创始人大卫·卡茨（D·Katz）为减少海洋塑料垃圾而创办，建立了以塑料垃圾换取基本生活用品的机制，现已发展成全球规模最大的针对极端贫困人群的连锁商店，在海地、菲律宾、巴西、印度尼西亚、南非、巴拿马等地均有开设。商店中的

---

① 谢元博，张英健，罗恩华，木其坚.园区循环化改造成效及"十四五"绿色循环改造探索[J].环境保护，2021，49（05）：15-20.
② https://www.sohu.com/a/230068967_607951塑料银行：用塑料换学费、医疗保险、Wi-Fi、手机套餐，人类为了环境保护费尽心思（sohu.com）.

任何物品,都可以通过塑料垃圾进行换购,甚至学费医疗保险、Wi-Fi、手机套餐(图5-59)。对于回收的塑料,塑料银行为这些再生塑料创建了一个品牌——Social Plastic,并出售给知名公司,如玛莎百货等,用于新的产品制造。塑料银行最终目标是"建立一个世界上所有贫困人民都可以参与的生态改善系统"。

图5-59 海地塑料银行塑料换物品①

随着塑料银行迅速发展,创始人想给予收集者们更多,让他们能更好地改善生活。然而支付现金并不妥,有可能会使他们成为坏人攻击目标。肖恩·富兰克森(S·Frankson)是塑料银行联合创始人兼CSO,他说,"我们需要一个安全的交易系统,这个系统要有出色的可扩展性,能同时服务强大的企业和脆弱的人群"。于是塑料银行发起了一个由IBM创建的银行应用程序,它使用区块链技术创建了一个安全的"超级账本"。超级账本主要针对于塑料收集者们,不仅可以追踪他们目前用塑料换得了多少收入,还提供数字钱包供他们使用收入。这对那些没有银行账户和身处高犯罪率地区的人们来说非常重要。塑料银行的商店在销售商品时,也支持来自此种数字钱包的付款方式。

2.银川市"区块链+垃圾分类"多方联动模式试点①

2020年6月,宁夏回族自治区银川市出台《银川市"区块链+垃圾分类"多方联动模式试点实施方案》,将"区块链"引入生活垃圾分类工作。

居民小区是生活垃圾分类工作的难点,也是重点。为进一步提高银川生活垃圾分类的知晓率、参与率、覆盖率、减量率,提升全市生活垃圾分类精细化管理水

---

① https://www.sohu.com/a/401539157_100009707宁夏银川:"区块链+垃圾分类"多方联动模式试点启动_绿色(sohu.com).

平，银川制定了《银川市"区块链+垃圾分类"多方联动模式试点实施方案》，对现有居民小区生活垃圾分类工作进行提档升级，联动相关部门、街道、社区、物业服务企业、商户，以"线上+线下"的方式，建设生活垃圾分类"绿色收集房"，推行定时定点回收，示范打造A、B、C三级"绿色业主"体系，居民正确分类投放生活垃圾可获得"绿色业主"资格（由居民自行拍照上传至该小区"绿色业主群"），得到积分可在社区周围的"垃圾分类绿色商家"消费，并持续获得绿色积分（1积分=1元）作为奖励。绿色积分不但可以用于购物，还可用于交纳物业服务费、停车费和水电费，大大激发了社区居民参与生活垃圾分类的积极性和主动性。相关负责人表示，"区块链+垃圾分类"多方联动模式通过政府主导，企业、商家参与，居民互动，真正实现了"让政府看到成绩、居民得到实惠、商家健康发展"的目标。

5.3.5 健康循环的城市水系统

1. 水系统建构和海绵城市实践

（1）基本概念

1）城市水系统：城市水循环系统是自然水循环和社会水循环耦合的复杂系统，前者以"降水—入渗—产汇流—蒸发—运移"为基本过程，后者以"取水—供水—用水—排水"为主要过程[①]。从系统的组成来看，水系统由水源、供水、污水、防洪、排涝等多个子系统组成（图5-60）；从系统的内涵来看，水系统涉及水资源、水环境、水生态、水安全等多个方面[②]。

2）城市水系统综合规划：作为城市水系统的顶层设计，其主要任务包括系统地梳理各类水问题，确定城市水系统的整体目标，提出蓝绿空间的管控措施以及涉水工程设施的建设方案，为国土空间规划提供支撑，为城市水系统专项规划提供引导[③]（图5-61）。

3）海绵城市：是指通过加强城市规划建设管理，充分发挥建筑、道路和绿地、水系等生态系统对雨水的吸纳、蓄渗和缓释作用，有效控制雨水径流，实现自然积存、自然渗透、自然净化的城市发展方式。海绵城市是新时期水系统建构的最佳实践。

（2）政策依据

《关于推进海绵城市建设的指导意见》，国务院办公厅，2015年10月印发。

（3）关键步骤和技术

1）建构城市水系统的整体优化解决方案，不仅仅是给排水的工程措施，而需

---

① 陈吉宁，曾思育等.城市二元水循环系统演化与安全高效用水机制[M].科学出版社，2017，3.
② 邵益生.城市水系统科学导论[M].北京：中国城市出版社，2015：40.
③ 莫骥，龚道孝，高均海，王巍巍，郝天，李婧.城市水系统从理念、方法到规划实践[J].给水排水，2021，57（01）：77-83.

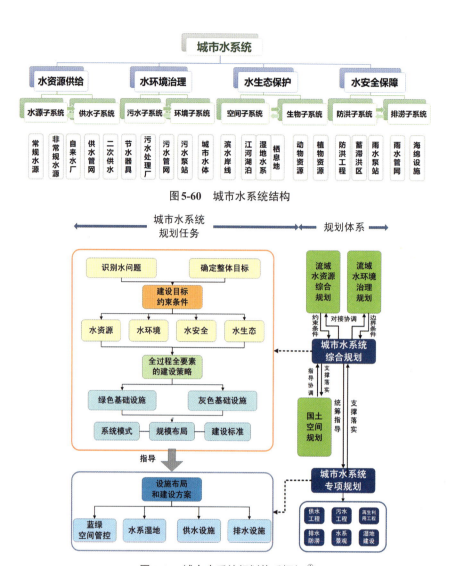

图 5-60 城市水系统结构

图 5-61 城市水系统规划体系框架[①]

要与城市土地利用、景观、建筑等整合在一起统筹考虑，意味着对传统模式、系统的每个环节都能带来创新，并建立相应集成的、可持续的管理措施（图5-62）。调整系统的结构及循环模式，如增加污水再生回用过程，增加雨水收集及资源化利用过程，以增加供水水源。强化对过程的控制，如建设源头海绵设施以加强降雨的入渗过程。优化城市开发模式，如保护山水格局、减少硬质铺装等，以降低对自然水文过程的影响等。强化对要素的控制，包括需求控制、污染控制、入渗及汇流控

---

① 莫罹，龚道孝，高均海，王巍巍，郝天，李婧.城市水系统从理念、方法到规划实践[J].给水排水，2021，57（01）：77-83.

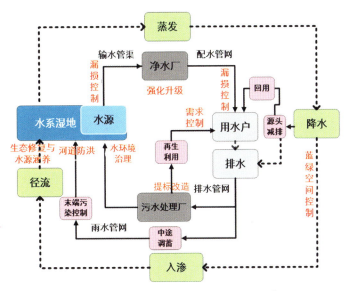

图 5-62　城市水系统优化调控策略示意图[1]

制、生态保护与修复、渗漏控制等。扩大调控的对象，既包括传统的工程设施，也包括具有一定功能的蓝绿空间。

2）建设海绵城市的三条路径，包括区域水生态系统的保护和修复、城市的海绵设计和改造、建筑雨水利用与中水回用[2]。区域水生态系统的保护和修复：识别对地表径流量产生重大影响的自然斑块，明确水资源涵养区，划定蓝线和绿线保护水生态敏感地区，通过截污、底泥疏浚、构建人工湿地、生态砌岸和培育水生物种等技术手段修复水生态环境。城市的海绵设计和改造：在扩建和新建城市水系的过程中，充分发挥天然水体的调节作用，并采取一些技术措施，如加深蓄水池深度来增加蓄水量。在城市广场、道路的改造中，通过建设模块式雨水调蓄设施、地下雨水调蓄池、下沉式雨水调蓄广场等，最大限度地把雨水保留下来。在居住区、工商业区的设计中，改变传统的集中绿地建设模式，把小规模的下凹式绿地渗透到每个街区中。在公园建设中，通过建设滞留塘、下凹式绿地，可以很好地实现雨水调蓄设施和景观设计的紧密结合。建筑雨水利用与中水回用：推广普及绿色屋顶、透水停车场、雨水收集利用设施，以及建筑中水的回用。

3）实现海绵城市的智慧化，将海绵城市建设与国家正在开展的智慧城市建设试点工作相结合，实现对地表径流量、地表水污染总体情况、地下管网的实时监测和快速反应。

---

[1] 莫罹，龚道孝，高均海，王巍巍，郝天，李婧.城市水系统从理念、方法到规划实践[J].给水排水，2021，57（01）：77-83.

[2] 仇保兴.海绵城市（LID）的内涵、途径与展望[J].城乡建设，2015（02）：8-15+4.

国内外实践

1. 新加坡ABC水计划

2006年启动的ABC水计划是全面体现新加坡21世纪水资源管理的整体性、可持续性和公众参与特点的创新性计划[①]。ABC水计划的全称是"Active, Beautiful, Clean Waters Programme"。新加坡政府给出的该项目中文名称是"活力、美丽、清洁全民共享水源计划"。该计划是综合性的城市环境提升举措,旨在使新加坡的排水管渠和水库超越传统的排水和蓄水功能,将它们转变为干净美丽的河流和湖泊,并融入整个城市环境,在成为社区活动和市民娱乐的新型城市公共空间的同时,增加城市生物多样性。

加冷河-碧山公园河段水文生态修复是已经竣工的ABC计划标杆项目。1970年,加冷河在河流改造工程中进行硬质化处理,由天然河道改造为用作城市防洪的混凝土排水明渠,虽然在一定程度上减轻了城市洪涝风险,但无法实现弹性应对雨洪、恢复生态和提供优质观赏景观的功能。在生态修复中,运用河漫滩的设计理念,将2.7千米的加冷河从单一功用性的直线混凝土沟渠改造成3.2千米的生态型宛延河道,恢复场地水文生态循环,创建既可供社区居民休憩娱乐,又能弹性应对城市雨洪的新型城市空间(图5-63)。

图5-63 改造前后的加冷河形态[②]

在常规无雨天气里,河道内日常水位处于低水平,公园及自然式河岸为人们提供环境优良、景观优美的公共活动空间。短时雨量较小的情况下,河道及公园内其他雨水管理措施短暂滞留雨水,河道内水位没有明显上升情况,公园滨水空间仍然发挥公共活动场地的功能。当遭遇持续大量降雨时,河道水位缓慢填充,当水位达到安全预警红线时,河流监测系统将启动安全预警装置,给人们足够的时间从河边

[①] 沙永杰,纪雁.新加坡ABC水计划——可持续的城市水资源管理策略[J].国际城市规划,2019:9.
[②] 吴漫,陈东田等.通过水生态修复弹性应对雨洪的公园设计研究——以新加坡加冷河—碧山宏茂桥公园为例[J].华中建筑,2020,38(07).

转移至安全区域。此时公园绿地充分发挥其缓冲作用,加冷河作为泄洪通道吸纳园内自身雨水径流并承接周边客水。降雨停止后,这些蓄积的雨水被缓慢释放,其中少量雨水经自然渗透回补地下水位。部分雨水经生态群落过滤净化后输送至园内水上乐园循环利用。超标雨水通过管道汇流至加冷河道顺势排至下游进入城市集水系统,消解至低水位的滨水空间重新恢复生机(图5-64)。

图5-64 降雨期、降雨后公园状态[①]

2. 2035鹿特丹水城计划

该计划融入韧性理念,提出创新性的水处理解决方案。在鹿特丹水广场项目中,将原来一片没有有效的蓄水和排水措施也不能提供高品质市民活动场所的硬质活动场地,改造成布设了不锈钢导水沟槽的3个不同大小的下沉广场。在无降水的时候,下沉广场作为周边学校学生和居民的活动场地;有降水时,雨水通过导水沟槽流入下沉广场进行存蓄;降水过后,开启闸门将广场存水排入市政排水管道,重新恢复其市民休闲活动场地的功能[②]。

除此以外,鹿特丹还探索了以单个社区为单元建立自调控体系来进行水量调蓄和水质保持,从而由点到面全面增加城市整体的雨洪韧性。EVA朗克斯梅尔社区项目以水的应对为目标,制定了系统的水分类管理策略,将居住区内水体分为"灰水""黑水"、屋面雨水和地面雨水。"灰水"通过湿地进行自然净化后,流入景观水池和水道,作为景观水体丰富社区水景观;"黑水"排入沼化池,进行废物再利用;屋面雨水则利用建筑屋顶、斜立面以及有组织的雨水管,流入可渗透地面,多余积水可与"灰水"一同进入景观水池和排水系统(图5-65);地面雨水则通过采用高渗透性的地面砖和绿地,渗透到地下(图5-66)。

社区内的雨水滞留和存续形式贴合自然。居住区内的水道形态顺应自然地势和岸线,由平直变得曲折,更加自然,使得地表水体的蓄水和下渗能力大为提高。除

---

① 吴漫,陈东田等.通过水生态修复弹性应对雨洪的公园设计研究——以新加坡加冷河—碧山宏茂桥公园为例[J].华中建筑,2020,38(07).
② 王静,朱光蠡,黄献明.基于雨洪韧性的荷兰城市水系统设计实践[J].科技导报,2020,38(8):66-75.

图5-65 雨水经由屋面排入可渗透草地①

图5-66 高渗透性的地面砖和绿地①

图5-67 生态花园①

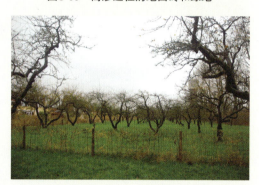
图5-68 生态花园①

资料来源：图5-65～图5-68为作者拍摄。

此之外，社区还通过设置娱乐水体景观装置、生态花园（图5-67、图5-68）和自然农田等互动空间，加深居民对水治理的理解和与水共生的意识①。

3.天津生态城水资源可持续利用

开发建设前的天津生态城所在区域可利用的淡水资源严重匮乏，10平方千米区域面积的1/3是废弃的水产养殖区和盐田，1/3是盐碱地，1/3是被污染的水体。在生态城规划中，打破传统的直线式水资源利用模式（图5-69），按需水性质及用量优化配置，开发可供利用的水资源、水库水及部分优质地下水供居民生活用水，对水质要求较低的工业生产用水及绿化灌溉等由再生水或海水脱盐水补充，同时充分利用污水处理厂深度处理后的尾水及涵养的雨水为城区内各大小水体补水，实现了多元化的水资源开发和利用①（图5-70）。

---

① 彭澄瑶，张杰，李冬，林奇.城市水资源可持续利用新模式研究——以中新天津生态城为例[J].北京工业大学学报，2011，37(5)：753-759.

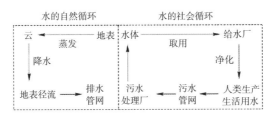

图 5-69 传统的水资源利用模式[1]

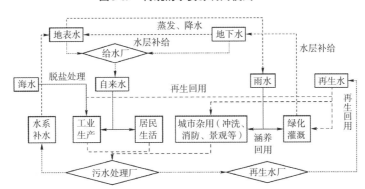

图 5-70 中新天津生态城水循环系统[1]

2. 提升供水安全保障能力和污水处理能力

（1）目标

针对当前城市水系最主要的供水和污水环节出现的问题，采取相应的优化提升技术，改变供排水基础设施建设和运维相对滞后的现状。

（2）关键步骤和技术

1）供水系统全流程安全保障和品质提升：建设集水源保护、饮用水深度处理、水厂应急处理、在线监控预警在内的全过程供水安全保障体系。采用低药耗、低能耗的供水工艺设计，实施净水厂的精细化控制和运行。对原水—泵站/调蓄池—水厂—管网—用户进行全过程水质精细化监控监管，满足用户对龙头水优质安全、口感好的需求。

2）污水处理厂网河一体化运行：是指对污水处理厂、排水管网、水体治理、污泥资源化利用、河岸垃圾回收体系建设、再生水利用等进行统筹建设和协调管理，破解污水处理厂污染物进水浓度低、污水处理设施运行效率不高的问题[2]。

---

[1] 彭澄瑶，张杰，李冬，林奇. 城市水资源可持续利用新模式研究——以中新天津生态城为例[J]. 北京工业大学学报，2011，37（5）：753-759.

[2] 中国环境与发展国际合作委员会专题政策研究报告. 重大绿色技术创新及其实施机制. 2020：22.

国内外实践

自2010年底开始,北京实现中心城区排水管网集中管理,北京排水集团由原来仅负责"厂"的建设、运营,扩大为负责中心城区厂、网、泵站等全部设施建设和运营管理,和水系的联动主要体现在控源截污、防洪排涝和河道补水。通过实施污水处理厂升级改造,每年向市区主要河道补给高品质再生水9亿多立方米,使北京市中心城区主要河道的水环境质量明显改善[①](图5-71)。

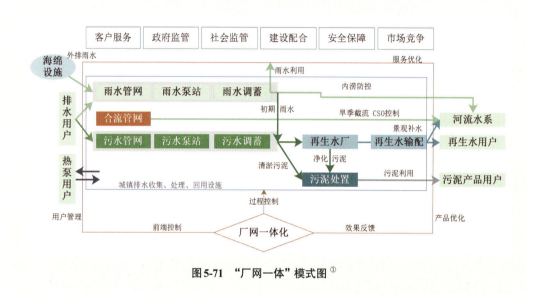

图5-71 "厂网一体"模式图[①]

5.3.6 提高城市韧性

1. 以增强韧性为目标的规划和治理

(1)基本概念

1)城市韧性:是指城市系统有能力消化并吸收外界各种形式的冲击和压力(包括环境变化、自然灾害、金融危机、社会突发事件等),并迅速从中恢复,保持原有主要特征、结构和关键功能,随着时间的推移逐渐提高城市的绩效[②]。"城市韧性"分为基础设施韧性、制度韧性、社会韧性、经济韧性。

2)韧性城市:是一个由物质系统和人类社区组成的可持续网络。物质系统是城市中的自然和人造环境要素,包括建成的道路、建筑、基础设施、通信和能源设施

---

① 于丽昕,周开锋,李长会,田志勇.北京:厂网一体系统治理[J].城乡建设,2019(12):12-14.
② 何永.《新城市议程》中的生态与韧性——第三届联合国住房和可持续城市发展会议(人居Ⅲ)工作纪实[J].世界建筑.2017,(04):24-29.

以及水系、土壤、地形等自然系统。一座没有韧性物质系统的城市在面对灾害时将极度脆弱。人类社区是城市社会的构成元素，包括正式和非正式的人类组织——学校、邻里、机关、团体、企业等，在灾害来临时，社区网络必须在极端和特殊环境下保存下来并发挥作用[①]。

（2）关键步骤和技术

1）风险评估是编制韧性规划的基础，主要包括风险识别和影响评估。风险识别是对风险种类、涉及要素、影响机制的具体拆解，包括自然灾害、极端天气、恐怖袭击等可能遭遇到的风险；不同的风险涉及到的要素，比如防洪设施、电力设施、交通设施等；风险是如何威胁到具体要素的，厘清它的作用途径。影响评估是对风险的直接和间接后果进行评价[②]。评估的关键是定量、定空间[③]，需要运用依托遥感、地理信息系统开发的评估工具，以及云计算和大数据等信息技术。

2）根据风险评估的结果，形成对建筑、交通和市政基础设施、绿色基础设施（绿地）、韧性评价脆弱地区和社区如何提高韧性的针对性措施，具体手段包括提出规划策略、明确建设标准、建立近期实施项目库、资金筹措等。

3）对提高社会组织管理的韧性提出一系列建议，包括政府、企业和公众各承担哪些职责、如何让公众了解所居住城市和社区的灾害风险、如何在发生灾害时迅速将公众组织起来、灾后社区如何重建等。

4）建立韧性城市评价指标体系也成为部分城市规划和管理中的重要手段，指标包含建筑、交通、基础设施等工程韧性指标和城市应急管理能力、恢复能力、区域协同能力等非工程韧性指标。

5）将韧性规划的相关内容融入应急响应预案的编制中，从而将常态下的韧性城市建设与危机状态下的应急响应进行很好的衔接。

6）韧性城市智能规划提供了一种新的探索途径，以现实中的城市监测为基础，采用仿真模拟形成多种虚拟的城市情景，从而对当前城市存在的漏洞和问题提出适时优化调整的建议。

国内外实践

1. 纽约：《一个更强大、更具韧性的纽约》

2012年10月29日，Sandy飓风席卷纽约，给纽约地区带来重创，是美国历史上损失最惨重的自然灾害之一。气象专家预计随着全球气候变暖，海平面不断上升，热

---

① 戴维·R·戈德沙尔克.城市减灾：创建韧性城市[J].国际城市规划2015，30（02）：22-29.
② 邬尚霖，刘少瑜.基础设施韧性的研究现状与发展趋势——基于国际文献综述的解析[J].国际城市规划，2020-11-12：https://kns.cnki.net/kcms/detail/11.5583.TU.20201111.1715.002.html.
③ 陈志芬.降低风险，提升城市韧性.规划中国，2021.4.22.

带风暴趋于频繁，预计 2030~2045 年，纽约每五年将遭遇一次大面积洪灾。为建设一个更强大和更具韧性的纽约，以应对接下来可能会遇到的未知自然灾害，纽约政府制定了一系列政策和行动计划并提供建设资金支持，其中就包括2013年制定的应对气候变化的韧性城市计划《一个更强大、更具韧性的纽约》。

该规划以应对气候变化、提高城市韧性为目标，以风险预测与脆弱性评估为核心，以大规模资金投入为保障，形成完整的适应性规划体系。报告主要分为五大部分：简介、城市基础设施及人居环境、社区重建和韧性规划、资金、实施。

其中，以洪灾为重点，利用预期损失模型和成本效益分析法，对纽约2020年和2050年的洪水风险进行预测，明确可能的影响范围及其潜在损失（图5-72、图5-73），并对不同规划措施的损益情况进行评估，为政府科学决策提供了有力的技术支撑。

针对不同气候变化情景下海平面上升、飓风、洪水、高温热浪等灾害风险的发生概率，提出相应的规划策略及257条具体措施，形成翔实全面的行动指南，具有很强的可操作性和可实施性。此外，建立长期的监测与评估体系，每四年对规划实

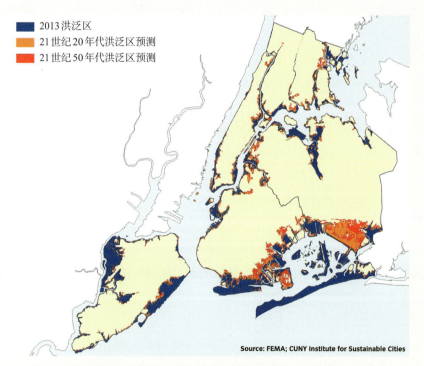

图5-72 纽约市百年一遇的洪水影响区域地图（2013年、2020年和2050年）
资料来源：《一个更强大、更具韧性的纽约》。

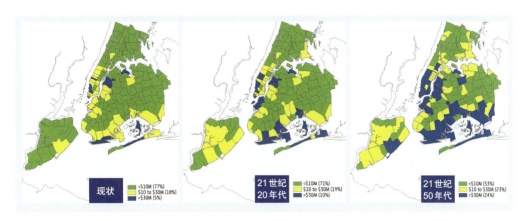

图5-73 纽约市洪灾经济损失预测

资料来源：《一个更强大更具韧性的纽约》。

施情况进行评估和调整，以确保规划的顺利实施。

规划还设计了针对纽约市的布鲁克林皇后海滨、东海岸和南海岸的史坦顿岛、南皇后区、南布鲁克林和曼哈顿南部等五个地区的社区重建计划。分析框架包括：区域特征、社会经济特征、桑迪期间发生了什么、未来将发生什么、公众参与的优先事项、社区如何重建等。在这一框架下，每个特定地区都获得了一个旨在解决该地区特定需求和特定漏洞的战略。

2.北京：韧性城市的相关规划研究

作为我国首都和全国政治中心、文化中心，北京的城市安全与发展形势关系着党和国家工作大局。然而，除了来自干旱、暴雨洪涝、地震、地质灾害、森林火灾等常规灾害风险的威胁，北京作为城区常住人口超1800万（截至2019年末）的超大城市，还面临着由人口膨胀、交通拥挤、资源紧张等"大城市病"引发的复杂社会风险。

为了有效回应上述风险挑战，加强城市防灾减灾能力，北京市率先将强化和提高"城市韧性"纳入《北京城市总体规划（2016年—2035年）》。在此基础上，2017年完成的《北京韧性城市规划纲要研究》课题被视为现阶段北京市开展韧性城市建设的重要规划方案。

《北京韧性城市规划纲要研究》以清华大学公共安全研究院建立的涵盖328种致灾因子的全要素数据库为基础，经过多轮筛选，最终识别出地震灾害、矿产事故、传染病疫情、恐怖袭击等37种风险因子。以城市风险评估为基础，该研究从城市系统和韧性管理两个维度出发，构建了包含12个方面、83个绩效指标的韧性城市评价指标体系（表5-12），并据此测算出北京的韧性度指数，识别出生态环境、恢复能力、京津冀协同和监测预警能力等影响北京城市韧性的薄弱环节，进而从规划体系和管理体制两个方面提出了提升北京城市韧性的具体对策，包括调控城市规模、优化空间布局、健全基础设施保障、提升应急响应能力、推进社会多元共治等[①]。

北京市韧性城市评价指标体系　　　　表5-12

一级指标	二级指标	三级指标（指标数）
城市系统	建筑	集中箱活动房比例、房屋建设质量（2个）
	人员	基尼系数、社区应灾互助准备情况等（9个）
	基础设施	人均应急避难场所面积、应急避难场所容纳人数等（22个）
	交通	集中建设区道路网密度、绿色出行比例等（4个）
	生态环境	森林覆盖率、PM2.5年均浓度等（8个）
韧性管理	领导力	领导力水平、协同能力水平等（3个）
	资金支持	财务计划制定情况、重点工程专项资金等（4个）
	风险评估	灾害风险普查、暴露度与脆弱性普查等（6个）
	监测预警	视频监控率、自然灾害致灾因子监测情况等（6个）
	应急管理能力	法律法规编制情况、专项预案编制情况等（10个）
	恢复能力	商业保险覆盖率、恢复计划制定情况（2个）
	京津冀协同能力	应急联动预案编制情况、处置流程及任务分工明确情况等（8个）

资料来源：《北京韧性城市规划纲要研究》，限于篇幅，此处内容有删减，每个二级指标下仅分别列举了两个三级指标。

3. 中国黄石：韧性战略报告

黄石市位于长江中游南岸，隶属湖北省，是我国中部地区重要的原材料工业基地和长江港口城市。随着城市规模的不断扩大，自然灾害、基础设施超负荷运转、产业结构失衡、事故灾难、卫生疫情、社会安全事件等城市风险日益成为制约黄石地区可持续发展的重大问题。为了扭转城市风险持续激增、城市脆弱性不断加剧的不利局面，黄石市自2008年起开始以推进资源枯竭城市转型为核心的韧性实践，并于2014年12月入选第二批全球"100韧性城市"计划。2019年5月，黄石市正式发布《黄石韧性战略报告》，提出黄石开展韧性城市建设的总体目标是使"每个黄石居民都能在充满活力且多元的经济和就业机会中实现自我价值，在山水园林般的城市生态中享受健康惬意的生活方式"。为实现上述建设目标，黄石识别出城市洪

[①] 北京市规划和国土资源管理委员会，北京市城市规划设计研究院. 北京韧性城市规划纲要专题报告[R]. 2017.

涝、水污染与水资源短缺、基础设施老化、经济下行、环境退化五大韧性挑战,并从经济转型与多元发展、水体修复与环境改善、品质重塑与生活宜居三个维度提出了韧性城市建设的具体目标与行动计划[①](表5-13)。

黄石韧性城市建设的主题、目标与行动计划　　　　表5-13

主题	目标	行动计划
经济转型与多元发展	多元发展	• 绿色发展行动计划 • 最美工业旅游城市建设行动计划
	交通便捷	• 综合交通体系建设行动计划
	产业创新	• 产业创新行动计划 • 产业转型升级行动计划
水体修复与环境改善	水源保护	• 地下水资源保护行动计划
	水体治理	• 城市水体综合治理行动计划
	设施完善	• 城市防洪设施提升及信息化建设行动计划 • 城市污水管网建设行动计划 • 城市供水保障及应急处置行动计划
品质重塑与生活宜居	新区开发	• 多样化高品质住宅建设行动计划 • 新区与老城交通提升行动计划
	旧城更新	• 老年人医养设施建设行动计划 • 公共服务设施提升行动计划 • 棚户区和城市危旧房改造行动计划 • 老城区基础设施改造行动计划
	机制完善	• 推进创新住房供应体系行动计划 • "韧性"意识提升行动计划

资料来源:《黄石韧性战略报告》。

4. 新加坡公共卫生安全治理

为应对流感大流行、登革热、炭疽热大暴发等紧急公共卫生状况,新加坡建立了高效的医疗分级制度(图5-74)。按照医院类型分级分类,形成了以社区医疗为基础,综合医院为支撑、专科医院为补充的金字塔形结构;按照服务范围分级,则是分为全科诊所-区域性政府综合诊所-社区医院三级组织。在此次新冠肺炎疫情中,800多家公私合营的社区全科诊所全部加入公共卫生防范诊所体系(简称PHPC),以响应疫情防控。PHPC体系共享医疗信息,以便及时、有效地采取诊断、

---
① 黄石市人民政府,洛克菲勒基金会. 黄石韧性战略报告[R]. 2019.

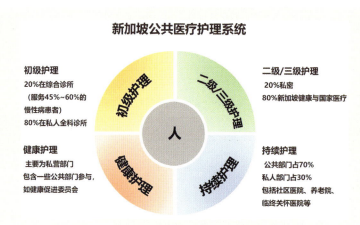

图5-74 新加坡公共安全体系

资料来源：新加坡卫生部网站，https://www.shicheng.news/show/886418

治疗、上报、隔离等措施，为传染病例追溯提供了可靠的依据[①]。

新加坡于2003年建立公共卫生安全预警机制，现预警机制包括绿、黄、橙、红4个警戒级别（表5-14），反映疫情在新加坡的严重程度和传播力度，并根据疫情的不同发展阶段采取不同应对措施。除此之外，新加坡还构建了包括民众自治（People）、私企担责（Private）和公众周知（Public）在内的"3P Partnership"的治理体系来应对流行病，其中民众自治强化了居民参与，私企担责利用市场力量构建灵活的防疫机制，公众周知则通过扩大宣传更好地进行预防消杀。三者协作，共同防治疫情蔓延。

新加坡预警机制　　　　　　　　　　　　　　　表5-14

DORSCON警报级别（疾病暴发应急系统）				
	绿色	黄色	橙色	红色
疾病性质	疾病为轻度或者疾病严重，但不容易在人与人之间传播（例如MERS、H7N9）	疾病严重，很容易在人与人之间传播，但正在新加坡以外地区发生或者疾病正在新加坡传播，但(a)通常为轻度，即仅比季节性流感略严重。在弱势群体中可能很严重（例如H1N1大流行）(b)被遏制	疾病是严重的，很容易在人与人之间传播，但是疾病尚未在新加坡广泛传播并得到控制（例如新加坡的SARS经验）	重度并且疾病正在广泛传播
对日常生活的影响	干扰最小，例如边境检查，旅行建议	干扰最小，例如预期在边境或医疗环境下采取额外措施，伴有较高的缺勤率	中度干扰，例如检疫、温度筛查、医院访客限制	重大干扰，例如学校关闭、在家工作、大量死亡

---

① 张若曦，殷彪，林怡，方佳清.平疫结合的新加坡社区设施规划与社区治理[J].北京规划建设.2020（04）：42-46.

续表

对公众的建议	• 对社会负责：如果生病，请待在家中 • 保持良好的个人卫生 • 关注健康咨询	• 对社会负责：如果生病，请待在家中 • 保持良好的个人卫生 • 关注健康咨询	• 对社会负责：如果生病，请待在家中 • 保持良好的个人卫生 • 关注健康咨询 • 遵守控制措施	• 对社会负责：如果生病，请待在家里 • 保持良好的个人卫生 • 关注健康咨询 • 遵守控制措施 • 保持社交距离：避开拥挤区域

资料来源：新加坡卫生部。

在社区治理模式方面，新加坡采取政府统领全局的政府主导模式，具体的社区治理工作由人民协会、社区发展理事会和市镇理事会三方负责。社区组织权责清晰，工作高效，注重培养社区民众的主人翁意识。多方力量共同参与到社区治理中可以更好地传达上级政府机关的政策，采集民意，更容易实现"群防群治"。

2. 韧性基础设施建设

（1）基本概念

1）基础设施韧性：是指灾害发生时基础设施系统抵御灾害、吸收损失并及时恢复至正常运行状态的能力，涵盖交通、通信、供水、排水防涝、能源、消防、防空、医疗防疫等城市多条生命线。信息基础设施在韧性城市建设中将发挥越来越重要的作用。

2）韧性基础设施：在面对灾害扰动时能够吸收冲击并通过适应、转变从而保持或尽快恢复自身基本功能的基础设施工程。

（2）关键步骤和技术

1）基础设施工程建设在设计和建造中逐渐引入包括缓冲性、多功能性、冗余性、适应性、分布式等在内的韧性思维[①]。

2）在基础设施工程中引入"缓冲性"思维，指通过特定的设计让工程加大对灾害冲击的吸收来降低灾害的后果，从而尽可能保持功能性。

3）在基础设施工程中引入"多功能性"思维，指通过功能的交织、结合和叠加来提升整体基础设施系统对灾害冲击的适应能力。

4）在基础设施工程中引入"冗余性"思维，指当基础设施工程受到灾害冲击而出现问题时，可以启用备用系统，从而确保功能正常发挥或尽快恢复功能。

5）在基础设施工程中引入"适应性"思维，指在无法对将来的变化、冲击和扰动进行准确认知的前提下，系统应具有灵活性，能自动适应环境的变化，尤其是消极的变化。

---

① 华智亚. 韧性思维、韧性基础设施与城市运行安全[J]. 上海城市管理，2021，30（01）：19-26.

6）在基础设施工程中引入"分布式"思维，从传统的大规模、单中心转向小规模多接点；从串联运行转向并联运行；从以"从上到下"顶层构成为主转向以"从下到上"主体生成为主；从以外调控为主转向内组织、以市场机制调控为主；从独立封闭转向开放协同；从中心控制的网络转向扁平化的网络；从静态僵化转向动态适应；从主体不明确或者高层决定为主转向主体明确、分布式决策为主；从单一结构转向多样化、模块化结构①。

7）新建和改造公共建筑均要考虑"平疫结合""平灾结合"。

国内外实践

1. 引入"多功能性"思维建设基础设施的案例

瑞典的一些高速公路除了具有行车的功能之外，还可以起降飞机，这样可以保障机场在遭受打击之后飞机依然能够正常升空②。

我国的沈大高速、郑民高速部分路段兼具跑道功能，可以在需要时为客货飞机及军用飞机提供应急起降服务③。

在丹麦的拉斯巴市，针对气候变化带来的洪水风险，设计师与当地市民合作设计建造了一座洪水公园，该公园不仅建有一般的锻炼和游乐设施，而且建造了三座蓄水池，因而具有观赏、锻炼、游乐和蓄洪等多重功能，能够帮助其吸收和适应降雨、洪水等灾害的冲击，增强其韧性④。

纽约计划在2020~2050年，把许多低洼的地方修建为具有下渗、蓄水功能的湿地，一方面承担海绵体的作用，在海潮或暴风雨来的时候起到缓冲的作用，另一方面也发挥公园绿地的作用⑤。

2. 引入"适应性"思维建设基础设施的案例

英国诺丁汉特伦特大学的研究者和一家商业公司合作设计的小型防洪工程体现了"自适应策略"，这种用于保护低洼地区的小型防洪工程的核心装置是SELOC

---

① 仇保兴. 迈向韧性城市的十个步骤[J]. 中国名城，2021，35（1）：1-8.

② 亚伦·R·默里. 祝加琛，译. 惊奇的构造：现代军用飞机[M]. 北京：机械工业出版社，2016.

③ 梅世雄，杨承磊. 我军首次在高速公路飞机跑道成功试飞第三代战机[EB/OL]. [2014-05-25]（2020-10-30）. http：//www.gov.cn/xinwen/2014-05/25/content_2686642.htm.2020-03-15.

④ 筑龙网. Lassby洪水公园[EB/OL].（2020-02-11）[2020-11-23]. http：//bbs.zhulong.com/101020_group_201864/detail32617174/.

⑤ 孙刚. 纽约推"绿色新政"：2050年实现净零排放[EB/OL].（2019-07-06）. https：//www.jfdaily.com/journal/2019-07-06/get Article.htm?id=274378.

（Self-Erecting Low-Cost Barrier）系统，它可以随着水位的上升而上升，无须人为改变，因而具有更强的韧性来应对扰动和外在条件的变化[1]。

3. 中国"平灾结合"的公共建筑改造案例（图5-75、图5-76）

武汉在新冠病毒爆发期间，将江夏大花山户外运动中心A、B馆改造为方舱医院。B馆整体呈椭圆形布置，一层主要布置训练比赛区、观众服务区、辅助训练区、办公区、培训区、后勤区等，这些功能分区都围绕着中心的比赛场地布置，进出通道分散在椭圆形场馆的7个方位。

改造严格执行"三区两通道"（污染区、半污染区、清洁区、患者通道、医护通道）原则，将大空间的比赛训练区改造成污染区，用于集中收治患者的隔离舱。以此为中心，在北侧将原有的办公区、培训区改造成医护人员的办公区。将辅助训练区改造成半污染区，其中通过增加隔断板墙设置医护人员进出污染区的通道。场馆北侧及东侧为清洁区，供医护人员、后勤人员、特勤人员进出。场馆南侧通道专供患者使用，确保了洁净通道和污染通道分离[2]。

图5-75 武汉体育馆改方舱医院[2]

图5-76 武汉文化博览中心改方舱医院[2]

4. 我国防疫工作中信息基础设施的广泛应用

在我国应对新冠肺炎疫情的防控工作中，疫情期间广泛应用的人口动态分布研判、全民行程追踪、疫情传溯源、传播链条追查等防控手段（图5-77、图5-78），得益于信息网络、基站定位、数据挖掘与分析等新技术的发展完善[3]。

---

[1] Urban planning engineers explore anti-flood options[EB/OL].（2019-11-18）[2020-11-28]. https : //www.theengineer.co.uk/urban-planning-engineers-explore-anti-flood-options/.

[2] 刘英俊，彭云涌，温念姗，等. 基于平疫结合的大型公共场馆改造模式探讨[J]. 新型建筑材料，2020，47（09）：99-103.

[3] 李帅杰，刘荆，罗兴华. 破解发展困局，建设韧性城市[N]. 中国建设报，2021，1（28）：08.

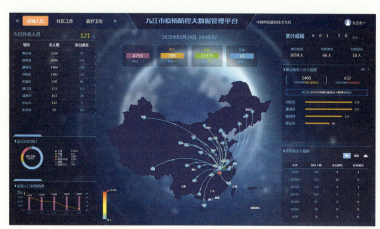

图5-77 九江市疫情防控大数据管理平台

资料来源：网络。

图5-78 我国疫情防控行程卡

资料来源：网络。

5.3.7 绿色交通

1. 确立绿色低碳的城市交通发展导向

（1）目标

以绿色低碳交通方式为主导，推动以公共交通为导向的城市发展模式，增强绿色出行吸引力，实现"短距离出行以步行、自行车等为主，长距离出行以公共交通为主"的目标。

（2）政策依据

1)《加快推进绿色循环低碳交通运输发展指导意见》（交通运输部，交政法发〔2013〕323号）。

2)《绿色出行行动计划（2019—2022年）》（交通运输部、中央宣传部、国家发展改革委、工业和信息化部、公安部、财政部、生态环境部、住房城乡建设部、国家市场监督管理总局、国家机关事务管理局、中华全国总工会、中国铁路总公司，交运发〔2019〕70号）。

（3）基本概念

1）可持续交通：以较小的资源投入、最小的环境代价、最大限度地满足当代城市发展所产生的合理交通需求，并且不危害满足下一代人需求能力的城市综合交通系统，具有安全、畅通、舒适、环保、节能、高效率和高可达性[1]。

2）绿色交通：以减少交通拥挤、降低能源消耗、促进环境友好、节省建设维护费用为目标的城市综合交通[1]。

3）环境可持续交通：在满足交通出行可达性需要及对可再生资源的消耗低于其自身再生速度的前提下，交通系统的行为不给生态系统或公共健康带来不可承受

---

[1] 陆化普. 城市绿色交通的实现路径[J]. 城市交通，2009，7（6）：23-27.

的危害[1]。

（4）关键步骤和技术

1）推动运输方式结构变革，大力发展公共交通和清洁零排放汽车，充分发挥各种运输方式的比较优势和组合效率，加快发展绿色运输方式，扩大使用清洁绿色动力。

2）坚持公交引导用地发展，交通设施供给与周边用地类型、开发强度协调发展。

3）加快城市轨道交通、公交专用道、快速公交系统（BRT）等大容量公共交通基础设施建设，加强自行车专用道和行人步道等城市慢行系统建设，确立"行人、自行车、公共交通、小汽车"为优先次序的交通空间分配原则。

4）构建以大容量快速公共交通系统为骨干，步行和自行车交通为主体的绿色交通出行模式，预留智慧交通的发展空间。

5）积极倡导公众采用公共交通、自行车和步行等绿色出行方式。

6）研究提出交通运输排放统计、估测、报告与核查的方法学和体系，科学评估交通基础设施生态建设的碳汇能力和潜力，研究编制交通运输碳排放清单和核算细则。探索将城市交通纳入碳排放交易的方法和模式，引导交通运输企业参与碳排放交易。

国内外实践

上海面向2040的绿色交通发展愿景与路径选择[2]（表5-15、表5-16）

面对城市资源紧缺和环境约束的双重压力，上海选择了高效易达、低碳集约、包容公平的绿色交通发展方向。

围绕"全球城市"总体目标和创新活力、人文魅力和可持续发展三个维度，确定相应的交通发展方向。建设更具活力的繁荣创新之城，要求建设更开放的国际枢纽门户，打造轨道都市，提升公共交通主导战略，提供高效易达的交通出行服务。营造更富魅力的幸福人文之城，要求构建"公交导向+慢行便捷"TOD（Transit-Oriented Development）社区，形成良好的慢行网络与街道空间品质，营造包容公平的出行环境。建设更可持续发展的韧性生态之城，要求引导绿色交通出行，促进职住空间匹配，加强需求管理，促进集约低碳交通模式发展。

在引导绿色出行方面，综合空间布局、活动强度和交通可达性等因素，确定六类交通策略分区，实施分区差异化策略，加强需求调控，引导形成不同的交通模

---

[1] Ramjerdi F. Report on the Second Phase of the OECD Project Environmentally Sustainable Transport (EST). Case Study: the Greater Oslo Area[J]. Local Transportation, 1997.

[2] 周翔，高岳.面向2040的上海市绿色交通发展愿景和路径选择[C]. 2017年中国城市交通规划年会论文集，2017：1-16.

式。主城区以提升管理效能、优化交通结构为主，增加设施供应规模为辅，率先在内环内地区形成低碳出行集聚区；城镇圈优先构建多层次公共交通系统，加强以公交和慢行网络为导向的路网完善，制定分区静态交通政策，推进清洁能源使用。

"上海2040"绿色交通指标体系　　表5-15

目标	策略	指标名称	指标值 2015年	指标值 2040年	类型
创新之城：高效易达	打造轨道都市	平均通勤时间（min）	42.7（中心城）	≤40（市域）	目标型/预期性
		轨道交通站点600m覆盖率（%）	32.4（中心城）	50（主城区）40（新城）	策略型/约束性
		对10万人以上新市镇轨道交通站占的覆盖率（%）	53.0	95.0	策略型/约束性
		轨道交通线网密度（km/km²）	0.6（中心城）	≥1.1（中心城）	系统型/约束性
人文之城：安全舒适	构建TOD社区	生活性出行距离（km）	2.9	2.5	目标型/预期性
		轨道交通平均接驳时间（min）	>20.0	12.0（主城区）	目标型/预期性
		全路网密度（km/km²）	5.7（中心城）<4.0（新城）	≥10（中央活动区）≥8（主城区、新城）	系统型/约束性
生态之城：低碳集约	引导绿色出行	绿色交通出行比例（%）	76.0	85	目标型/预期性
		公共交通占全方式出行比例（%）	26.2	40	目标型/预期性

上海交通策略分区一览表　　表5-16

圈层	分类	范围	交通模式	主要指标
主城区	Ⅰ类	内环内	"公共交通+慢行"主导	公共交通占全方式出行比重达到50%～60%，个体机动化交通分担率削减到15%以下；轨道交通站点600米半径覆盖85%的人口、岗位，85%就业人员可在60分钟内到达
	Ⅱ类	内外环间	公共交通占机动化出行主导	公共交通占全方式出行比例达到45%～50%，绿色交通出行比例达到85%以上；轨道交通站点600米半径覆盖50%以上的用地面积和60%以上的人口、岗位

续表

圈层	分类	范围	交通模式	主要指标
主城区	Ⅲ类	主城片区	公共交通占机动化出行主导	公共交通占全方式出行比例力争达到40%左右，占通勤交通出行比例达到50%以上； 多模式轨道交通站点600米半径覆盖40%左右建设用地面积、50%人口和岗位
城镇圈	Ⅳ类	中心城周边（4个）	均衡型	公共交通占通勤出行30%以上，绿色出行比例达到80%以上
城镇圈	Ⅴ类	新城、核心镇和惠南-祝桥（8个）	公共交通占机动化出行主导	30～40分钟公交可达；新城与中心城之间的公共交通出行占全方式出行比例达到80%以上；城镇圈内部公共交通出行比例达到25%～30%
	Ⅵ类	其他（12个）	慢行主导	20～30分钟交通可达，慢行占50%以上

2. 构建快慢分明、高效适宜的城市道路网络

（1）目标

加强城市道路交通科学管理，着力解决城市尤其是大城市交通拥堵问题，进一步改善城市道路交通环境，更好地服务城市经济社会发展。

（2）政策依据

《关于深入实施城市道路交通管理畅通工程的指导意见》（公安部、教育部、住房城乡建设部、交通运输部，公通字〔2011〕34号）。

（3）基本概念

1）城市道路交通系统：城市交通系统最重要、最基本的组成部分之一，主要包括道路系统及其辅助设施、交通系统和交通管理与控制系统三个基本系统。

2）道路系统：道路及其辅助设施，作为系统基础层，主要功能部分包括道路网和场站。道路网可分为路段和交叉口，场站包括公交车站、客运枢纽、公共停车场、加油站等。

（4）关键步骤和技术

1）优化道路网的布局结构、级配结构、功能结构，控制合理路网密度、道路宽度和街区规模，通过优化路网结构、消除路网瓶颈、提高支小路利用率等方式优化道路系统[1]。

2）通过完善的交通工程设施、科学的交通管理、一流的智能技术、创新的交通组织方案等方式，实现道路基础设施高效利用，提高交通畅通和安全水平。

3）在城市组团间布局快速路和城市主干路，组团内部按"窄路密网"的理念，布置次干路和支路，形成开放街区。

4）确保城市道路的标志标线、信号灯规范合理，交叉口渠化科学醒目，路段通行安全可靠，系统优化实施到位。

5）积极探索与高密度路网地区相配套的交通管理制度。

---

[1] 陆化普.交通强国战略下城市交通发展要求与对策重点[J].城市交通，2020，18（06）：1-9.

国内外实践

烟台老城区交通微循环改善[①]

为改善交通问题,烟台市制定了一套综合交通治理框架体系,针对老城区提出微循环改善策略(图5-79)。

一是完善路网结构,打通断头道路,实现互联互通,分流干流交通量。

二是结合交通特征,拓宽关键支路瓶颈路段提升通行能力,分流平行主干路交通量,保证通行效率。

三是优化节点设计,改造错位、畸形交叉口,对重要节点开展精细化设计,提升路网能力。

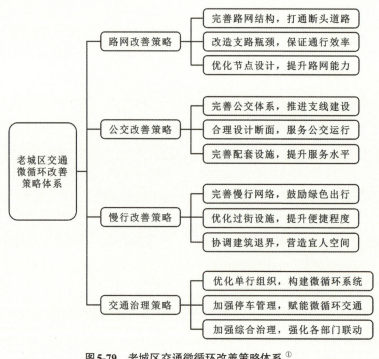

图5-79 老城区交通微循环改善策略体系[①]

[①] 胡松涛,张克承,周业利,朱城成.烟台老城区交通微循环改善策略[J].交通与运输,2020(5):96-100.

3. 构建高效环保的公共交通系统

（1）目标

加快转变城市交通发展方式，将公共交通发展放在城市交通发展的首要位置，着力提升城市公共交通保障水平，形成城市公共交通优先发展的新格局。

（2）政策依据

《国务院关于城市优先发展公共交通的指导意见》（国发〔2012〕64号）。

（3）基本概念

1）公共交通：运用公共汽电车、城市轨道交通、城市客运轮渡等运载工具和有关设施，按照核定的线路、站点、时间、票价运营，为公共提供基本出行服务的城市客运方式。城市公共交通包括城市道路公共交通、城市轨道交通、城市水上公共交通和城市其他公共交通四大类，其中，城市道路公共交通细分为常规公共汽车、快速公共汽车系统、无轨电车和出租汽车，城市轨道交通细分为地铁系统、轻轨系统、单轨系统、有轨电车、磁浮系统、自动导向轨道系统和市域快速轨道系统。

2）常规地面公交：常规公共汽车、快速公共汽车系统、无轨电车的统称。

（4）关键步骤和技术

1）构建多层次的公交系统，满足多样化的交通需求。多层次公交通过弹性化和精细化的交通供给和管理，满足不同出行时间、距离和时间可靠性的需求。对于城市公交供给相对不足的外围地区，应加强这些地区弹性公交服务的供给，例如采取定制公交或社区接驳公交等形式，满足可达性和机动性的需求[1]。

2）优化城市公共交通线路和站点设置，科学组织调度，逐步提高站点覆盖率、车辆准点率和乘客换乘效率，改善公共交通通达性和便捷性，提升公交服务质量和满意度，增强公交吸引力。

3）建立整合的多模式系统，实现普通公交、电车、快速公交、轻轨和地铁间无缝、高效和快速的换乘；公交换乘中心应与城市功能中心、社区活动中心高度融合；公交车站应布置在居住区和小学、幼儿园、医院、养老院等日常公共设施的适宜步行范围内；公交站点设计应兼顾交通效率和人行安全。

国内外实践

新加坡公共交通系统

新加坡的公共交通系统注重以人为本，以快速轨道交通为骨干、以公共汽车为支撑。一是提供相对宽敞的换乘场所，在中心商业区等人流量大的区域提供换乘站点，方便乘客快速集散；二是建设连续的风雨连廊系统，提升换乘舒适度；三是运

---

[1] 林雄斌，杨家文，丁川. 迈向更加可支付的机动性与住房——公交导向开发及其公平效应的规划[J]. 城市规划，2018，42（9）：118-126.

用高科技手段建设智能化公共交通出行应用体系,保障公共巴士准点率,引导公交出行(表5-17)。

新加坡公共交通发展供给情况[①] 表5-17

项目	基础设施	运输装备
地铁	3条线路,109千米,67个车站	
轻轨	3条线路,29千米,43个车站	
公共汽车	270条线路,4400个车站	共3500辆,双层公共汽车高4.3米,铰接式公共汽车车长19米
出租汽车		7个出租汽车公司,22000辆出租汽车
城市道路	快速路150千米,主干路1560千米,次干路425千米,支路1930千米	

4.建设安全、连续、舒适的慢行系统

(1)目标

开展人性化、精细化道路空间和交通设计,构建安全、连续和舒适的城市慢行交通体系。

(2)基本概念

1)慢行交通:城市交通的重要组成部分和组团内出行的主要方式,相对于快速和高速交通而言,一般是出行速度不大于15千米/小时的交通方式,以步行、自行车为主。

2)步行区:专门供步行交通的区域,通常禁止私人机动车交通和多数公共短途客运交通通行。

3)交通安宁区:最早出现于20世纪60年代的荷兰,指道路优先权首先提供给步行者,没有受到限制的汽车则规定以步行的速度行驶的区域,是针对城市特定场所或区域所采取的交通约束措施。

4)绿道:一种线形绿色开敞空间,通常沿着河滨、溪谷、山脊、风景道路等自然和人工廊道建立,内设可供行人和骑车者进入的景观游憩线路,连接主要的公园、自然保护区、风景名胜区、历史古迹和城乡居民区[②]。

5)城市公共自行车交通:供公众免费或以较低的费用使用,停放在公共场所,并能实现各服务点之间统一租借和归还的自行车交通方式。

(3)关键步骤和技术

1)分类构建由慢行专用路、慢行优先路和慢行道组成的慢行道路系统,形成

[①] 郑晓俊.打造以人为本的高品质公共交通出行体系——新加坡公共交通体系剖析[J].广东交通职业技术学院学报,2012,11(03).

[②] 芦迪,芦建国.探索绿道可达性和使用者活动程度的关联——以美国巴尔的摩市"TCB"绿道为例[J].中国园林,2013,29(7):72-75.

完整绿色出行链。

2）加大非机动车道和步行道的建设力度，保障非机动车和行人合理通行空间，合理布局公共自行车配置站点，方便公众使用，减少公众机动化出行。

3）加快实施机非分离，减少混合交通，降低行人、自行车和机动车相互干扰。

4）按标准建设完善行人驻足区、安全岛等二次过街设施和人行天桥、地下通道等立体交通设施。步行宜优先选用平面过街方式，合理布局和配置步行交通设施和街道家具。在商业集中区、学校、医院、交通枢纽等区域规划建设步行连廊、过街天桥、地下通道，形成相对独立的步行系统。

5）合理布局慢行换乘枢纽，实现步行、自行车和公共交通之间有机转换衔接。

6）以中小学、幼儿园为核心，依托慢行网络，设置通学路径，建设儿童友好城市。

7）优化交叉口设计、规范机动车出入口设置、强化社区路段和交叉口的交通稳静化设计，确保人行和非机动车交通安全。

8）鼓励采用专门面向自行车交通行驶的专用道路设施技术，可灵活选择高架或地面布设形式，保障自行车的独立专用路权，该技术在提升自行车分担率、减少碳排放方面作用明显。

国内外实践

1.成都慢行交通系统

2017年，成都市规划管理局组织编制了《成都市慢行交通系统规划》，旨在构建安全、便捷、舒适、高品质的城市慢行交通系统，营造绿色和谐、国际一流的慢行出行环境，为长效推进建设国家中心城市和实现城市绿色低碳发展奠定重要基础。

依托成都市中心城区和天府新区成都直管区的城市道路系统、生态绿地及水系、文化景观资源，充分考虑不同类型慢行出行需求，构建形成了"两网多线"城市慢行交通体系。

2.昆明慢行交通体系[①]

为打造世界知名旅游城市，昆明大力推行慢行优先理念，构建慢行交通系统，鼓励绿色出行（表5-18～表5-20）。主要措施如下：

一是积极构建廊为"骨"、道成"网"的慢行交通系统，注重慢行交通的系统性和网络性。

二是合理划定步行分区和自行车交通分区，并确定相应指标，有针对性的指导建设。

---

① 方玉.打造昆明绿色慢行交通特色[J].低碳世界，2021，11（04）：296-297，306.

不同分区步行道路布局推荐指标[①]　　　　　　　　　　　　　　　　　　　　　表5-18

步行分区	步行道路密度	步行道平均间距
Ⅰ类区	14～20千米/平方千米 其中步行专用路密度不低于4千米/平方千米	100～150米 其中步行专用路间距不大于500米
Ⅱ类区	10～14千米/平方千米	150～200米
Ⅲ类区	6～10千米/平方千米	200～300米

各级步行道的路侧带单侧宽度要求[①]（单位：米）　　　　　　　　　　　　　表5-19

步行道等级	路侧带宽度
一级	4.5～8.0
二级	3.0～6.0
三级	2.5～4.0

不同分区自行车道路布局推荐指标[①]　　　　　　　　　　　　　　　　　　表5-20

自行车交通分区	自行车道路密度	自行车道路平均间距
Ⅰ类区	12～18千米/平方千米 其中自行车专用路的密度不低于2千米/平方千米	110～170米 其中自行车专用路的间距不大于1千米
Ⅱ类区	8～12千米/平方千米	170～250米
Ⅲ类区	5～8千米/平方千米	250～400米

三是加强步行、自行车交通与城市公共交通的无缝衔接。

四是结合城市风貌与人文景观，对各类慢行配套设施进行人性化设计，以特色廊道挖掘与建设为亮点，形成"两环、十射、十三连通"的中心城区特色廊道主骨架和网状城市休闲旅游特色廊道，提供舒适、安全、休闲的交通出行环境（图5-80）。

3. 上海面向2040的慢行网络构建

在主城区、城镇圈等不同区域构建"慢行廊道和专用通道、接驳通道、休闲绿道"等三类网络，发展共享自行车系统。其中，慢行廊道和专用通道根据功能要求，可分为主要通道和一般通道两个层级的网络。在交通枢纽、滨江地区等地区，可结合地区现状路网和用地布局，建立轻型自行车高架等连续性通道。

考虑到现状55条禁非道路大部分处于内环内，同时未来将衍生较多的区域内部中、短途商务交往活动，通过逐步恢复禁行道路的非机动车通行权，使其成为中央活动区内部活动的主体之一，发挥其短途速度优势。

[①] 方玉. 打造昆明绿色慢行交通特色[J]. 低碳世界，2021，11（04）：296-297，306.

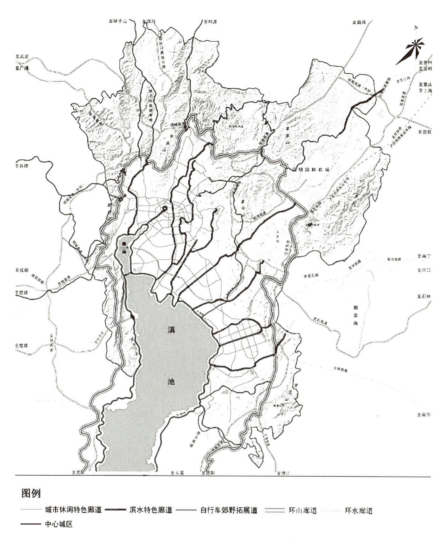

图 5-80 昆明特色廊道规划 [1]

4. 荷兰自行车系统

荷兰的自行车人均拥有量和骑车出行比例均位列全球第一，目前已形成完善的自行车道路网，并与轨道交通系统有效衔接，轨道交通与自行车换乘完成35%的出行。

自行车道分为三个等级，一类是红色铺装的主要行车专用道，通常设置于结构性绿带内，其他车辆禁止进入；一类是橙色铺装的自行车共享街道，通常与城市机动车道共线，但享有独立的路权；还有一类是居住区内部的自行车与小汽车混合使用的街道，构成次要的自行车道路系统（表5-21）。

---

[1] 方玉．打造昆明绿色慢行交通特色[J]．低碳世界，2021，11（04）：296-297，306.

低冲击　低消耗　低影响　低风险的城乡绿色发展路径

上海市慢行廊道和专用通道规划导引　　　　　　　　　　　　表5-21

通道层级	功能	设置要求
主要通道 （600km左右）	服务通勤为主； 满足跨区域非机动车较长距离出行； 禁非通道配套道路，满足非机动车通行需求	逐步取消其路边机动车停车； 确保机非间采用固定式物理隔离，尽量采用绿化隔离带； 适当拓宽非机动车道，保障非机动车道宽度在2.5米以上
一般通道	作为一类通道的补充； 满足区块内部不同组团之间的非机动车交通联系； 满足非机动车中短距离出行	限制高峰时段的路边机动车停车； 确保机非分隔，尽量采用物理隔离； 保障非机动车在2米以上

5. 深圳绿道

2009年起，深圳市以珠三角区域绿道规划建设为契机，率先开展绿道网规划建设。通过整合区域绿地、城市公园、公共空间和交通系统，建成总长2400余千米的"区域—城市—社区"三级绿道网，引领绿色健康、公共休闲的生活方式（图5-81）。

图5-81　深圳市绿道网结构体系示意①

---

① 单樑，周亚琦，荆万里，周正．住有所居、居乐其境——新时期深圳宜居城市规划的探索与实践[J]．城市规划，2020，44（7）：110-118．

6. 香港空中步道

香港自20世纪90年代起开始建设空中步行系统，以缓解湾仔北地区商业金融中心地区建筑林立、公共空间缺失的问题，为步行环境创造良好的条件。逐渐打造成与地面街道网相独立的步行体系（图5-82）。

香港的空中步道在主要商业区域形成了六大系统，连接了商业建筑、中转大厅、交通站点等主要设施，充分保障了香港市民的日常出行。在高楼林立、节奏快速的香港，随处可见的空中连廊不仅节省了地面空间，提升了交通效率，还能为行人挡风遮雨，大大增加了出行的舒适和便利。由于改善了可达性，提升了建筑的商业价值，也提高了交通站点的使用效率。

图5-82　香港空中步道
资料来源：作者拍摄。

5. 通过灵活停车供给策略强化交通需求管理

（1）目标

遵循可持续发展原则，统筹动态交通与静态交通，将停车管理作为交通需求管理的重要手段，降低小汽车使用强度，加强停车治理，推进实施差别化、精细化的交通管理。

（2）政策依据

《关于加强城市停车设施建设的指导意见》，国家发展改革委、财政部、国土资源部、住房城乡建设部、交通运输部、公安部、银监会，发改基础〔2015〕1788号。

（3）基本概念

1）交通需求管理：通过交通政策导向作用，促进交通参与者交通选择行为的变更，以减少机动车出行量，减轻或消除交通拥堵。

2）静态交通管理：相对于动态交通管理，指对车辆出行中停放过程的管理，由停车需求管理、停车供给管理和停车行为管理三要素组成。

3）停车泊位共享：美国于20世纪80年代首次提出，是指在区域停车需求过饱和时，利用相邻建筑的配建泊位进行停放。[①]

4）停车收费：城市停车需求管理的重要手段和策略，通过对停车价格的管控，影响驾车者出行方式、出行时刻的选择，降低城市泊位紧缺区域的停车需求，优化城市出行结构。

（4）关键步骤和技术

1）结合城市功能布局，合理规划建设停车设施。

2）加强静态交通管理，在供需失衡、交通压力大的区域或者路段，探索实施小汽车分区域、分时段、分路段通行管控措施，引导降低小汽车出行总量。

3）推动"互联网+"智慧停车系统建设，探索推进共享停车建设，提高停车设施使用效率。

4）集约建设停车设施，鼓励建设地上、地下立体式停车设施，鼓励公共停车场与其他用地的复合使用。

国内外实践

1. 新加坡交通需求调控发展历程

新加坡通过全面实施各种经济类措施来管控机动车的拥有和使用，并不断完善配套政策以巩固实施效果。采用了限制区收费、拥车证、限制车辆停放等管制措施，取得较为显著的成效。近年来，新加坡的机动车保有量增长率一直控制在10%以内且呈现逐年下降趋势，并在多个年份甚至出现负增长[②]（图5-83）。

2. 南京交通需求调控[③]

近年来，南京市不断修订和强化"五高五低"停车差异化收费政策对机动车使用进行调控，即中心高于外围，白天高于夜间，高峰期高于平峰期，长时间高于短时间，路内高于路外（图5-84）。

综合性措施取得了良好的效果，在未实施行政干预手段的前提下，机动车保有量增长率逐年下降，2018年的增幅仅为5.8%左右；居民出行对小汽车交通的依赖性和分担率明显低于其他特大城市；中心区停车需求有较大幅度降低，路内占道停车有明显好转。

---

① 高良鹏．面向停车共享的弹性停车激励机制影响机理与优化设计[D]．东南大学．2019.
② 刘清泉，顾怀中．新加坡城市交通需求管理对中国城市交通管理的启示[J]．城市研究，2000（001）：40-42.
③ 余水仙，杨涛，钱林波，彭佳．国内外特大城市交通需求管理政策与实施效果比较研究[J]．交通与港航，2020（6）：23-30.

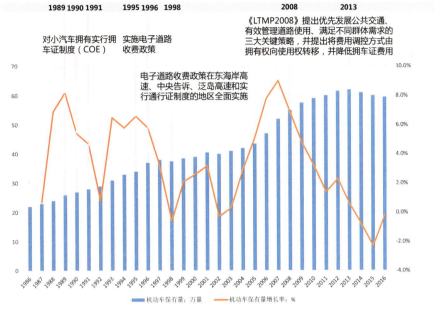

图5-83 新加坡交通需求管理发展历程[①]

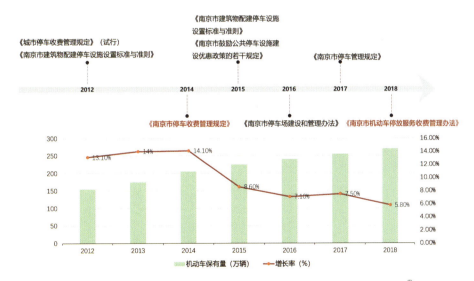

图5-84 南京市近年停车收费政策对机动车保有量增长调控作用示意图[①]

---

① 余水仙，杨涛，钱林波，彭佳.国内外特大城市交通需求管理政策与实施效果比较研究[J].交通与港航，2020（6）：23-30.

6. 新能源交通工具和配套设施

（1）目标

以节能减排为目标，深入实施发展新能源汽车国家战略，推进交通领域新能源、清洁能源应用，优化交通能源结构。

（2）政策依据

1)《新能源汽车产业发展规划（2021-2035年）》（2020年11月，国务院办公厅印发）。

2)《关于加快电动汽车充电基础设施建设的指导意见》（2015年10月，国务院办公厅印发）。

（3）基本概念

新能源交通工具：主要指电动汽车，即所有使用电能驱动电动机在道路上行驶的车辆，包括纯电动汽车、混合动力汽车和燃料电池汽车三类。以氢为主要能源，通过燃料电池驱动的技术是近年来新能源交通工具及配套设施领域重新兴起的重大技术，现阶段具有氢能源汽车和氢能源轨道交通车辆两种类型。

（4）关键步骤和技术

1）加快推动城市充换电、加氢等基础设施建设，加强配套电网保障能力，提升互联互通水平，满足车辆的使用需求。

2）推动在重要城市群、都市圈重点区域高速公路服务区、客运枢纽等交通运输服务场站建设充电桩、充电站，为较长距离绿色出行提供便利。

3）推动交通领域电气化转型和数字化升级，促进新能源汽车与能源、交通、信息通信全面深度融合，综合实现能源消费结构优化、交通体系和城市智能化水平提升的目标。

国内外实践

1.德国国家电动交通工具发展计划[①]

2007年，德国联邦政府通过的"综合能源与气候计划（Integrated energy and climate programme IECP）"明确提出需要制定德国在电动交通工具领域的发展规划。德国经济与技术部（BMWi）、德国交通、建筑和城乡事务部（BMVBS）、德国环境、自然和核安全部BMU）、德国教育与研究部（BMBF）协同有关企业和科研机构共同探讨电动交通工具面临的挑战和机遇，并制定"国家电动交通工具发展计划"。

该计划设定了服务于德国能源和气候政策总体目标、使德国成为电动交通工具领域领跑者、将创新作为保持和发展竞争力的要素、建立新的交通方式、促进社会对电动交通工具的接纳等五项目标。具体措施包括：电动汽车的专用行车线、专用停车位和其他优先使用权；引导充电行为，使电动汽车节能效益最大化；政府树立率先使用电动汽车；建立电动交通工具领域的国内和国际合作。

---

① GERMANY'S COALITION GOVERNMENT.German fed-eral government's national electromobility development Plan[R]. Bonn：Germany's coalition government，2009.

2. 深圳新能源立体公共交通场站建设

在土地资源及公共汽车设施需求的双重压力下,深圳市将新能源立体公共交通场站作为实现公交都市建设目标的重要突破口。

采取转变传统的"独立占地+平面建设"低效公交场站建设模式,构建以"立体综合车场+配建公交首末站"为核心的公交场站建设模式,从根本上解决新能源公交车辆夜间停放和充电的需求矛盾。在集约、节约利用土地资源的前提下,将全市绝大部分新能源公交车辆的夜间停放、充电等功能集中在综合车场完成,发挥规模效益。公交首末站主要依托城市更新和大型建设项目,采用配建的形式同步建设、缩小规模、分散布局,重点满足新能源公交日常发车、候车等服务性功能(图 5-85)。

图 5-85 深圳民治综合车场效果图[①]

5.3.8 绿地和开敞空间建设

1. 建设一体化、网络化的蓝绿空间

(1)目标

维护更大区域范围内的生态安全,增强生态的稳定性。

(2)基本概念

1)蓝绿空间:指由河湖水系构成的蓝色空间和生态用地、农用地、城市绿地构成的绿色空间。蓝绿空间既包括市域范围更大尺度的生态空间(生态用地和农用地),也包括中心城区范围内的河道水面、绿地系统。雄安新区规划提出蓝绿空间占新区总面积的比例不低于70%。

2)绿地和开敞空间系统:由公园绿地、防护绿地、附属绿地等各类绿地和广场、绿道等开敞空间构成,并与区域生态空间相联系,具有优化城市空间格局,发挥生态、游憩、景观、防护等多重功能的绿地和开敞空间网络格局。

3)公园体系:由城市各级各类公园合理配置的,满足市民多层级、多类型休

---

① https://www.sohu.com/a/299333282_669715?sec=wd.

闲游览需求的游憩系统。

4）一体化：指蓝绿空间建设应体现区域一体、城乡一体的思路，并对水体及水体周边的绿地实施一体化设计和管理。

5）网络化：指蓝绿空间建设应形成网络化的空间格局，以更好地发挥生态、游憩的功能。

6）绿道：绿道是一种线形绿色开敞空间，通常沿着河滨、溪谷、山脊、风景道路等自然和人工廊道建立，内设可供行人和骑车者进入的景观游憩线路，连接主要的公园、城市绿地、自然保护区、风景名胜区、历史古迹、城乡居民居住区、大型广场、文化及活动中心等。

（3）关键步骤和技术

1）市域绿地系统三大网络布局：绿地生态网络、绿地游憩网络、绿地防护网络，其中的生态网络和游憩网络通常是"绿带、绿廊、绿网整合串联"模式，防护网络则要统筹城镇外围和城镇间绿化隔离地区、区域通风廊道、区域交通和市政公用设施廊道防护绿地[①]。

2）市域绿地系统规划实施的关键在于生态空间边界的界定和配套的建设行为管控。

3）城区绿地系统五大有机网络结构：绿环、绿楔、绿带、绿廊、绿心，耦合"生态、游憩、景观、防护"功能。

4）存量规划背景下，城区绿地系统布局应从"自上而下"的绿地系统结构"建构型"转变为"自下而上"的局部绿地布局"调适型"。

5）公园体系规划的重要内容是公园的分区、分类、分级配置。在分区配置上，新城区应均衡布局公园绿地，旧城区应结合城市更新，优化布局公园绿地，提升服务半径覆盖率。在分类、分级配置上，应考虑城市、地区、社区的分级规划，综合公园、社区公园与游园、专类公园等的分类规划。

6）运用一体化设计的手法，将水道、绿道、风道设计"多道合一"，将生态水岸、水质提升、滨水绿地、生物多样性等进行一体化营建，打造复合多元的生态景观。

7）城市公园和景观绿带内应建设一定里程的绿道，形成完善的绿道网络，并与城市慢行系统便捷连接。

国内外实践

1. 新加坡的公园连接道网络

新加坡构建了几乎覆盖全岛的公园连接道网络，包括中央城市环路（图5-86）、东部海岸环线、北部探索者环线、东北部滨河环线、南部山脊环线和西部冒险环等6条路线。公园连接道网络串联自然、文化、历史和休闲空间，并可开展骑行、旱

---

① 金云峰，李涛，周聪慧，项淑萍.国标《城市绿地规划标准》实施背景下绿地系统规划编制内容及方法解读[J].风景园林.2020，27（10）：80-84.

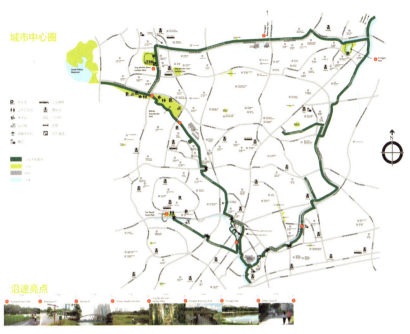

图5-86 新加坡公园连接道系统[1]

冰、慢跑、远足等多种娱乐休闲活动(图5-87、图5-88)。与此同时,城市更多的居住社区也和公园连接道保持较好的联系,方便社区居民可以便捷进入自然。未来,公园连接道网络进一步完善后,所有家庭仅需10分钟步行路程便可到达公园。

图5-87 碧山公园连接路[1]

图5-88 公园连接路[1]

2. 北京副中心丰字沟河道的蓝绿一体化景观设计

丰字沟河道是具有排蓄功能的城市景观河道,位于北京城市副中心的行政办公

---

[1] 资料来源:《City in Nature Annual Report 2019/2020》。

区域内，规划功能是兼顾排水、防涝等需要，打造开放、共享、多功能的城市河道及滨水空间。

在景观设计中，河道和滨河绿地被塑造为占地约6平方千米的通风廊道。将原有的笔直岸线改造为生态水岸，配植水生、湿生植物，形成水岸生态系统。构建集雨型绿地，保证三年一遇无外排，收集滞留雨水释给绿地，节约浇灌。通过景观构筑物和活动场地结合太阳能光伏发电装置，实现景观零能耗。充分利用河道两岸带状绿地的空间形式，以及存在高差的竖向优势，形成低于市政道路，降温、降噪、除尘、安静的小气候空间。通过布置连贯的健身步道、健身运动平台、休憩平台等，形成8千米长蜿蜒流畅的健身游径[①]。

2. 近自然的绿地营造和立体绿化

（1）目标

提供更高品质的生态和景观游憩服务，有效增加城市绿化面积和绿化覆盖率，缓解城市环境污染问题，提高城市居民的生活环境满意度。

（2）基本概念

1）自然化：指绿地建设应更多地尊重自然，发挥生态功能，维护生物多样性。

2）立体绿化：指充分利用不同的立地条件，选择攀援植物及其他植物栽植并依附或者铺贴于各种构筑物及其他空间结构上的绿化方式。

（3）关键步骤和技术

1）绿地营造的过程中遵循让自然做功的理念。

2）建设自然化的城市公园，在新建公园和对既有城市公园改造的过程中，将更多经过选择的本土物种引入，进一步提升城市生物多样性水平。

3）公园设计营造多规模、多尺度、多类型的生境，满足野生动物的觅食、隐蔽和栖息要求，尤其重视鸟类和小动物的取食和筑巢需求。

4）当公路或城市道路穿越大型公园时，要为动物提供迁徙廊道。

5）建设更自然化的道路，在条件适宜的地区建设高林荫覆盖的道路绿化。

6）建设以自然野趣为基调的风景游憩绿地，强化原有景观资源价值和景观风貌，突出基地特色，配置必要的休闲游憩和户外科普教育设施，不得进行大规模设施建设。

7）对城市防护林带进行生态化设计，不能只突出其防护功能，而应在总体布局、设计、林相结构、树种选择方面强化和城市、文化艺术、市民休闲、医疗健康、保健等方面的关系。

---

① 谢晓英，张琦，周欣萌，王欣. 城市景观水系及滨水空间一体化——以北京城市副中心行政办公区丰字沟河道景观设计为例[J]. 城乡建设. 2018（01）：40-43.

8)着重在建筑屋顶、建筑墙体和市政道桥设施布置立体绿化。建筑屋顶绿化以平屋顶为主,建设基本功能型、科研科普型、生产管理型、休闲游憩型和运动场地型等多种类型。建筑墙体和市政道桥设施立体绿化以藤本攀援为主要方式,降低养护成本。

9)针对不同的建筑,在充分考虑房屋承重、安全、建筑立面的材质及绿化效果等综合因素基础上,因地制宜选用不同的立体绿化方式。

国内外实践

1. 新加坡更自然化的道路建设

新加坡通过在自然道路上开展野化措施,模拟森林多层结构,沿街种植树木、灌木和地被植物,重构类似自然森林的栖息环境;种植开花植物,成为蝴蝶等物种的繁殖栖息地[①](图5-89)。更自然化的道路不仅有利于街道温度降低、形成适宜步行的道路环境,并缓解城市化对人的健康影响,同时也将促进蝴蝶、花园鸟类等物种在绿色空间内的流动。

新加坡"自然道路"的绿化景观模仿热带雨林的结构,分为四个层级。其中,露生层:种植热带雨林树种,例如龙脑香科植物等。这些树成长成熟后,将为居住在树冠的食虫鸟类提供栖息地,为鹰等猛禽提供筑巢地。树冠层:保留现有行道树,这些树木包含腊肠树、紫绣球等开花树种,为食虫食蜜的鸟类、蝴蝶等物种提

图5-89 新加坡Hill view自然道路(金文泰路)

资料来源:《City in Nature-Annual Report 2019/2020》。

---

① 从"花园中的城市"到"自然中的城市"的再进化——新加坡城市绿化发展新愿景.中规院风景院绿色未来研究小组。

供栖息环境和食物。林下层：种植小型果树。这些树木的浆果果实是食果鸟类和喜食果实的鸟类的食物来源。其中部分树木是蝴蝶的宿主植物。灌木层：种植开花灌木，为喜食花蜜的蝴蝶和部分鸟类提供食物。部分灌木是各种蝴蝶的宿主植物。这一次层级为鸟类食用的昆虫和植物提供栖息环境。同时，这些灌木大多可以开出五颜六色的花朵，吸引野生物种，并丰富了行人和道路使用者的景观视觉感受（图5-90）。

图5-90　自然道路结构示意图

资料来源：《City in Nature-Annual Report 2019/2020》。

2.近自然的风景游憩绿地建设

森林公园

（1）荷兰梵高森林公园：占地55平方千米，植被类型包括森林、石楠地、沙丘和草甸四大类，不同的自然景观为各类动植物提供了生长环境与栖息地（图5-91(a)）。

（2）法国巴黎邦迪森林：在原始森林基础上逐渐发展起来的，生物种类极其丰富。森林区域植有大量林木、芦苇和灌木等植被（图5-91(b)）。

（3）美国芝加哥德斯普兰斯河绿廊：保留了大量的平原天然林，分段形成多个公园，组成连续的绿色自然林带（图5-91（c））。

(a)荷兰梵高森林公园

(b)法国巴黎邦迪森林

(c)美国芝加哥德斯普兰斯河绿廊

图5-91　森林公园案例

资料来源：《City in Nature-Annual Report 2019/2020》。

3.国外公园建设中生境营造的案例

英国伦敦奥林匹克公园内的混播地被

选取乡土开花草本植物，依据植物习性、观赏价值和立地条件创造多种组合，在草地、湿地和林下播种建植，在不同季节展现变化，营建潮湿到干燥的多种生态群落（图5-92）。

低冲击 低消耗 低影响 低风险的城乡绿色发展路径

(a) 同一位置不同季节

(b) 同一季节不同位置

图5-92 英国奥林匹克公园

资料来源：网络。

4. 北京奥林匹克森林公园的动物迁徙廊道

该廊道是中国第一座城市内跨高速公路的人工模拟自然通道，外形酷似大型过街天桥，长218米、最窄处为60米，横跨北五环路（图5-93）。桥上种植北京地区各种乡土乔、灌、草、地被植物60余种，是野兔等野生小动物和昆虫们穿行奥林匹克森林公园南北两个园区间的唯一通道，将森林公园系统从岛屿式逐步过渡

图5-93 奥林匹克森林公园动物迁徙廊道

资料来源：网络。

到网络式,有效地保障了公园内部生物物种的传播与迁徙。

5. 新加坡立体绿化

新加坡立体绿化奖励制度

新加坡从"花园城市"变为"花园中的城市",通过更多全面的整体性计划提升市内的绿化和花卉景观,大幅提高新加坡居民的生活质量。政府非常重视环境的美化,立体绿化绿量大。主要运用平台花园、屋顶绿化和阳台绿化等奖励建筑面积与容积率的引导方式实现绿化控制(图5-94)。

图5-94　新加坡立体绿化

资料来源:网络。

平台花园:指建在建筑中间层上的开放性空间,是建筑面积奖励与引导控制的一种重要绿化手段。若平台花园满足植物葱郁和景观优美,并符合以下三个条件:增加绿视率、用户可以从公共区域方便快速到达、周长40%以上对外开放,则赋予部分建筑面积豁免权利。

屋顶绿化:在特定的区域内,若已有建筑进行屋顶绿化(能够被住户享受并能够增加城市的绿视率),并伴有对公众开放的相应户外休闲场所(该功能区面积所占屋顶面积不能超过50%,最大不能超过200平方米),则能够获得额外容积率奖励。

阳台绿化:在居住或酒店开发项目中,若阳台对外开放的边长总和达到周长的40%甚至更高,并带有花架,将有机会获得额外的高于总体规划规定的10%容积率奖励。该部分建筑面积只能用于阳台,并不能转化为未来发展建设的用途。

5.3.9 生态修复

1. 破损山体和采矿废弃地生态修复

（1）目标

重新利用破损山体和废弃地土壤和土地资源，促进其生态、经济价值的发挥，改善地方生态安全和环境质量。

（2）基本概念

采矿废弃地：采矿过程中产生的大量未经治理而无法使用的土地。成因包括玻璃表土堆积而成、岩石碎块和低品位矿石堆积、采空区、沉降区和塌陷区、尾矿堆积等。其对生态环境有较多危害，如景观破碎化引起的生态系统稳定性和服务功能衰退，采矿活动对周边大气、水、土壤的严重污染，水循环过程被破坏，生物栖息地破坏和生物多样性降低，诱发山洪、泥石流、荒漠化灾害等。

（3）关键步骤和技术①

1）毒性与污染处理。通过种植耐酸性植被和覆盖石灰石，消除采矿废弃地的酸性；通过植被种植吸收重金属矿残余金属物质；在剧毒废物上覆盖无毒物质并建立环境隔离区。采矿固体废物的堆放主要采取生物技术，通过播撒有机合成肥料，外加种植适生植物以恢复植被；遮蔽采矿产生的粉尘。采矿废水可采用如下处理措施：利用生态技术与工程措施相结合的办法阻止地表水流入；用微生物中和或除掉废水中的矿物成分；选择利于物种生长和固着的湿地基质，种植可去除废水中矿物离子的耐受酸性植物；设置污水处理系统和雨污分流系统，改造修复河道为自然形式，处理径流与水系污染，恢复水的自然过程。

2）基质改良。直接改良土壤或者新覆土再改良。改良材料有化学肥料、表土、绿肥、有机废弃物、固氮作物、作物秸秆等。按照"以废治废"的方法，生活垃圾、污水污泥、动物粪便中含有的有机质在缓慢释放过程中可以缓解金属离子毒性，提高基质持水保肥能力。长期改良必须依靠固氮菌根等植物改良以保证较好的生态和经济效益。此外，对于受机械重压而板结的土壤，可以通过松土、切割或软化等措施，或通过植被根部的生长、营养物质的狙击和微生物活动来恢复土壤性能。

3）植被恢复。植被应有利于控制水土流失，防止土壤侵蚀并使其形成良好的微粒及聚集营养等功能。如果破坏不严重，时限不紧，可以通过生态演替恢复植被。应利用好在采矿废弃地自然定居的乡土植物的适应极端生长条件和较强的可塑性能，与栽培的植物组成多层次的群落植物。

4）工程安全处理。采矿废弃地存在采空区及潜在的地面崩裂、陷落、坍塌等隐患，需要实施相应工程以减少灾害与事故发生率。例如：在坑壁危岩体、矿坑进行安全设防，修建挡土墙、拦沙坝、护坡、维护拦网，设立警示标牌和夜间照明；利用削高垫低、土地平整、复土、深挖垫浅、煤矸石或粉煤灰填充等措施整治地表。

---

① 刘海龙.采矿废弃地的生态恢复与可持续景观设计[J].生态学报，2004（02）：323-329.

国内外实践

保定市满城区岗头村矿山高陡岩质边坡修复治理规划[①]

该废弃矿山原为露天开采建筑用白云岩矿，大型开采规模，现场测量开采破坏范围投影面积约为23公顷。

矿山原采掘断面顺山体，开采时产生的平台、采场、掌子面及顺坡倾倒矿渣形成的坡面，与自然山体形成极大反差。采掘面、开采平台及弃渣集中连片，各采掘面的高度不同，开采平台的面积大小不一，引起局部地形地貌破碎，陡坎林立，荒滩裸露，弃渣成堆。由于采矿道路沿山体坡面修建，道路内侧形成了高度2～4米的陡坎。采矿活动造成地形地貌破坏严重，视觉效果极差，与采场及弃渣周围山体植被形成强烈的反差。

规划对整个研究区内的废渣边坡、开采平台、废渣堆和采坑进行修坡整形，消除地质灾害隐患。在此基础上，进行覆土播撒草籽绿化，对裸露高陡岩质边坡进行坡面修整。

修复治理定位为以禅修养心为核心的主题公园。重点突出历史名人文化特色，高陡岩质边坡上打造雕塑群。通过对现有三个遗留山脊进行修坡整形，利用天然的隔断将整个高陡岩质边坡划分为三大文化展区，每个文化展区开凿石窟若干，窟内雕刻分别反映满城区不同历史时期的历史名人和典故，凸显满城悠久的历史底蕴（图5-95、图5-96）。

图5-95 现状裸露高陡岩质边坡三维图[①]

---

① 刘德成，周亚伟，李玉倩，李慧，顾杰."矿山地质环境恢复治理+文化创意"模式探析——以满城矿山高陡岩质边坡修复为例[J].文化产业，2020(36)：20-22.

低冲击　低消耗　低影响　低风险的城乡绿色发展路径

图5-96　治理后效果图[①]

2.河湖水体生态修复

（1）目标：适应本地水资源状况，通过改善水质和优化水体形态，重建健康和可持续的水生态系统。

（2）关键步骤和技术

1）节约水资源。减少水蒸发，收集利用雨水，循环利用再生水，在缺水地区选取耐寒抗旱植物进行绿化，实现水资源的自然积存和渗透。

2）治理黑臭水体。通过截污纳管、雨污分流，将生活和工业污水接入污水处理厂，将雨水和面源污染进行滞蓄、渗透和自我净化。有限度的清除富集污染物的底泥，培植水底植物和微生物种群，构建净化水体的生物群落。

3）根据自然地形和水流动力设计水体形态。滨水带去硬还生，修复自然植被，形成"水生——湿生——陆生"植被过渡带，作为陆地和水之间的缓冲区；水底设置深潭浅滩，营建多样化的生物栖息地；水中设置大小不一的岛屿，用来消浪护岸和建设鸟类栖息地，丰富水面层次[②]。

国内外实践

1.岳阳南湖湿地生态修复规划[③]

南湖是岳阳的内湖内港，紧邻城市。作为重要的调蓄湖泊，存在多个生态问题：①原有湖湾水系被填占，水容量下降；②天然河道淤塞，城市排水系统能力

[①] 刘德成，周亚伟，李玉倩，李慧，顾杰."矿山地质环境恢复治理+文化创意"模式探析——以满城矿山高陡岩质边坡修复为例[J].文化产业，2020（36）：20-22.

[②] 全国市长研修学院系列培训教材编委会.致力于绿色发展的城乡建设城市与自然生态（送审稿）[M].北京：中国建筑工业出版社，2019年.

[③] 朱江，林小莉.湖泊湿地生态修复规划研究：以岳阳南湖湿地生态修复为例[J].湿地科学与管理，2020，16（03）：12-16.

不足；③洞庭湖与南湖之间水生态循环中断；④内湖污染严重，危害生态安全。

南湖湿地生态修复以提高水文生态环境为目标，重在恢复历史水系特征，构建大尺度湿地生态系统，提高地区生物多样性，扩大湖区的调蓄能力，结合城市建设提出水环境改造策略，缓解自然灾害影响，提高城市的防灾能力。

其主要修复措施为：

（1）恢复两湖历史水系，提高城市防洪能力。通过恢复南湖和洞庭湖之间的水生态循环，复原两湖间的历史水系，形成顺应自然的水体形态，增加水体容纳空间。让南湖回归大洞庭湖生态圈，发挥洞庭湖地区整体蓄水防洪的功能，增强岳阳市的防洪能力。同时，由于两湖之间开放多条水道，将加强湖泊之间的流动性，同时提高湖水的自净能力，避免湖泊富营养化（图5-97）。

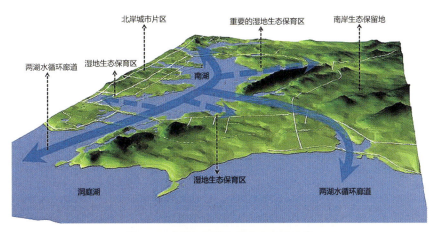

图5-97 南湖与洞庭湖的水生态联系[①]

（2）构建南湖大湿地系统，缓解生态环境压力。规划提出并构建全面、协调的南湖大湿地系统，包括大面积永久性湿地、间歇性湿地、水箱湿地和田园湿地4种类型，以完善岳阳市生态安全格局，保护生物多样性，提高排洪蓄洪能力，增加城市韧性（图5-98）。

（3）街区、建筑与湿地相结合，融入海绵城市理念。规划对"洞庭水镇"提出了一套具有地域特征的"海绵城市系统"，建设渗、蓄、滞、排相结合的社区雨洪设施，如包括建筑物地面标高要高于街道标高，地势较低处的建筑底层架空，河道两岸自然化等（图5-99）。

---

① 朱江，林小莉.湖泊湿地生态修复规划研究：以岳阳南湖湿地生态修复为例[J].湿地科学与管理，2020，16（03）：12-16.

图 5-98 南湖大湿地系统规划①

图 5-99 洪泛区"海绵城市系统"设计①

（4）提高南湖生物多样性，强化监测管理。规划提出整合和维持湿地中的淡水沼泽生境和河岸林地生境，保护森林资源，积极营造野生动植物生存的环境；通过增强野生动植物生长的自然生态环境，如景区的南湖公园、龙山片区的水生植物园、三眼桥湖片区等天然的湖泊港汊，增加水生植物的种植，并投放一些鱼类、动物和两栖类动物，恢复营建良好的野生动植物的栖息地；对于现存的鸟类栖息水域

---

① 朱江，林小莉.湖泊湿地生态修复规划研究：以岳阳南湖湿地生态修复为例[J].湿地科学与管理，2020，16（03）：12-16.

及周边地区进行保护，吸引更多的野生动物来此栖息繁衍。

2.海口市美舍河生态修复工程[①]

美舍河是海口市城区主要内河，流经4个乡镇及街道，最终经南渡江的分叉出海口海甸溪汇入海口湾，整个流域面积53.16平方千米，干流河长22.7千米，平均坡降1.90‰。项目河段处于河流下游，河面宽度35～100米，水深平均为1米左右。

（1）现存主要生态问题：河床底泥淤积，影响行洪泄洪；大量污水直排、降雨冲刷、垃圾堆放等原因，造成水质严重恶化，中下游氨氮、溶解氧、化学需氧量（COD）等指标均长期处于劣Ⅴ类；生态环境和河流景观破坏严重；城市化时期对河床、河岸采取的硬质化和"三面光"工程治理措施，使得河岸植被和水生生物赖以生存的基础已遭受极为严重的破坏，景观严重破碎化。

（2）其采取的工程：生态堤岸改建工程。拆掉原有的不透水人工堤岸，改建为生态堤岸。用石笼和透水挡墙进行护岸和水质净化；在墙内侧离岸2米距离的河床打入4米长的松木桩，地面上留出1.5～2米高度，随后在木桩与堤岸围合区域填流客土与河床底泥混合的土壤，用来约束河岸形态；在河道断面较宽、流速较慢河段建设束岛，消除河湾低流速区域，优化河道断面，提高主河道流速，有效防止河道泥沙淤积（图5-100）。

图5-100 护岸使用的石笼和透水挡墙（上）；护岸和固土使用木桩（中）；束岛和阶梯地形构建（下）[①]

[①] 生农，辛琨，廖宝文，邓新兵.海口市美舍河生态修复工程[J].湿地科学与管理，2021，17（02）：47-49.

红树林种植工程。根据淹水深度和淹水时间，选择种植真红树植物、半红树植物和其他亲水植物；在有坡降延伸的河岸，形成红树植物、半红树植物、湿生植物、中生植物梯度种植，体现水生陆生的演替系列（图5-101）。

图5-101　流芳桥段建设前后对比[①]

3.海域海岸带和海岛生态修复

（1）目标

提升海岸带和海岛生态系统服务功能，改善海洋生态环境，壮大海洋经济，拓展发展空间。

（2）基本概念

1）海岸带：陆地与海洋的交接地带，海岸带是海岸线（沿海岸滩与平均海平面的交线）向陆、海两侧扩展一定宽度的带形区域，通常由海岸、潮间带、水下岸坡三个基本单元组成。中国全国海岸带和海涂资源综合调查规定：海岸带的宽度为离岸线向陆侧延伸10千米，向海到15米水深线。

2）海岛：四面环海水并在高潮时高于水面的自然形成的陆地区域，包括有居民海岛和无居民海岛。按物质组成，可分为基岩岛、沙泥岛和珊瑚岛。

（3）关键步骤和技术[②]

1）污染水体水质修复。一般分为物理、化学和生物等方法，根据不同的水质问题选用。对于污染河道，可采取的物理方法有人工曝气、冲刷和稀释、物理除藻、底泥疏浚等，化学方法有化学絮凝、酸碱中和、化学除藻、重金属化学固定等，生物方法有微生物、植物和动物修复等。对于近岸赤潮，可采取的物理方法有过滤、光隔离、紫外线照射、超声波、点解等，化学方法有化学品直接灭杀、凝聚剂沉淀、天然矿物絮凝等，

---

① 生农，辛琨，廖宝文，邓新兵.海口市美舍河生态修复工程[J].湿地科学与管理，2021，17（02）：47-49.

② 除"海岸带污染水体水质修复"外，各项技术来源为：百度百科"海岸带". https://baike.sogou.com/v70347.htm?fromTitle=%E6%B5%B7%E5%B2%B8%E5%B8%A6.

生物方法有利用微生物抑制有害藻类生长、利用植物间拮抗作用抑制赤潮生物生长、利用浮游动物和海洋律师邢贝类去除赤潮生物等[1]。

2）硬质岸线生态化。在必要的海岸带硬质设施建设上调整结构和增加生态措施。由于担心大型的生态工程会影响安全性和美观价值，有研究认为可以在小尺度范围内增加设施表面的复杂性，即生态化，为海藻等小型生物提供生长空间。

3）堤外基地修复和海滩养护。欧美国家常用海洋工程产生的疏浚泥作为修复湿地基底的材料，国内主要将疏浚泥用于修复湖滨带湿地。海滩养护要利用机械或水力手段将泥沙抛填至受损海滩的特定位置。

4）堤内水文调控。应用于恢复水文交换被破坏而退化的湿地和构建新湿地。通过破坏围堤等水文限制设施，恢复原有湿地的自然潮汐交换，同时修复主次级潮沟，增加水文流通性，经过自然演替最终达到修复目标。

5）潮间带植被恢复。有两种方式，一种针对修复区域内的现有植被斑块，营造有利环境，通过自然恢复形成丛群；另一种是人工播撒种子和移植其他繁殖体（幼苗、根茎），优化群落结构。后者成本相对低廉，但成活率较低。

6）低潮滩牡蛎礁保育。直接利用混凝土制成也礁体，有将收集来的牡蛎装入网袋，利用网袋构建礁体。成熟牡蛎产生的牡蛎幼虫到达牡蛎礁后，会永久性地粘合在礁体上，实现牡蛎礁的不断扩张，起到净化水质、提升海岸带生态多样性的作用。

7）边坡修复。一般有削坡处理、喷混植生边坡修复、生态袋护坡及辅助工程等措施。其中，喷混植生修复技术是将岩质陡坡植被生长所需要的大量和持续性较强且具有较持久肥力的活性土（人工土）与草种、乡土草木种子及防止水土流失的土壤安定剂、黏合剂、保水剂等掺和后，喷射在岩坡上，形成喷射厚度较大、黏稠度较高的活性土，提供植物长期生长所需要的养料。

8）植被生态修复。土层区域根据植被生态修复区域土壤类型的理化性状等特点，结合现场绿化植物的不同种类和特性要求，进行科学的种植土配土改良；选择适生乡土植物，同时采取提高种植成活率的技术。岩层区域通过工程技术手段强化加固裸露岩面，如应用锚钉、植生袋、挂网喷播等综合技术，使岩面形成栽培基质层，然后在表面喷播适合当地气候的草本和木本植物种子[2]。（参考"边坡修复"）

---

[1] 盛彦清，李兆冉. 海岸带污染水体水质修复理论及工程应用. 北京：科学出版社，2018.
[2] 丘旭源，王晓华. 海岛植被生态修复技术应用研究[J]. 人民长江，2020，51（03）：51-55.

国内外实践

1. 上海市鹦鹉洲湿地国家级人工海岸线修复试点项目[①]

2016年，在中央海域与海岛保护资金的支持下，上海市金山区实施了城市沙滩西侧综合整治修复工程，在近海滩涂区恢复总面积约23.2公顷的滨海湿地，命名为"鹦鹉洲生态湿地"。该工程主要采取以工程保滩、基底修复、本地植物引种、潮汐水动力调控为核心的潮滩湿地生态恢复技术，重构与恢复海岸带潮滩盐沼湿地景观，同时采取以生态沉淀、强化净化、清水涵养为核心的水质生态修复技术，修复与改善工程区水质，并结合景观设计将恢复湿地与人工湿地融合形成兼具生态功能、水质修复功能与景观功能的城市滨海湿地。自建成至今，鹦鹉洲湿地已运行接近3年，修复效果初显（图5-102、图5-103）。

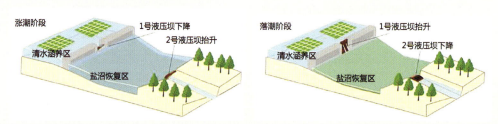

图5-102　上海鹦鹉洲湿地通过调节液压坝的高低以形成人工潮汐，促进芦苇等盐沼植物的生长[①]

图5-103　鹦鹉洲湿地公园[①]

[①] 吴威，李彩霞，陈雪初.基于生态系统服务的海岸带生态修复工程成效评估——以鹦鹉洲湿地为例[J].华东师范大学学报（自然科学版），2020（03）：98-108.

2. 广西防城港市山心沙岛生态修复[①]

山心沙岛位于港口区，由于周边工程活动增多，海岸水动力环境发生改变，最终导致山心沙岛连年侵蚀，岸线蚀退极为严重，岛陆面积急速缩小，从1996年约11.2公顷缩减至2018年的4.1公顷。

2018年8月，山心沙岛生态岛礁修复项目正式开工。山心沙岛整治修复主要分为海岛保护、植被修复和生态旅游基础设施等工程，分期建设岛体护岸、沙滩修复、环岛路、景观绿化种植、休闲广场、原有植被保护、观鸟台和连岛栈桥等项目。

目前，一期建设已经完工。海岛东南侧长约480米的挡沙提已经建成，郁郁葱葱的马鞍藤爬满网格堤坝（图5-104）。海岛北侧一大片红树林正在茁壮成长。红树林、草海桐、马鞍藤等滨海植物的种植，不仅增加了岛体植物的多样性，还可有效提高海岛抗风浪防侵蚀的能力，有利于进一步增强海岛的稳定性（图5-105）。

图5-104　岛上种植的马鞍藤

资料来源：网络。

---

① 曾引发争议的山心沙岛修复项目，现在怎么样了？2019-08-09. https：//www.sohu.com/a/332662562_120051692.

低冲击　低消耗　低影响　低风险的城乡绿色发展路径

图5-105　修复后的山心沙岛
资料来源：网络。

3.浙江省桥梁山岛生态修复[①]

2009年初步调查认为：桥梁山岛的生态破坏比较严重，集中表现在水土流失严重、植物群落生产力极低、生态系统不稳定等三个方面。虽然经过多年自然恢复，采石区的地表仍然以裸地为主，间有杂草和稀疏的沙生植物分布，20年前3.2公顷的针叶林已经没有成片生长，生态环境问题严重。

调查显示海岛的破坏原因主要有两个：一是1992~2006年间炸山采石造成4公顷破坏；二是受到松毛虫侵害，造成松树大片死亡。

桥梁山岛上喷混植生修复面积共1000平方米：一个500平方米实验块，2个250平方米实验块。每个区块草种配方根据各个品种的习性、根系深浅、根干重及根系数量等确定。根系深一些的品种能提高抗旱力，延长浇水时间间隔，节约用水（图5-106）。

项目实施的辅助工程有：客土回填、蓄水池、边坡养护等（图5-107）。

此外，项目引入木麻黄、厚叶石斑木、滨柃、光叶石楠等对贫瘠、干旱有较好适应性的植物对海岛盐碱裸地进行植物修复，从舟山定海运送污水污泥尝试促进植物生长，利用坑田等增加地表粗糙度的方法促进土壤自我修复，选用波斯菊、黄馨、爬山虎等植物构建植物斑块修复倒坡区域（图5-108、图5-109）。

[①] 毋瑾超.海岛生态修复与环境保护[M].北京：海洋出版社，2013.

图5-106 喷混植生[①]

图5-107 边坡挂网,初期养护[①]

图5-108 喷混植生,岸线修复[①]

图5-109 修复前后的裸地[①]

---

① 毋瑾超.海岛生态修复与环境保护[M].北京:海洋出版社,2013.

4. 生物栖息地生态修复

（1）目标

及时挽救和恢复栖息地作为动植物生存和繁衍的重要生态功能，维护城市生物多样性，保护城市生态安全；通过教育、景观等功能的营建创造社会价值。

（2）基本概念

栖息地：该词最先由美国生态学家Grinnell提出，即"生物出现的环境空间范围，一般指生物居住的地方，或是生物生活的地理环境"。国际上最广泛流传的解释是1971年美国生态学家Eugene P. Odum提出的"生物生活的地方，亦是整个群落占据的地方，主要由理化的或非生物的综合因子形成，因而一个生物或一群生物（种群）的栖息地包括其他生物以及非生物性的环境；它可以说是维持生物整个或者部分生命周期中正常生命活动所依赖的各种环境资源的总和"。2011年重新修订的《中华人民共和国野生动物保护法》将栖息地定义为：栖息地是野生动物集中分布、活动、觅食的场所，是野生动物赖以生存的最基本条件，也是生态系统的重要组成部分[①]。

（3）关键步骤和技术

1）修复自然形态，恢复生物生存空间。确定野生动植物主体，根据其生存和繁衍需要，修复与其习性相适应的自然环境。

2）修复关键的生态过程。以修复生物栖息地关键生态过程的完整性和连续性，如水循环过程、鱼类洄游通道、动物迁徙通道、植物群落结构、土壤养分循环等。

3）采用本土物种。修复应避免外来物种和园艺栽培物种的泛滥。考虑在滨水地带优先选择具有净化水体作用的水生植物，在土壤污染地带优先选择能够吸附污染物的植物[②]。

4）顺应生态系统建设必要设施。栖息地内必要的科普、观赏设施应与栖息地生态作用相适应，科学选择用地、造型和建造方式，使用本地材料，有节制地建设，最大限度地减少对栖息地生物的侵扰。

国内外实践

1.宁波市象山县大目湾景观水系栖息地修复[③]

大目湾景观项目位于浙江省宁波市象山县，当地自然条件优越，植被丰茂，污染较少；盐水湿地与淡水湖泊相连接并随潮汐变化而变化，是理想的野生动物繁衍

[①] 潘珺珺.基于鱼类栖息地修复的浙江省城市湖泊公园设计研究[D].浙江农林大学，2013.
[②] 全国市长研修学院系列培训教材编委会.致力于绿色发展的城乡建设城市与自然生态（送审稿）[M].北京：中国建筑工业出版社，2019年.
[③] 叶郁.宁波大目湾景观水系栖息地修复的低技生态工法研究与实践[J].动感（生态城市与绿色建筑），2015（Z1）：99-103.

栖息之地。长年在湿地繁衍栖息的鸟类有56种，每年迁徙此地栖息的鸟类有5种左右。近年在象山发现腿上套有英文和日文金属环的候鸟；陆地常见穿山甲、小灵猫、獐等；海域与陆地水域拥有丰富的贝藻、虾蟹、鱼类等。项目所在地的两栖类动物资源大致有：蝾螈科的中国瘰螈、镇海棘螈等，蛙科的黑斑蛙、泽蛙、华南湍蛙等。常见的鸟类大致有：潜鸟科的红喉潜鸟，鹭科的苍鹭、草鹭等，鸭科的绿翅鸭、翘鼻麻鸭、绿头鸭、凤头潜鸭等。

下面以青蛙和蜻蜓为例介绍该项目采用的生态修复设计。

（1）青蛙等两栖类动物栖息地的修复设计

多数两栖类动物具有从水生幼体到陆生成体的生长过程，在栖息地与繁殖地之间存在季节性的迁徙运动。前者大多是潮湿的碎石或是浅水水域附近，后者包括卵石浅水区、潮湿的陆地洞穴、腐木或是碎石中。一般情况下，青蛙在表面积仅为2平方米的池泽即能生长繁殖，而蟾蜍和蝾螈喜欢至少50平方米的池泽。通常50～1000平方米的池泽都有可能吸引几种两栖动物栖息。

作为栖息地的池泽边缘需倾斜（坡度≤1/10），最大深度控制在1.5～2米，在春季和初夏提供大片浅水，较深的水域可设计为水下梯田。尽量保证池泽中心在3月繁殖季节时的水深介于0.1～1米之间，水位趋于恒定；当水位不能保持时，应根据实际情况随时改变边缘的倾斜角度，以保证整个夏天的浅水位。两栖动物冬眠时通常会选择地洞、堆肥堆、围墙或石头缝隙内，因此池泽200米内应设计有适合冬眠的地方。每隔3～5年，秋季和冬初时节让池泽完全干涸3～4个月能够有效减少两栖动物幼体的捕食者（如鱼类），以维护种群数量。在池泽旁配置带有茂密植被林地和丛状草地的稠密植被区，方便两栖动物觅食和冬眠。池泽间有一定距离时需搭建固定且安全的连接通道（如一个丛状草带、灌木篱墙或壕沟）。

（2）蜻蜓等昆虫栖息地的修复设计

蜻蜓的成虫一般在池泽或湿地水边飞行捕食，幼虫（稚虫）在水中发育。蜻蜓栖息地池泽应该选择在距离现有水域1千米范围内，周边没有树木或灌木遮蔽；面积50～500平方米。

池泽平面布局为长而窄的弯曲形状，以增加雄性成体的潜在领土。浅水区域集中在池泽河岸线的南部和西部，以获得充分的阳光，同时配置浅水水生植物。保留一部分深水区，为蜻蜓幼虫提供应对干旱或寒冷天气的避难场所，阻挡浮游生物侵犯。在池泽周围恢复野生草本植物群落，在池泽下风向距池泽20～30米处顺应风向种植低矮灌木丛形成防护林，使新来的蜻蜓躲避被捕食的危险。种植的灌木不能太邻近水域，避免阴影影响水生植物光合作用。避免水质较差、污染严重的水体影响蜻蜓繁殖。栖息地池泽不宜有太多鱼类和水禽,避免幼虫被捕食。考虑到一些青蛙提喜爱在裸露泥土中产卵,宜在水岸设计时保留开阔的泥土地(图5-110、图5-111)。

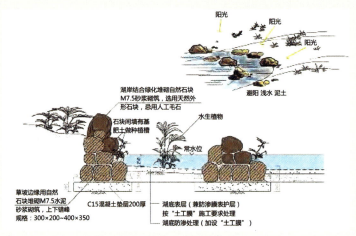

图5-110　适合于青蛙的栖息地设计示意[①]

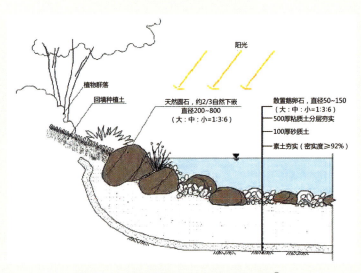

图5-111　适合于蜻蜓的栖息地设计示意[①]

2.梅宁吉湖栖息地修复项目[②]

该项目为南澳大利亚州政府资助的项目,旨在改善当地动植物栖息地环境,并为库隆、洛尔湖区及穆理河口区域创造更多的社会资产,增强社区意识。

---

① 叶郁.宁波大目湾景观水系栖息地修复的低技生态方法研究与实践[J].动感(生态城市与绿色建筑),2015(Z1):93-103.
② 梅宁吉湖滨栖息地修复项目[J].城市建筑,2017(36):87-91.

项目于2009年开始，2013年完成，获得2013年澳大利亚景观设计师协会南澳大利亚奖的景观设计奖和人民选择奖（设计）。当时项目所在场地常年受西南风吹起的波浪影响，前滩遭受侵蚀；由于场地盐度较高和数年干旱，湖边植被生存状态岌岌可危。

项目团队将设计重点放在以最少的人为影响确保湖滨互动和景观生态上。通过多次观测，在靠近湖水边缘处确定观景台和最佳观鸟点，并使其隐藏在芦苇丛中（图5-112、图5-113）。

项目组根据自然条件建设了蜿蜒曲折的步道和小型的栖息地。通过带有标识和座椅的说明性步道，引导并向游客展示当地风韵、地方特色及环境历史。

此外，该项目进行了大范围的重新绿化，结合海岸侵蚀状况，建设基础设施来控制侵蚀进一步发生，从而巩固了湖水边缘，改善了滨水鸟类的栖息地环境，促进生物多样性进一步丰富和发展。

目前，梅宁吉湖栖息地已成为众多游客前往的旅游点，吸引人们观赏和逗留。

图5-112 低矮隐秘的观景台[①]

图5-113 融于自然的观鸟台[①]

[①] 资料来源：图5-102、图5-103图片来自梅宁吉湖滨栖息地修复项目.谷德设计网，2017-01-09 [引用时间2021-07-06]. https://www.gooood.cn/meningie-lakefront-habitat-restoration-project-by-aspect-studios.htm.

5. 棕地生态修复

（1）目标

将棕地转变为适于开发新的城市功能的用地，如公园、商业区、办公区、艺术区、住宅区等，缓解城市供地压力，促进城市经济社会发展。

（2）基本概念

棕地：通常指城市中被遗弃、闲置或不再使用的用地及设施，其扩展或开发存在一定的环境污染影响。

（3）关键步骤和技术

1）土壤修复。进行土壤危险废物鉴别，确定污染程度和修复方案。一般有安全填埋、焚烧制砖、固化、淋洗、植物修复、稳定化等修复技术。其中，稳定化是较常使用的方法[1]。

2）运用生态技术。采用符合生态作用原理的设计和技术，如用海绵设计实现雨水的良好管理，用石笼加固河岸减少河水对河岸侵蚀。

3）促进植被恢复。从改善植物生长环境入手恢复被破坏的植被，恢复土壤性能，改善环境因子。短时间不能恢复完好的土壤，选择适应性强的植物种植，通过生态演替，完成植被恢复；对于盐碱地、含重金属离子或矿渣的土壤，选择适生植物，以增加土壤肥力。植物应多选择当地乡土树种，营造适应当地环境的植物群落并与自然恢复的野生植被相融合，形成协调统一的植物景观。

4）增加生物多样性。根据条件选择物种种类，如要结合不同时期污染物质含量确定群落的物种组成与数量，兼顾植物、动物和微生物多样性，修复初期形成组成和结构较为简单的生态系统，后期逐渐引入当地物种定居，丰富生物种类，增加棕地生态系统的稳定性与可持续性。

5）促进资源循环利用。积极采取技术措施减少资源的使用，选择可再生、可降解、可循环利用的资源，避免产生过量的固体垃圾，浪费资源；提倡节能设计，尽量减少能量消耗，实现能源的循环利用[2]。

国内外实践

1. 美国普罗维登斯钢铁工厂院落种地改造[3]

项目位于普罗维登斯市的罗德岛州，占地面积约为1.42公顷（图5-114）。基地前期主要从事钢铁生产，经过场地采样调查发现，基地主要存在铅和铬等重金属污染物，土壤和地下水受污染较严重，并危害人体健康。

---

[1] 罗启仕."棕地"土壤修复[J].园林，2015（05）：26-29.

[2] 王芳，李洪远，陈小奎.Woolston城市生态公园棕地生态恢复的经验和启示[J].农业科技与信息（现代园林），2013，10（11）：11-18.

[3] 旧工厂改造的范例——美国普罗维登斯钢铁工厂院落.筑龙学社网，2013-01-28[引用时间2021-07-08]. https://bbs.zhulong.com/101020_group_201878/detail10063761/.

图 5-114　场地位置和旧貌总平面

资料来源：网络。

改造项目抽取出含铅、铬的污染土壤，用粘合剂将剩下的污染土壤留在原地，以免其扩散产生环境问题，然后在污染层上覆盖12英寸的干净土壤。

为了尽可能多地保留并过滤场地上的雨水，改造项目使用了生物沟技术和可渗透表面系统，在建设新的排水管道的情况下，使下渗的年降雨量达到90%（图5-115）。具体做法为：(1) 铺装从现有地平开始，避免伤及既有基础；(2) 在院子周围引入渗池沟，使较高的新的铺装地平与现有建筑物较低的室内地平隔开；(3) 渗池沟可以收集、运输和储存雨水。沟内布满喜水植物来过滤雨水，防止渗沟的水土流失。(4) 在不影响活动或建造的地区种满植物。

图 5-115　改造后的院子渗池沟

资料来源：网络。

该项目将可持续利用理念完美运用在工业遗产改造中，通过使用工地废料和再生材料，将场地改造为具有历史文脉的公共场所空间，颠覆了人们对破旧社区的传统观念，激发了当地旧工业场地的复兴。

低冲击　低消耗　低影响　低风险的城乡绿色发展路径

2. 上海世博后滩公园[①]

世博后滩公园为上海世博园的核心绿地景观之一，位于"2010上海世博园"区西端，占地18公顷，原为钢铁厂（浦东钢铁集团）和后滩船舶修理厂所在地。场地内建筑主要为工业厂房，长方形体巨大，个别质量优良。场地内有大量构筑物，包括铁轨、龙门吊及其附属设备、码头场地及设备、高架管道等。

项目用当代景观设计手法，显现了四种文明脉络——黄浦江滩的回归，农业文明的回味，工业文明的记忆和后工业生态文明的展望——最终在垃圾遍地、污染严重的原工业棕地上，建成了具有水体净化和雨洪调蓄、生物生产、生物多样性保育和审美启智等综合生态服务功能的城市公园（图5-116）。后滩公园建立了一个

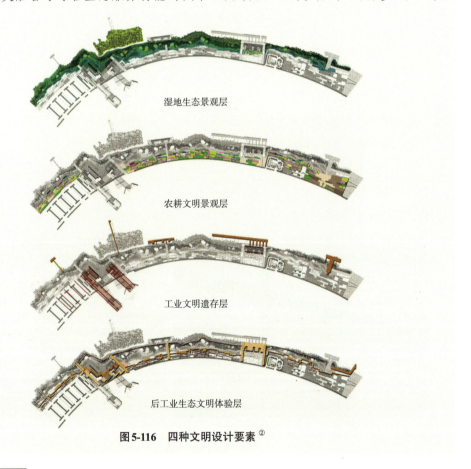

湿地生态景观层

农耕文明景观层

工业文明遗存层

后工业生态文明体验层

图5-116　四种文明设计要素[②]

[①] 上海世博后滩公园.华融志达规划设计院网，2017-01-04[应用时间2021-07-10]. http：//www.huarongzhida.com/show-51-8-1.html.

[②] 上海世博会园区后滩公园规划设计方案（完整版）.道客巴巴网，2020-10-12[引用时间2021-07-10]. http：//www.doc88.com/p-90459429116327.html.

可以复制的生态净化水系统模式，同时创立了新的公园管理模式，建成后不再需要大量人力物力去维护，而是让自然自我循环净化。

公园保留并改善了场地中黄浦边的原有4公顷江滩湿地，在此基础上对原沿江水泥护岸和码头进行生态化改造，恢复自然植被。整个公园的植被选用适应于江滩的乡土物种，实现了"滩"的回归。在江滩的自然基底上，选用了江南四季作物，并运用梯田营造和灌溉技术解决高差和满足蓄水净化的功能，营造都市田园。

项目保留、再用和再生了原场地作为钢铁厂的记忆。巨大的工业厂房钢构被保留下来并转化成立体花园和酒吧；原临江码头被改造设计成生态化的水上花园和观景台；钢板不时在公园中出现，或折叠树立在水岸平台上，或嵌入地面成为铺地（图5-117）。

公园建设了一条袋装、具有水净化功能的人工湿地（图5-118）。来自黄浦江的

图5-117　水岸平台上的钢板

资料来源：网络。

图5-118　人工湿地系统

资料来源：网络。

劣五类水,通过沉淀池、叠瀑墙、梯田、不同深度和不同群落的湿地净化区,经过长达1公里的流程,而成为三类净水;日净化量为每天2400立方米。净化后的三类水不仅可以提供给世博公园做水景循环用水,还能满足世博公园与后滩公园自身的绿化灌溉及道路冲洗等需要。

5.4 乡村绿色发展技术

乡村和城市的差别最主要体现在以下几个特征上:(1)人口聚居的方式不同,和城市人口密度高、大规模聚居不同,乡村是小规模的分散聚居,人口密度低;(2)不同于城市在空间上的功能分工,乡村的生产空间、生活空间和生态空间是高度复合的;(3)乡村的营建受中国传统文化的影响更深,强调和自然山水的和谐;(4)乡村的物质循环链条相对完整,农作物生产成为食物,端上农民的饭桌,继而成为有机肥料还田,在这一过程中产生较少的废弃物。因此,乡村的绿色发展应充分遵循乡村在人口分布、空间形态、物质循环、文化传承上的特点,寻找适合乡村的绿色技术。本节将具体介绍乡村可再生能源利用、生活污染防治、土地综合整治三项技术。

5.4.1 乡村可再生能源利用

1. 目标

优化农村能源结构,提高能源利用效率,减少环境污染,改善农村生产生活环境。

2. 基本概念

(1)乡村可再生能源:农村炊事和热水用能、北方冬季采暖用能可使用生物质资源,农村电力供应可采用光电和风电作为重要补充。

(2)农村生物质资源:包括农作物秸秆、禽畜粪便和农村生活垃圾、蔬菜废弃物、农产品加工副产物等其他有机废弃物。

3. 关键步骤和技术

(1)我国农村不同地区气候条件、能源资源禀赋、能源供应和消费现状、经济社会发展水平等情况不同,生活习惯和住宅类型也不尽相同,因地制宜推广应用不同的能源技术。

(2)未来中国农村将需要更多的冷、热与电力供应,应采取多种能源耦合、互补的综合应用技术。

(3)农村发展风、光电技术的核心是蓄电和微电网系统,采用分布式模式,可与农村用电负荷相对分散、稀疏的特征相匹配[①]。

（4）实现生物质资源化与能源化的一体化应用，不仅解决能源供应问题，而且也能够提供农村住宅以及农作物温室大棚的保温隔热材料。

国内外实践

1.德国乡村使用的生物质能技术

在德国，沼气技术广泛应用于私人农庄、畜禽养殖场和污水垃圾处理厂等，普遍采用"混合厌氧发酵、沼气发电上网、余热回收利用、沼渣沼液施肥、全程自动化控制"的技术模式，通过该模式的实施，终实现发酵原料的全方位综合利用；并通过电、热以及沼渣沼液的外售给工程运行带来收益，终实现市场化运行。

2.德国能源小镇

德国Feildheim能源小镇建设的目标是实现能源供应的自给自足，该镇建成了55套风力发电机，年发电量2.5亿度。同时该小镇还建有526千瓦时的沼气发电工程，发酵原料主要是猪粪和牛粪、青贮玉米和粮食加工废弃物，每年产生400万千瓦时的电和227.5万千瓦时的热能，并产生15500立方米有机肥。除此之外，小镇还有200公顷林地，其林业废弃物主要用作补充能源。小镇供暖线路有3000米长，为小镇36户居民供暖。小镇居民每度电费用是0.166欧元，远低于联邦德国每度0.28欧元的电价[②]。

5.4.2 发展适合乡村的生活污染防治技术

1.目标

适应我国不同地区自然、气候分区、资源禀赋、经济发展水平和生产生活习惯差异的需要，为广大农村地区提供在地化、低成本、易操作的生活污染防治路径。

2.基本概念

乡村生活污染防治：主要包括生活污水处理、生活垃圾无害化处理等。

3.关键步骤和技术

农村环境问题具有明显的区域差异性特征，需要对生活污染防治进行分类指导[③]。

（1）分散型的生活污染处理模式

适用范围：主要适用于人居较为分散（集中接管费用较高），远离城镇的农村地区（图5-119）。

---

① 江亿.农村新能源系统：分布式革命第一步[N].中国科学报，2020-3-18(003).
② 黄波，徐文勇，王全辉等.德国可再生能源发展的借鉴与启示[J].中国沼气，2021,39(1)：45-53.
③ 来源：中国工程院重大咨询课题：村镇规划建设与管理课题三村镇环境基础设施建设研究.

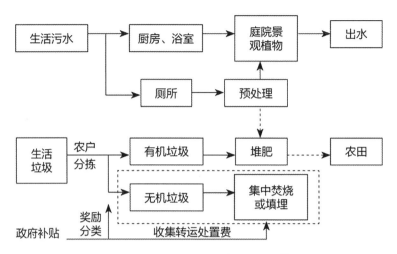

图5-119 分散型生活污染处理模式 [①]

(2) 集中型的生活污染处理模式

适用范围：主要适用于人居较为集中建成新农村的农村地区（图5-120）。

(3) "城乡统筹"的村镇生活污染处理模式

适用范围：主要适用于人居较为集中，距离中心城镇（集中处理设施）较近，即城市周边20公里范围以内的村庄（图5-121）。

(4) 以分散种植/养殖为主的生态循环模式

适用范围：主要适用于产业结构以种植和养殖业为主的农村地区。对于高寒地区不太适应（图5-122）。

(5) 以观光旅游为主的生活污染处理模式

适用范围：主要适用于中心城市的城郊、经济较发达地区的村镇地区（图5-123）。

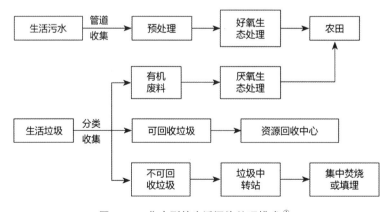

图5-120 集中型的生活污染处理模式 [①]

[①] 《村镇规划建设与管理》项目组.村镇规划建设与管理[M].北京：中国建筑工业出版社，2020.

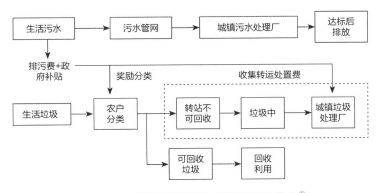

图 5-121 "城乡统筹"的生活污染处理模式[①]

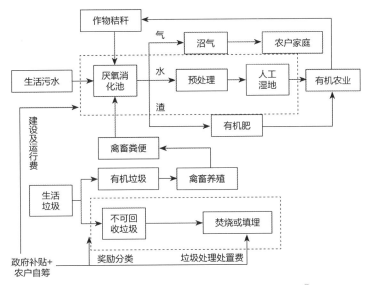

图 5-122 以分散种植/养殖为主的生态循环模式[①]

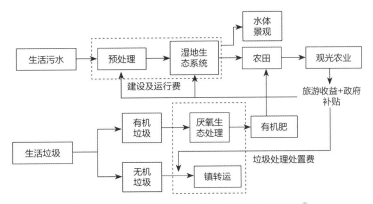

图 5-123 以观光旅游为主的生活污染处理模式[①]

---

① 《村镇规划建设与管理》项目组.村镇规划建设与管理[M].北京：中国建筑工业出版社，2020.

（6）以节水和资源回用为主的生活污染处理模式

适用范围：主要适用于水资源缺乏的村镇地区（图5-124）。

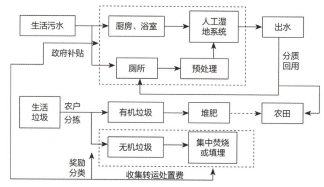

图5-124 以节水和资源回用的村镇生活污染处理模式

资料来源：《村镇规划建设与管理》项目组.村镇规划建设与管理[M].北京：中国建筑工业出版社，2020.

国内外实践

1.浙江桐庐农村生活污水和生活垃圾处理

桐庐县于2009年初启动了农村生活污水治理整村推进和农家乐污水治理工作，明确了农村生活污水治理的适用范围、处理原则、实施计划、管理要求和排放要求。全面推进"生态疗法"，采取人工湿地、无动力厌氧、小型沼气池等三种模式处理农村生活污水；先建设格栅装置和隔油池滤去废水中的固体物质和动植物油，再以无动力厌氧或人工湿地的方式处理农家乐污水。目前，已投入使用的农村污水处理设施出水水质的监测结果表明，污水净化效果达到了国家规定的标准。

桐庐在推进农村垃圾分类收集及资源化利用过程中，要求垃圾分类以户为单位，根据生产生活垃圾是否可腐烂，分为可堆肥和不可堆肥两类。可堆肥垃圾包括剩菜剩饭、作物秸秆、饲养动物粪便等，投入蓝色可堆肥垃圾桶作资源化处置；建筑废弃物、塑料、金属等不可堆肥垃圾投入黄色垃圾桶，统一通过乡镇中转站送至县城作无害化焚烧处置。

2.宁夏永宁农村生活污水回用

永宁县地处宁夏平原中部，深居内陆，属中温带干旱天气气候，降水少，蒸发强烈，水资源匮乏。该地区的村庄在污水处理过程中尝试进行资源化回用。生活污水经过合并式净化槽等技术处理之后，出水进入储水池，在储水池中收集到足够的水后，用潜水泵将水抽出用于绿化浇灌、道路降尘。该回用模式在干旱缺水的宁夏非常实用，新农村环境有待改善，绿化草坪和树木都需要定时浇灌，处理后的水用于这些绿化带的浇灌能节省大量水资源。

5.4.3 借鉴古代农田水利营建手法开展土地综合整治

1. 目标

汲取古人水土整治、景观塑造中的理念和经验，珍视并保护仍然留存在土地上的水利、农业、村落和城镇建设的遗产，寻求与古代经验兼容并蓄的农村土地综合整治方式，在发展农业生产、提高农业产出的同时，呈现山、河、渠、湖、田一体的人工和自然交织的景观形态。

2. 基本概念

（1）古代农田水利营建：通过发展农田水利工程，包括修建陂塘、灌渠、圩田等，改造对农业生产不利的自然条件，保证农业用水的可控和稳定，将水和土地的关系调整到最适宜农业生产的状态[①]。

（2）全域土地综合整治：全域土地综合整治是以科学规划为前提，以乡镇为基本实施单元，整体开展农用地、建设用地整理和乡村生态保护修复等，对闲置、利用低效、生态退化及环境破坏的区域实施国土空间综合治理的活动[②]。

3. 关键步骤和技术

（1）河谷盆地的渠灌系统：在有稳定水源的河谷盆地，人们通常采用引水灌溉的方式，从河流上游引出人工渠道，再分为若干支渠、毛渠，利用自然高差，流经整个河谷，灌溉农田，也为人们提供生活用水。

（2）山前平原的陂塘系统：针对山前平原雨季容易遭受洪水的袭击、旱季缺水的特点，在山脚利用自然地形局部筑塘蓄水，调蓄水资源并抵御洪水，再以若干水渠向低处引水，灌溉更广的范围，并且可以确保全年用水。

（3）低地沼泽的圩田系统：针对低地沼泽地势低洼、容易洪水泛滥的特点，采用圩田的方式，一方面开挖沟渠排水，另一方面用挖渠之土在田地周围修筑堤坝，以免水患。

（4）滨海冲击平原的海塘、堰坝系统：针对滨海冲击平原海陆交汇、灌溉用水易受咸潮影响的特点，通过建造海塘、堰坝和灌渠，抵御海潮、拒咸蓄淡、用于灌溉并保护沿海土地[③]。

国内外实践

1. 南太湖地区乡村空间整理和风貌引导

湖州市南太湖地区是太湖溇港水网保存最为完整的区域。2016年，太湖溇港入选世界灌溉工程遗产。溇港系统作为支配性要素决定了该地区独特的人居空间组织模式，即由骨干溇港、漾荡、次干溇港、毛细水系、农田和村庄等空间要素组成

[①] 王晗月.中国古代陂塘系统及其与城市的关系研究[D].北京：北京林业大学.2019.
[②] 《自然资源部关于开展全域土地综合整治试点工作的通知》2019年12月20日.
[③] 王向荣，林箐.国土景观视野下的中国传统山-水-田-城体系[J].风景园林，2018，25（09）：10-20.

的一个个结构相似的单元。漾荡居于单元中部，通过次级水系与骨干溇港和太湖、横塘联通，利于调蓄水量；次干溇港沟通主要水系，在生产生活中发挥加密水网、导水排涝、灌溉供水的作用；毛细水系则是次干水系向乡村腹地的进一步延伸，与村庄保持着最紧密的关系，往往采用尽端形态，形成"水兜"；村庄主要依附于毛细水系和部分次干溇港布局，更加靠近农田腹地，而远离太湖和骨干溇港横塘选址，有效避开水患（图5-125、图5-126）[①]。

图5-125　南太湖溇港体系（吴兴段）[①]

图5-126　典型溇港人居单元的要素构成[①]

[①] 赵霞，陶诗琦，汤芳菲.基于文脉的大尺度乡村地区发展空间对策研究——以湖州市南太湖特色村庄带发展规划为例[J].城市规划，2018，42（11）：9-19.

新时期太湖溇港水系普遍出现淤塞，水网密度显著下降；大量古桥、河埠、乡野古道被弃置、破坏；古村不断受到蚕食，老宅日益衰败。作为溇港文化的集中展示地，确定溇港文化相关的保护要素体系是开展土地综合整治工作的前提（表5-22）[①]。在农业空间整理上，考虑到南太湖地区长期以来有精耕细作的农业传统，耕地划分细碎复杂，农业业态多样，构成本地丰富多样的江南水乡农业生态景观，因此不宜开展大规模的土地整理，而应延续传统的土地细分方式，以特色农业业态为基础，形成震泽鱼蟹、稻蔬田园、山体果林等不同类型的景观基底。在村庄建设上，既要避免大规模迁村复耕和城市化开发，也要严格控制新增村庄建设用地。引导村庄内部存量用地改造是主要的土地整理方向，在改造中应严格约束高度和强度，并引导江南水

溇港文化景观区保护要素体系一览表[①]　　　　　表5-22

要素类别			要素名称
溇港水利工程遗产	水体	横塘	頔（荻）塘（长湖申线航道）、北横塘（古运粮河）、南横塘（里塘河）
		溇港	大钱港、小梅港、新塘港-长兜港（原名张婆港、杭湖锡航道）、罗溇（南接义冢溇港）、幻溇（幻晟航道）、汤溇（太嘉湖工程）、濮溇（南接轧村港、邢窑塘）、白米塘（东宗线航道）等73条溇港
		湖漾	盛家漾、大荡漾、松溪漾、清墩漾、陆家漾、长田漾、西山漾等7处湖漾
	水利工程设施	泄洪控制工程	口门、涵闸、斗门、驳岸、河埠
		灌溉与排水渠系统	斗渠、毛渠、沟
		灌溉控制工程	斗门、涵
		桥梁	双甲桥（乔溇）、尚义桥（义皋溇）、项王桥（汤溇）等
圩田人居遗产	农耕格局	城乡空间格局	圩田单元尺度、道路水系格局、村庄组团肌理
		圩田保护区	义皋圩田、大溇圩田、东桥圩田、许溇圩田等
	村庄聚落	村庄组团	义皋村等中国传统村落，大钱村、小沉渎村等特色村庄
		祭祀类建筑	大钱村"天后娘娘庙"、杨渎桥村"徐大将军庙"等
		生产类建筑	茧站、粮仓等与运输和生产相关的建筑
		生活类建筑	义皋村范家大厅等民居建筑
溇港相关非物质文化遗产		圩区民俗活动	三官会、放水灯、祭雨祀晴、龙舟竞渡、抗旱排涝时唱的车水号子、金溇马灯、杨溇龙灯、长兴百叶龙等
		文学记述	太湖溇港歌谣（三十六溇歌）、河工档案、溇港志、古地图

[①] 赵霞，陶诗琦，汤芳菲.基于文脉的大尺度乡村地区发展空间对策研究——以湖州市南太湖特色村庄带发展规划为例[J].城市规划，2018，42（11）：9-19.

乡的整体风格不走样。

2.陕西农村涝池水生态整治

涝池,又称池陂、濠顷、池塘,广泛存在于陕西、山西、河北、甘肃、宁夏、青海等北方干旱地区,其作用在于天涝时用以收集降雨积水,雨后留下一池雨水,供洗衣做饭、养牛养羊之用,在大旱之年用以缓解旱情。改革开放以来,涝池的蓄水、排涝等功能逐步消失,大量涝池被废弃。不少涝池被农村生活垃圾、建筑垃圾所填埋,或成为直排农村生活污水的臭水坑。

恢复涝池,一方面使之成为渠系网络末梢新增的"微型水库",为大范围推广高效节水灌溉技术(微灌、渗灌、滴灌、喷灌)提供即时供水的水源条件,推动干旱地区节水。另一方面,恢复涝池有助于解决农村的降雨排涝问题,并通过景观建设使涝池发挥改善农村人居环境的作用[①]。陕西省在"十三五"期间预计投入22亿元修复整治涝池九千余座,其中防洪排涝型、人文景观型和蓄水灌溉型涝池是最主要建设的三种类型(图5-127、图5-128)。

图5-127 陕西大荔县恢复的农村涝池

资料来源:网络。

图5-128 陕西宝鸡市金台区恢复的农村涝池

资料来源:网络。

---

① 耿乃立.北方干旱区恢复完善农村涝池一举多得[J].中国水利,2017(14):40-42.

5.5 街区绿色发展技术

社区是城市的基本生活单元。绿色社区是采用绿色化的基础设施，高效利用资源和能源，减少废物排放，拥有宜居环境和社区活力，提倡绿色生活方式，采用信息化管理手段，具备基层共建共享共治机制，实现社区和谐、经济高效、生态良性循环的社区。建设绿色社区，是为了将绿色发展理念融入社区设计、建设、管理和服务等活动，以简约适度、绿色低碳的方式，推动社区节约资源、保护环境，不断满足人民群众对美好环境与幸福生活的向往。绿色社区建设包括硬件、软件、持续改进三个要素，涉及土地利用、基础设施、能源、配套服务、绿化、建材、物业管理、基层民主、文化活动等多个方面，本节就其中低碳布局和交通设计等5个要点展开介绍。

5.5.1 低碳布局和交通设计

1. 低碳布局

（1）目标

充分考虑在地性，因地制宜合理利用地形、地貌、通风、日照等自然要素，分析人口、就业、出行等社会要素，贯彻低碳理念，形成耗能少、碳排低的社区平面布局，为低碳、零碳社区创造空间布局基础。

（2）基本概念

低碳布局：布局要充分考虑节能、减排要求，在满足社区生活质量的前提下，善于利用自然以形成良好的通风、采光、遮阳、降噪环境，形成良好的分区。

（3）关键步骤和技术

适应自然。顺应场地日照、通风、水文等自然条件，与坡度、高差、植被等地貌特征相结合谋划平面布局。同时，设计适合当地气候条件的如骑楼、天井、连廊、遮阳板、坡屋顶等的建筑形式，增加绿化表面积并形成有利于碳汇的种植形式，充分利用自然做功，改善生活环境。

合理分区。设置合理的功能分区、动静分区，形成私密性、开放性适宜的空间序列；建筑布局紧凑，有充足的绿化、广场等户外空间。

分级控制。按照居民合理的步行距离满足基本生活需求，分级布置公共服务、道路和交通、市政、绿地等设施。

混合功能。鼓励可兼容的用地混合开发利用，提高用地功能的丰富性，一方面增加居民使用的灵活性和综合性，一方面降低供给方的交易成本，提高空间效益。

适中强度。鼓励中等强度开发，建筑以中等体量、中层为主。适度开发和利用地下空间，用以承载对阳光、空气等要求不高的交通、市政及部分公共服务设施。

低冲击　低消耗　低影响　低风险的城乡绿色发展路径

国内外实践

1. 新加坡登加新镇（Tengah）[①]

登加位于新加坡西区，面积约7平方千米，本来是森林和灌丛绿化地带，20世纪80年代开始当地村民安排迁出后改作军事训练用地。为了满足市民住屋需要，在2016年9月公布了登加发展总蓝图，两年后推出了首批单位。

新镇采用"森林市镇"概念，绿色主题贯穿整个方案（图5-129）。

图5-129　登加新镇绿地结构
资料来源：网络。

有一条由东至西，宽100米、长5千米的森林走廊通过镇区。

全镇分为5个住宅区，住宅与自然生态互相融合。每个住宅区内有社区农场，使得邻里能一起耕种休闲。

新镇地面只限行人及骑单车人士使用，汽车在地底行驶。新建一条轨道线接通新镇，同时还考虑引入自动驾驶汽车接驳居民出入（图5-130）。

[①] 新加坡再开新市镇——登加新镇（Tengah），提供4.2万单位的无车之城！搜狐网，2018-05-15[引用日期2021-06-24].https：//www.sohu.com/a/231698374_155266.

图5-130 登加新镇中心剖面示意
资料来源：网络。

2. 墨西哥蒙特雷"Esfera城市中心"住宅[①]

该项目位于蒙特雷东南部的Huajuco峡谷，由扎哈·哈迪德建筑师事务所设计。项目从单人阁楼到四居室公寓共有981个单元，总建筑面积137000平方米。

设计结合所在峡谷的位置，采用减少能源消耗的公寓形体，同时有利于引入盛行风，改善室内通风。

社区活动在设计中得到重点关注，建筑立面根据朝向进行了优化，创造出一系列相互联系的庭院、花园和公共空间。通过建筑体量的分割，营造出不同开放性的场所，实现了从靠近高速公路的喧闹商业区到安静、低密度的住宅区的良好过渡（图5-131）。

3. 斯德哥尔摩79&PARK住宅综合体[②]

该项目由BIG公司设计，坐落在斯德哥尔摩市Gärdet国家公园边缘。设计体现了对环境的适应和尊重：用一条斜向通道连接街角两侧最繁忙的城市道路；围合式社区住宅从东北角的最高点向西南角渐次跌落，一方面有利于阳光照射内院，一方面使得大多数住户能在家中欣赏公园和港口的壮观景致（图5-132）。

---

① Rory Stott.王智（译）.扎哈·哈迪德公布在蒙特雷的社区住房项目. ArchDaily，2015-06-03[引用日期2021-06-02]. https：//www.archdaily.cn/cn/767734/zha-ha-star-ha-di-de-gong-bu-zai-meng-te-lei-de-she-qu-zhu-fang-xiang-mu.

② BIG又一天马行空的项目落地-斯德哥尔摩79&PARK住宅综合体.搜狐网，2018-11-09[引用日期2021-06-02]. https：//www.sohu.com/a/274383612_163548.

图5-131 "Esfera城市中心"项目效果

资料来源：网络。

图5-132 斯德哥尔摩79&PARK住宅综合体

资料来源：网络。

2. 低碳社区交通

（1）目标

坚持"以人为本"和"步行优先"，社区道路网设计和路权分配有利于社区居民采用低碳的交通出行方式。

（2）基本概念

低碳交通方式主要指公共交通、自行车和步行这几种方式。在中小规模的社区，后两者尤其重要[①]。

（3）关键步骤和技术

安全、连续、可达、连接性好的慢行网络。人行道和步行路应与目的地按较短的距离持续连接起来。通过隔离带、小汽车限速限行、交通标识等方式保障步行和自行车出行安全；通过助力设施、遮雨遮阳设计、标识系统提高舒适性。慢行网络应连接社区主要活动点，有利于出行方式和出行路径的多样化选择。

鼓励人车分行或慢速混行。考虑到保障必要的机动车效率和道路安全，通过分层交通或者尽端式路网等方式，最大程度减少人流和车流交叉；考虑到机动车与步行一定程度的混合所带来的生活便利和繁荣，可以采取兼容性较强的混合路网，同时容纳公共汽车、小汽车、自行车和行人，也能鼓励更多步行。混合性道路应采取稳静化等措施使公交车和小汽车保持有序慢速行驶（图5-133）。

图5-133 日本百草居住区北片小区人车分行道路系统[②]

[①] 自行车适用于没有明显高差变化的地形，有一定坡度的、不便人力骑行的社区，可考虑电单车。

[②] 杨勇.居住区道路"人车分行"与"人车混行"模式比较分析[J].安徽建筑，2010，17（05）：94-95.

低冲击 低消耗 低影响 低风险的城乡绿色发展路径

国内外实践

低碳社区交通：深圳市罗湖区碧波片区稳静化改造 [1]

碧波片区位为深圳最老的一个以居住、学校为主的片区。该片区文化氛围浓厚，动漫基地、罗湖区图书馆、音乐厅和多所学校聚集于此。大量学生在街道上活动，原有道路人行空间极为不足，同时片区主要的对外联系通道上缺少非机动车道，导致"人非""机非"混行严重，整体环境和安全性较差。同时，绿地郁闭度过高，公共空间开放性不足，部分功能缺失。

根据片区性质和上位规划，该片区定位为慢行优先、片区居民交往的空间和安宁街区（图5-134）。

图5-134 平面人车分离的路网示意，加拿大Stratford市居住区的人车分离路网 [2]

碧波一街：原双向2车道机动车道宽度从8米压缩为6米，利用两侧消极的绿化带，将两侧人行道宽度从1米加宽到5米（图5-135）。

黄贝路：原10米机动车道压缩为7米，两侧分别设置1.5米宽自行车道，解决自行车出行和地铁接驳需要（图5-136）。

---

[1]【他山之石】如何实现从道路到街道设计方法的转变？搜狐网，2017-07-10[引用日期2021-06-02]. https：//www.sohu.com/a/156065671_467890.

[2] 章燕，陈宗军，夏胜国.居住区"人车分流"交通组织模式探讨[A].中国城市规划学会城市交通规划学术委员会.新型城镇化与交通发展——2013年中国城市交通规划年会暨第27次学术研讨会论文集[C].中国城市规划学会城市交通规划学术委员会：中国城市规划学会，2014：6.

图 5-135　碧波一街改造前后对比
资料来源：网络。

图 5-136　黄贝路改造前后对比图
资料来源：网络。

通过设置一系列的交通稳静化措施，例如道路曲折化、人行过街抬高、交叉口转弯半径缩窄等，适当降低碧波一街、德智路和黄贝路车速（20~30千米/小时），从而改善行人交通安全（图5-137）。

图 5-137　交通稳静化措施
资料来源：网络。

5.5.2 在社区生产食物和循环用水

1. 发展社区农业

（1）目标

通过把农业引入社区，促进社区农业与社区空间相融合，将食物的生产和消费地融为一体，一方面缩短食物里程，另一方面减少社区对外代谢废物，实现一定程度的社区自足和自净，同时也利于丰富社区生活，培养良好的邻里关系。

（2）基本概念

社区农业：在社区内部进行的农业活动，既包括生产、加工、销售和消费获益，也包括为社区提供娱乐休闲、经济活力、个人健康、景观美化效益，是直接服务于社区及邻近地区需求的农业活动。

社区农园由当地社区居民管理和运营的，种植食物或花卉的"开放空间"[1]，是集中进行社区农业活动的公共场所（图5-138、图5-139）。

（3）关键步骤和技术

保障农业生产的物质空间。利用社区绿地、公共建筑屋顶、露台等空间，采取传统种植、温室种植、道路种植等不同方式，划定农业种植区。

配套生肥、生水设施。通过干堆肥、生物降解等方式，依托垃圾收集站配套建设农肥生产设施，将一部分社区代谢物转化为农业生产所需营养肥，直接返田；通

图5-138 德国柏林的kleingarten农园[2]

图5-139 意大利米兰affitto个体组织形式的农园和olinda集体组织形式的农园[2]

过中水系统、雨水收集等方式，补充农业生产用水（图5-140）。

---

[1] 张雅玮，闫爱宾，方田红.国外社区农园的发展及对国内的启示[J].北方园艺，2019（17）：170-175.
[2] 庞慧冉.西方城镇化历程中都市社区农园的多义性解读[A].中国城市规划学会、东莞市人民政府.持续发展理性规划——2017中国城市规划年会论文集（04城市规划历史与理论）[C].中国城市规划学会、东莞市人民政府：中国城市规划学会，2017：12.

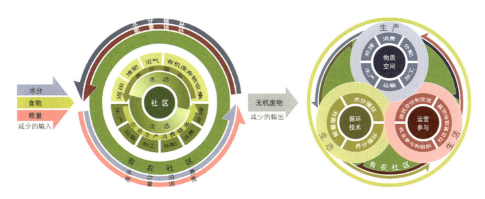

图5-140 有农社区构建模式示意[1]

国内外实践

1.上海创智农园[2]

上海"创智农园"是在毗邻但被围墙隔开的几个小区之间的一块废地上做成的一个公共空间。设计师牵头组织社区进行了两年多的改造，创造出一片生机盎然的都市农园，有步道、景观、菜园，还有供亲子活动的树皮软木坑和沙坑（图5-141）。这个教育和种植的平台拉近了人与自然的关系、强化了人与人的联系，让社区更有归属感和凝聚力。

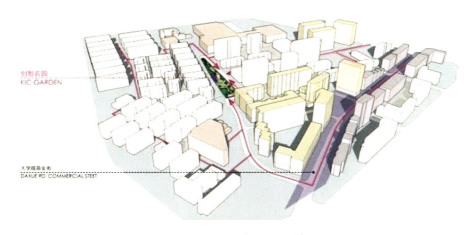

图5-141 "创智农园"周边情况

---

[1] 刘长安，张玉坤，赵继龙.基于物质循环代谢的城市"有农社区"研究[J].城市规划，2018，42（01）：52-59.

[2] 泉州社区营造.城市更新：从空间生产到社区营造——以上海"创智农园"为例.搜狐焦点网，2018-08-24[引用日期2021-05-30]. https：//sh.focus.cn/zixun/58156c565989c1e4.html.

作为一块开放绿地，创智农园成为周边居民的引力空间：它使原本不相往来的邻居在农园相识；使孩子们聚集到菜园里劳动，在沙坑里玩耍，孩子的父母来此交谈；使农民来此办市集，吸引远近的顾客。农园里用集装箱改造的室内空间，有自然教育课堂、公益沙龙，有各种手作，吸引来很多教师、学生、学者和艺人（图5-142）。

图5-142　居民和儿童在"创智农园"中劳动[①]

2. 米高社区农园（Meigle）

英国珀斯（Perth）郡的米高社区农园应用了苏格兰传统的石砌墙工艺，加上社区居民的协同共建，虽然其建造过程比单纯的园艺复杂，但社区居民和设计师共同克服重重困难，使得一块废弃地变成了集体农园，成为令社区居民骄傲的耕作农园（图5-143）。

[①] 五角场周到（公众号）.创智农园，用创意和香草营造都市"伊甸园".搜狐网，2017-08-02.[引用日期2021-05-30]. https：//www.sohu.com/a/161843666_720180.

图5-143 米高社区集体农园（Meigle Garden）[1]

2. 社区雨水和中水利用

（1）目标

通过在社区中收集雨水和使用中水，实现两种水就地资源化，节约水资源和改善水生态。

（2）基本概念

雨水利用。利用大面积屋顶或水池收集雨水，用于灌溉绿化、冲洗马路。采用可透水的再生环保材料铺设道路，让雨水渗透进入土壤，以缓解地下水沉降和避免形成积水，方便居民出行。

中水利用。将处理后污染程度相对较轻的社区中水，用于绿化浇灌、冲洗厕所、浇洒道路、洗车等，实现节约用水和减少排放。

（3）关键步骤和技术

海绵社区。建筑屋面和社区路面径流雨水一般通过有组织的汇流与转输，经截污等预处理后，引入绿地内的以雨水渗透、储存、调节等为主要功能的低影响开发设施。

社区中水系统。鼓励在用水量和排水量较大的社区建设，用于补充绿化、消防、洗车、景观等用水。社区中水系统应分析中水水源和用水对象，选择合适的型式，并独立于饮用水管网系统设置。

---

[1] 许悦.英国社区集体农园与游击花园的比较研究[J].南京工程学院学报（社会科学版），2016，16（01）：34-38.

国内外实践

美国华盛顿特区社区尺度的雨洪管理①

从2007年开始,华盛顿特区能源与环境局通过智慧河流计划(Riversmart Programs)对在私人土地上自愿建设的绿色基础设施提供补贴。绿色基础设施包括建设生态洼地、雨水花园和透水铺装等。居民、小企业、学校和教堂可通过申请获得对其房产雨水管理技术的评估和建议。截至2014年末,共有3737个智慧河流家庭项目在2836处房产安装完成,占特区住宅物业的2.5%。智慧河流屋顶计划为特区内12处绿色屋顶的安装提供了补贴。2015年,特区水务局通过改造不透水地面来替代污水管道建设,使得社区享受改造带来的各种生态系统服务功能和价值。

近年来,华盛顿特区水务局以及能源与环境局的职权范围内有两种强制建设绿色基础设施的管理方法。一是通过特区市政管理条例(DCMR)的建设许可程序进行管理。该条例要求自2013年开始建设面积超过5000平方英尺的项目,以及在前期评估中结构成本占项目总成本大于或等于50%的项目,必须实施雨洪控制措施,达到就地吸纳最初1.2英寸降雨量的要求,且恢复土地开发前的排水能力(图5-144)。二是通过绿化面积率(Green Area Ratio)对土地再开发进行管理。2016年,该条例增加了额外的景观和植被质量标准,除了不透水铺装的指标外,增加了对原生植被和树荫保护的要求。

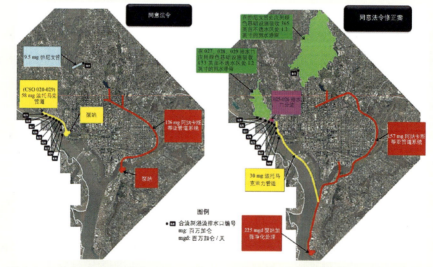

图5-144 合流制溢流长期控制计划(2002)与合流制溢流长期控制计划修正案(2016)①

---

① 西奥多·赵·林,殷一鸣.基于绿色基础设施的城市社区复兴——以华盛顿特区为例[J].国际城市规划,2018,33(03):23-31.

5.5.3 有活力的社区生活

1. 健全完善的社区生活圈配套设施

（1）目标

以社区居民日常生活需求为核心组织社区生活空间，使各种生活需求在适宜的出行距离内得到有效满足，降低居民生活成本，提高生活幸福度。

（2）基本概念

1）社区生活圈：社区居民步行可达为主的范围。通常指步行15分钟以内、面积约3～5平方千米的范围。根据社区规模，一般可分为5分钟、10分钟、15分钟三个层级，或者15分钟、5～10分钟两个层级，配套相应的服务设施。

2）生活圈配套设施：与社区居住人口或社区住宅建筑面积规模相匹配的生活服务设施，主要包括基层公共管理与公共服务设施、商业服务设施、市政公用设施、交通场站及社区服务设施、便民服务设施。

3）完整居住社区：指为群众日常生活提供基本服务和设施的生活单元，也是社区治理的基本单元。若干个完整居住社区构成街区，统筹配建中小学、养老院、社区医院、运动场馆、公园等设施，与十五分钟生活圈相衔接，为居民提供更加完善的公共服务。

（3）政策依据

《城市居住区规划设计标准》GB 50180—2018。

《住房和城乡建设部等部门关于开展城市居住社区建设补短板行动的意见》（建科规〔2020〕7号），附件《完整居住社区建设标准（试行）》。

《社区生活圈规划技术指南》TD/T 1062—2021。

（4）关键步骤和技术

1）合理集中布局。生活圈社区配套设施应按照服务半径相对集中布局。

2）鼓励联合建设。鼓励关联度较高、功能互不干扰的服务设施联合建设，形成综合服务中心。

3）优化社区设施布局。按照日常出行活动的频率、距离对社区设施进行划分，结合交通可达性、适龄服务人群等条件，调整优化设施布局。

国内外实践

1. 韩国首尔的生活圈体系

从20世纪80年代开始，韩国的住区规划一直坚持大中小生活圈的分级结构（图5-145）。其中，中生活圈以邻里为单位，服务半径400～800米，小生活圈以小学为基本单位，服务半径200～300米。

低冲击　低消耗　低影响　低风险的城乡绿色发展路径

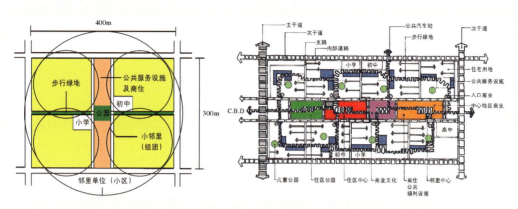

图5-145　韩国住区规划—盆唐新城单位街区概念，木洞新区生活圈概念①

2.上海15分钟社区生活圈②

上海通过研究不同群体的活动规律和设施的使用频率，针对不同类型的行为特征和设施服务半径的要求，形成5分钟、10分钟、15分钟步行可达范围的生活圈和不同人群高关联度的设施圈，从而优化以需求为导向的社区服务设施布局。

2.提倡适度混合居住

（1）目标

提高社区群体的多样性，形成多元融合的社区氛围。

（2）基本概念

混合居住：混合居住指的是不同行业、收入、年龄、民族、种族的人口能够依托不同类型、价位的住房混合居住在一个社区，借助社区实现人群间的社会交流交往（图5-146）。研究认为，尽管社区公共性"式微"③。因此，在保持一定同质性主体人群前提下的适度混合可能是相对较优的选择。

（3）关键步骤和技术

1）提供多样化的住宅产品。通过在社区内提供多种户型的住宅，使得不同家庭构成、不同年龄层次的群体适度混合。

2）合理配置保障性住房。有条件的社区布局一定比例的保障性住房，发展公共租赁，吸引不同层次的人才，丰富社区人群。

---

① 朱一荣.韩国住区规划的发展及其启示[J].国际城市规划，2009，24（05）：106-110.
② 上海市规划和国土资源管理局，上海市规划编审中心，上海市城市规划设计研究院.上海15分钟社区生活圈规划研究与实践[M].上海：上海人民出版社，2017.
③ 谷玉良.城市混合社区的"公共性"式微及其重构——基于农民工与市民混合居住社区的分析[J].学习与实践，2018（07）：92-99.

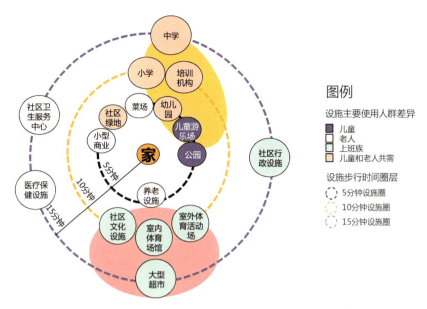

图5-146 上海社区生活圈中设施与使用人群的对应关系[1]

国内外实践

新加坡公共住房的种族混合居住制度[2]

作为一个华人占主体地位的多种族社会，新加坡曾经有过种族冲突的惨痛教训。为了解决这个问题，新加坡政府在公共住房分配中执行种族融合政策，基本的制度机制就是各种族混合居住。新加坡80%的公共住房按照种族融合、混合居住的原则分配，设定明确的种族配额，让不同种族同住一区、共居一处，在自然的人际交往中增进了解，建立平等的睦邻关系，进而促成不同种族之间的社会和谐。

3.营造适合儿童与老人的社区

（1）目标

满足儿童健康成长和老人生活便利需求，增加居民幸福感。

（2）基本概念

适老型社区：适合老年人生活的社区，尤其是高龄人口。

儿童友好社区：整体环境有利于儿童身心健康发展的社区。

（3）关键步骤和技术

1）配置针对性较强的服务设施。重点关注老人、儿童的近距离步行需求，尽

---

[1] 上海市规划和国土资源管理局，上海市规划编审中心，上海市城市规划设计研究院.上海15分钟社区生活圈规划研究与实践[M].上海：上海人民出版社，2017.
[2] 新加坡为什么能实现居者有其屋？新浪博客，2017-08-23[引用日期2021-05-31]. http：//blog.sina.com.cn/s/blog_852ae8010102wuyy.html.

量在5分钟圈布局托儿所、小型绿地和健身场等设施，在10分钟圈布局体育活动场、公园、养老站等设施。

2）构建适老益童的社区环境。社区设施和户外空间的设计能保护儿童和老人免遭伤害，有干净的饮用水和卫生环境，能提供教育、医疗和紧急庇护服务，能有利于老人和儿童参与家庭、社区生活等。

3）建设专属交通路径。规模较大的社区可设置"学"道，为少年儿童到达中小学、幼儿园提供专属路径。

国内外实践

1. 马鞍山蓝城·陶然里

该社区设置一定规模的持有或非持有经营的养老服务设施，包括照护机构护理院、颐养中心、活力颐乐学院、适老化公寓（老年公寓）。一方面服务入住的老人，另一方面承载社区内部甚至社区周边范围居家养老的输出服务。

此外，社区里也植入其他资源，如普通公寓、社区门诊、园区商业、生活超市、公共餐厅、优质环境，解决年轻人购房置业、便捷就医、子女教育问题和品质生活需要，吸引年轻人群入驻，让社区充满活力和生机（图5-147）。

(a) 养老设施　　　　　　　　(b) 项目效果

图5-147　马鞍山蓝城·陶然里

资料来源：网络。

2. 新加坡海军部村老年社区（Kampung Admiralty）[①]

海军部村项目是由新加坡建屋局开发的将公共设施和服务融为一体的综合公共组屋项目，同时也是一个应对新加坡人口老龄化趋势的老年人社区，要求只有55岁以上的老年人才允许申请入住（图5-148）。

---

① 规划天厦（公众号）."年轻貌美"的老年人社区——新加坡Kampung Admiralty.搜狐网，2019-7-18[引用日期2021-05-30]. https：//www.sohu.com/a/327559823_720180.

图5-148　海军部村老年社区

资料来源：网络。

设计师选择了分层的方法，上层为社区公园，中层为医疗中心，下层为社区广场，形成一个垂直的"建筑三明治"。

上层的社区公园是开放的社区农场，建设了梯田绿化景观，安置于社区活动中心，其间布置了长椅、健身器材等设施，为老人们提供了一个社交场所，可以在上层锻炼、聊天，或者打理花草。

中层的医疗中心，是作为养老社区的标配内容，方便居民就近就医。

底层的社区广场，也是建筑的一层，是一个完全公共的环境，居民可以在这里组织活动。

此外，除了以上围绕老年人基本生活配设的内容外，这里还有老年人活动俱乐部、熟食中心和托儿所。虽然只有55岁以上的老年人能住在这里，但是亚洲的文化背景决定了老年人的子女会时常来此探望，这些设施能方便老人与子女的共处。

3. 荷兰代尔夫特市福德斯伦街区的"儿童出行路径"[①]

"儿童出行路径"是荷兰代尔夫特市实施的"儿童安全计划"（Children Safer in

---

① 曾鹏，蔡良娃.儿童友好城市理念下安全街区与出行路径研究——以荷兰为例[J].城市规划，2018，42（11）：103-110.

Delft)最重要的举措,致力于为儿童修建安全而有趣的廊道。包括:充足的游玩和移动所需的空间;明显的标识;安全的交叉路口,使儿童可以看清来往车辆,其他人也可以提前看到儿童。精心设计的出行路径增加了儿童独立出行的机会,连接了儿童常去的各个地方(图5-149)。儿童路径同样有益于老人、残疾人等弱势群体,使他们拥有一个舒适安全的步行和骑行系统(图5-150)。

福德斯伦(Voordijkshoorn)街区,通过安全通廊将街区内2座小学、1个幼儿园、5处活动场地等串联起来。沿着安全通廊,儿童可以步行或骑行到达街区内各个目的地(图5-151)。

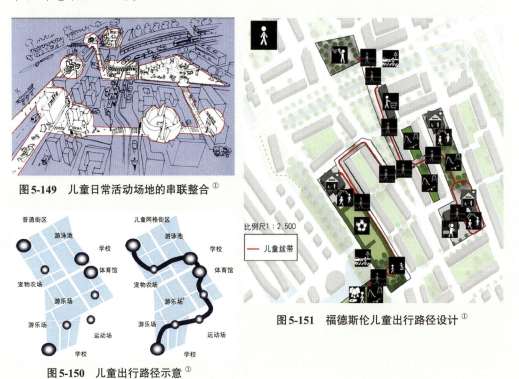

图5-149 儿童日常活动场地的串联整合[①]

图5-150 儿童出行路径示意[①]

图5-151 福德斯伦儿童出行路径设计[①]

5.5.4 高效清洁用能

1. 提高清洁能源占比

(1)目标

用清洁的可再生能源替代碳基能源,优化能源结构,提高利用效率,建设节能型、低碳型社区。

(2)关键步骤和设计

实现常规能源高效利用。鼓励热电冷联供系统、热电煤气三联供系统。

---

① 曾鹏,蔡良娃.儿童友好城市理念下安全街区与出行路径研究——以荷兰为例[J].城市规划,2018,42(11):103-110.

配置可再生能源利用设施。在可再生资源丰富的区域,鼓励建立以其为能源的发电系统,配套建设利用设施。如太阳能路灯、风光互补路灯,自行车棚光伏发电系统,用生物质能、地热能集中供暖等。

建设高效的能源计量、监测系统。开展社区能源供应分类、分段和分项三级计量;鼓励社区通过能源合同管理方式,统筹协调社区内居民小区和社会单位整体建设社区能源设施。

国内外实践

1. 弗莱堡的瓦邦社区(Vauban District)[①]

该社区使用80%木屑及20%天然气的高效热电联产再生能源装置,提供社区的供暖系统,通过好的隔热及有效的暖气供应大约可减少60%的二氧化碳排放。

2. 汉诺威的科朗斯堡社区(Kronsberg Community)节能选择

该社区的就近供暖系统,使二氧化碳释放比普通居民区的标准减少了60%,太阳能发电和风力发电机的投入使用又使二氧化碳释放量减少了20%。

3. 贝丁顿零碳社区项目[②]

贝丁顿零碳社区旨在能源自给自足,通过被动式技术与主动技术的结合,形成了综合性的可持续发展战略。该计划包括了生物质热电联产电厂、现场污水处理、雨水回收系统和自然风驱动通风系统。

社区使用热电联产设施(CHP)、太阳能和风能等清洁高效的能源,其中生物质热电联产设施是使用社区内树木修剪下来的枝叶,在发电的同时供热。

供热方面,通过降低建筑能耗和充分利用太阳能,与生物能结合,形成一种"零采暖"的住宅模式。所有住宅坐北朝南,可最大限度铺设太阳能光伏板,使其充分吸收日光;北向采用3层中空玻璃,配合超保温墙体等使得房屋本身的能量流失降到最低。通风方面,采用自然通风系统降低通风能耗;屋顶的风动通风帽引入新鲜空气实现室内废气和室外寒冷空气的热交换。屋顶大量种植半肉质植物,有助于防止冬天室内热量散失,还能改善整个社区的形象,吸收二氧化碳。

[①] 周晓娟."从摇篮到摇篮"——低碳循环发展理论在社区规划中的应用及启示[J].上海城市规划,2011(03):30-35.

[②] 罗求生,曾文静.低碳社区建设及其实践——以英国贝丁顿"零碳社区"为例[A].中国城市科学研究会、江苏省住房和城乡建设厅、苏州市人民政府.2018城市发展与规划论文集[C].中国城市科学研究会、江苏省住房和城乡建设厅、苏州市人民政府:北京邦蒂会务有限公司,2018:8.

2. 增加能源自产

（1）目标

提高社区能源自供给能力，减少城市供能压力，增强社区能源安全，提升社区品质。

（2）基本概念

利用社区自有资源，通过一定的制能技术，补充社区用电、用气、用热的能源供应方式。

（3）关键步骤和技术

社区沼气池。收集厨余垃圾和粪便，建设社区沼气池。

污水源热泵[①]。通过采用大型专用污水换热器，将污水中的能量提取出来；经过热泵转换，将低品位的污水能量转换为高品位的冷热源；利用循环泵将冷热媒在住户末端设置的地面辐射盘管中循环，以达到室内冬季采暖、夏季制冷的效果。

国内外实践

1. 德塞维尔（De Ceuvel）生态社区的沼气和太阳能技术[②]

德塞维尔生态社区提出支持资源循环代谢且与社区空间形态一体化的适宜技术策略，通过在建筑和景观空间中置入雨水收集、盐生植物过滤、干堆肥、温室种植、太阳能和沼气能等适宜技术设施，实现了社区资源的自给自足（图5-152）。

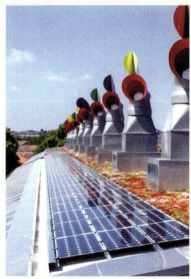

图5-152　贝丁顿社区总平面，太阳能光伏板及无动力全热回收新风系统[③]

---

① 陈会兵.污水源热泵技术在科技舒适性住宅中的应用案例分析[J].居舍，2017（36）：71+120.
② 高晓明，王志鹏，赵继龙，毛晓天，刘长安.城市代谢导向下的荷兰可持续城市规划与设计理念探析[J].国际城市规划，2020，35（04）：114-123.
③ ZEDfactory，朱晓琳.贝丁顿零碳社区[J].建筑技艺，2011（Z5）：146-151.

2.长春市自由大路2121号住宅污水源热泵改造项目[①]

该住宅原先的供热途径为热电二厂供给的高温热水通过换热站送至用户。改造后,将不再使用热电二厂热量,而是以热力站附近的动植物园内的污水主干线的污水为热源,利用吸收式热泵将低温热源(污水)的热量送至高温热源(热用户侧高温水),热电二厂的热源作为事故备用热源使用(图5-153、图5-154)。

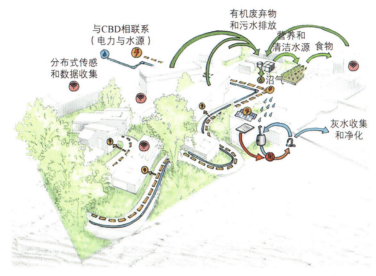

图5-153 德塞维尔社区的物质循环流程及其适宜技术设施[②]

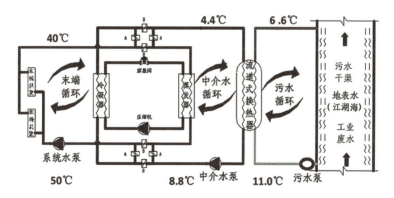

图5-154 污水热泵系统供热工艺流程[①]

[①] 刘玲玲.污水源热泵技术在城市住宅供热系统中的应用[J].区域供热,2019(04):107-112+122.
[②] 高晓明,王志鹏,赵继龙,毛晓天,刘长安.城市代谢导向下的荷兰可持续城市规划与设计理念探析[J].国际城市规划,2020,35(04):114-123.

5.5.5 老旧小区绿色化改造

1. 目标

推动老旧小区有机更新并实现节能减排、绿色发展。

2. 基本概念

老旧小区：老旧小区指城市、县城（城关镇）建成于2000年以前、公共设施落后影响居民基本生活、居民改造意愿强烈的住宅小区。

绿色化改造：实现节能减排、生态环保等绿色效益的改造。

3. 政策依据

《国务院办公厅关于全面推进城镇老旧小区改造工作的指导意见》（国办发〔2020〕23号）

《住房和城乡建设部等部门关于印发绿色社区创建行动方案的通知》（建城〔2020〕68号），附件《绿色社区创建行动方案》。

4. 关键步骤和技术

（1）必备项目

1）旧建筑性能检测和抗震。对旧建筑进行性能、结构的检测，尤其要详细检查对那些承重墙、梁经过私自改造的老旧建筑，根据检测结果进行必要的修复加固，使其达到外加三十年寿命和基本的抗震性能。

2）外墙保温改造。北方地区一些节能性差的旧楼宇加装保温板和更换节能玻璃窗，南方地区可选择保温涂料或者其他更加便于施工、低成本的保温模式。

3）统一加装太阳能屋顶。

4）建筑的雨水收集。在建筑屋顶、地下停车场、地面安装雨水的收集装置，减少地表径流量，为社区消防、绿化、洗车、冲厕提供用水。

5）加装电梯。

6）中水回用改造。例如，采用卫生间一体化中水利用设施。

7）供热计量改造与老旧管网普查更新。加装小型供热计量产品，实施分户热计算，还可以结合墙体门窗的保温改造取得加倍的节能效果。

8）建立小区立体停车库。

9）小区垃圾分类和LED照明改造。

（2）拓展项目

1）社区绿化和建筑外墙绿化。

2）增加社区对外通道。

3）海绵社区整体设计改造。

4）统一加装遮阳窗。

5）厨房油烟集中过滤。

6）老旧楼宇空旷场地综合利用。

7）美化社区。

8）基于节能减排的绿色物业管理和智慧社区。

国内外实践

1. 建德市新安江街道近江花园小区改造

通过拆除违章违建，整理线路，美化楼体外墙，修复破损道路，改善绿地绿化，改造环卫设施，同时因地制宜，深挖小区历史文化底蕴，优化了小区环境和城市面貌（图 5-155）。①

2. 杭州市上城区紫阳街道北落马营社区改造

完成屋顶补漏、外立面提升、垃圾分类、雨污分流、弱电上改下、加装电梯、消防通道拓宽等基础设施提升（图 5-156）。

图 5-155　建德市近江花园小区改造
资料来源：网络。

图 5-156　杭州市北落马营社区改造
资料来源：网络。

5.6 绿色建筑技术

绿色建筑是指在全生命周期内，节约资源、保护环境、减少污染，为人们提供健康、适用、高效的使用空间，最大限度地实现人与自然和谐共生的高质量建筑。发展绿色建筑，核心目标是满足人们日益增长的对建筑品质在安全耐久、健康舒适、生活便利、资源节约和环境宜居等方面的需求（图 5-157）。绿色建筑的技术领域涉及绿色设计、绿色建造、绿色建材、绿色运营和既有建筑绿色化改造等方面。在我国提出 2030 年碳达峰、2060 年碳中和的大背景下，绿色建筑发展的重点方向是碳减排，而这需要从设计、施工、运营、建材等所有环节的联动，才能真正实现整个建筑行业的减排。

5.6.1 绿色设计

1. 基本概念

（1）绿色设计：通过技术、材料的综合集成，减少建筑对不可再生资源的消耗

---

① 杭州日报. 名单公布！杭州这 30 个老旧小区综合改造很优秀！有你家吗？百度网，2021-05-08[引用日期 2021-06-02]. https://baijiahao.baidu.com/s?id=1699173338236457982&wfr=spider&for=pc.

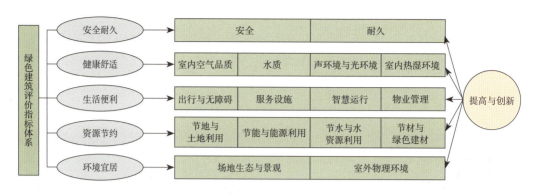

图 5-157 绿色建筑评价指标体系[1]

和对生态环境污染，为使用者提供健康、舒适的工作和生活环境的设计[1]。

（2）被动式超低能耗建筑：指适应气候特征和自然条件，通过保温隔热性能和气密性能更好的围护结构，采用高效新风热回收技术，最大限度地降低建筑供暖制冷需求，并充分利用可再生能源，以更少的能源消耗提供舒适室内环境的建筑。

（3）BIM技术：是指通过建立虚拟的建筑工程三维模型，实现建筑信息的集成。从建筑的设计、施工、运行直至建筑全寿命周期的终结，各种信息始终整合于一个三维模型信息数据库中。设计团队、施工单位、设施运营部门和业主等各方人员可以基于BIM进行协同工作，有效提高工作效率、节省资源、降低成本。

2. 相关标准

《绿色建筑评价标准》GB/T 50378—2019、《健康建筑评价标准》T/ASC 02—2016等。

3. 关键步骤和技术

（1）绿色设计是系统化集成的设计，从时间、空间和系统上实现经济效益、环境效益、社会效益的最大化。

（2）绿色设计要从建设到拆除的全生命期考虑，注重从建筑设计、生产加工、材料选用、施工建造到运营维护全过程的统筹。

（3）绿色设计应遵循被动技术优先、主动技术优化的技术路线，优先采用自然采光、自然通风等被动技术，对采暖、制冷、通风等主动技术，合理优化采用，提高能效。

（4）绿色设计应积极响应"适用、经济、绿色、美观"的建筑方针，突出建筑使用功能以及节能、节地、节水、节材和环保。

（5）绿色设计应以场地的自然过程为基础，将自然地形、阳光、水、风及植物等因素结合在设计之中。

（6）绿色建筑设计技术包括节地和室

---

[1] 全国市长研修学院系列培训教材编委会.绿色建造与转型发展[M].北京：中国建筑工业出版社，2019：52.

外环境技术、节能和能源利用技术、节水和水资源利用技术、节材和材料资源利用技术、室内环境质量技术等。

（7）不同城市或地区的绿色建筑应遵循因地制宜的原则，结合当地的气候、环境、资源、经济及文化等特点，采用适宜的技术，提升建筑使用品质，降低对生态环境的影响。

国内外实践

深圳建科大楼

深圳建科大楼是中国南方夏热冬暖（特别是湿热）气候区的典型绿色建筑代表（图5-158）。在绿色技术的使用上，首先，基于气候和场地具体环境，通过建筑体型和布局设计，创造利用自然通风、自然采光、隔音降噪和生态共享的先决条件。其次，基于建筑体型和布局，通过集成选用与气候相宜的本土化、低成本技术，实现自然通风、自然采光、隔热遮阳和生态共享，提供适宜自然环境下的使用条件。最后，集成应用被动式和主动式技术，保障极端自然环境下的使用条件。

图5-158 深圳建科大楼

资料来源：网络。

1）基于气候和场地条件的建筑体型与布局设计

建筑体型采用"凹"字型。凹面朝向夏季主导风向，背向冬季主导风向，同时合理控制开间和进深，为自然通风和采光创造基本条件。通过垂直布局以获得合理的交通组织和适宜的环境品质。中底层主要布置为交流互动空间以便于交通组织，中高层主要布置为办公空间，以获得良好的风、光、声、热环境和景观视野。结合朝向和风向进行平面布局设计，大楼东侧及南侧日照好，同时处于上风向，布置为办公等主要使用空间。大楼西侧日晒影响室内热舒适性，因此尽量布置为电梯间、楼梯间、洗手间等辅助空间。为使大楼与周围环境协调及与社区共享，首层、六层、屋顶均设计为架空绿化层，最大限度对场地进行生态补偿。结合架空绿化层，设置开放式交流平台，灵活用作会议、娱乐、休闲等功能，以最大限度利用建筑空间（图5-159）。

图5-159　垂直绿化、屋顶绿化和空闲层绿化

资料来源：网络。

2）集成选用与气候相宜的本土化、低成本技术

突破传统开窗通风方式，建筑采用合理的开窗、开墙、格栅围护等开启方式，实现良好的自然通风效果。在建筑布局构成"功能遮阳""自保温复合墙体""节能玻璃"等基础上，结合绿化景观设计和太阳能利用技术，进一步进行立体遮阳隔热。大楼每层均种植攀岩植物，在改善大楼景观的同时，进一步强化了遮阳隔热的作用。针对夏季太阳西晒强烈的特点，在大楼的西立面和部分南立面设置了光电幕墙，既可发电又可作为遮阳设施减少西晒，提高西面房间热舒适度。

3）主动技术与被动技术的集成应用

集成采用高效的主动式技术，作为被动式技术的补充，如自然通风与空调技术结合、自然采光与照明技术结合、可再生能源与建筑一体化、绿化景观与水处理结合等。在与建筑一体化的可再生能源利用技术方面，大楼南面的光伏板与遮阳反光板集成，屋顶光伏组件与花架集成，西面光伏幕墙与通风通道集成，在发电的同时起到遮阳隔热作用。在与景观结合的水资源利用技术方面，设置中水、雨水、人工湿地与环艺集成系统（图5-160），对生活污水经处理后的达标中水、经过滤和湿地处理后的雨水进行再利用，以减少市政用水量。

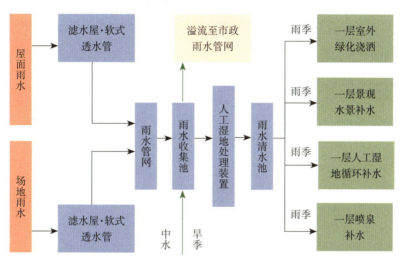

图5-160 中水、雨水、人工湿地和环艺集成系统
资料来源：作者绘制。

5.6.2 绿色建造

1. 基本概念

（1）绿色建造：绿色建造就是在建造活动中充分体现绿色发展理念，改变传统的"大量建设、大量消耗、大量排放"的生产模式，节约资源、保护环境、提高效率、提升品质的工程建造活动。

（2）智能建造：指在建造过程中充分利用智能技术和相关技术，通过应用智能化系统，提高建造过程的智能化水平，减少对人的依赖，达到安全建造的目的，提高建筑的性价比和可靠性。

（3）装配式建筑：是指把传统建造方式中的大量现场作业工作转移到工厂进行，在工厂加工制作好建筑用构件和配件（如楼板、墙板、楼梯、阳台等），运输到建筑施工现场，通过可靠的连接方式在现场装配安装而成的建筑。

（4）工程总承包：指从事工程总承包的企业按照与建设单位签订的合同，对工程项目的设计、采购、施工等实行全过程的承包，并对工程的质量、安全、环保、工期和造价等全面负责的承包方式。

（5）全过程工程咨询：指对工程建设项目前期研究、决策以及工程项目实施和运营的全生命期提供包含设计在内的涉及组织、管理、经济、技术和环保等各有关方面的工程咨询服务。

（6）绿色施工：在保证质量、安全等基本要求的前提下，以人为本，因地制宜，通过科学管理和技术进步，最大限度地节约资源，减少对环境负面影响的工程施工活动。

2. 关键步骤和技术

（1）绿色建造的实现一方面依赖于科学管理，通过实行一体化的建造管理方式达到资源配置效率最优，另一方面依赖于技术的持续进步，提升建造的整体水平。

（2）工业化建造方式的实施路径包括标准化设计、工厂化生产、装配化施工、一体化装修和信息化管理。

（3）推行标准化设计，采用统一的模数协调和模块化组合方法，在满足个性化需求的基础上实现少规格、多组合。

（4）推行工业化生产，形成标准化、规模化、信息化、系列化的预制构件和部品，完成预制构件和部品的精细制造，减少材料损耗、建筑垃圾、废水污水、粉尘污染等。

（5）推行装配化施工，以构件、补品装配施工替代传统现浇或手工作业，通过全过程的高度组织管理和全系统的技术优化集成控制，提升施工阶段的质量、效率和效益。

（6）推行一体化装修，采用干式工法，将工厂生产的定制化装修部品部件、设备和管线等在现场进行组合安装，与装配时主体结构、外围护结构、设备和管线等系统紧密结合进行一体化设计和同步施工。

（7）推行信息化管理，通过设计、生产、运输、施工、装配、运维等过程的信息数据传递和共享，在工程建造过程中实现协同设计、协同生产、协同装配。

（8）完善工程建设组织模式，加快推行工程总承包，培育全过程工程咨询，探索建筑师负责制。

（9）绿色施工采用低耗机械设备、标准构件部件、优化工艺工法、高效物流运输等措施实现节材；采用耕植土保护利用、地下资源保护、永临结合等措施实现节地；采用空气污染及扬尘控制、污水控制、固废控制、土壤和生态保护等措施实现环境保护；采用职业病预防、防护器具、智能化机械化应用等措施实现人员保护。

（10）在绿色施工过程中，应充分发挥绿色监理的重要保障作用，关键在于将节约资源、保护环境、减少污染等要求纳入监理"控制、管理、协调"的范畴，对施工组织、施工工艺、建筑材料等进行动态管理和控制。

5.6.3 绿色建材

1. 基本概念

绿色建材：绿色建材是指在全生命周期内可减少对天然资源消耗和减轻对生态环境影响，具有"节能、减排、安全、便利和可循环"特征的建材产品。绿色建材不是单纯的建材品种，是对建材整个生命周期包括原材料选取、生产过程、施工过程、使用过程及废弃物处理等方面的综合评价。

2. 相关标准

《绿色建材评价技术导则（试行）》。

3. 关键步骤和技术

（1）鼓励使用可循环材料，如钢材、铝材、木材、玻璃等；采用具有改善居室生态环境和保健功能的建筑材料，如抗菌、除臭、调温、调湿、屏蔽有害射线的多功能玻璃、陶瓷、涂料等；采用高轻度和耐久性建筑材料，如新型耐火材料；采用能大幅度降低建筑物使用过程中的耗能、耗水的建筑材料和设备，如高性能门窗、节水器具等；采用本地化、环保可再生材料，如秸秆、竹纤维木屑等生物质建材；采用建筑垃圾生产的再生混凝土、再生预制构件等利废型建筑材料[①]。

（2）在建材生产的过程中，采用低能耗建造工艺和不污染环境的生产技术。

（3）绿色建材废弃时应可循环或回收再利用，不产生污染环境的废弃物。

5.6.4 绿色运营

1. 基本概念

（1）绿色运营：即把节约资源、保护和改善生态与环境、有益于消费者和公众身心健康的理念，贯穿于建筑运营阶段，通过科学管理控制建筑的服务质量、运行成本，实现绿色生态目标。

（2）智慧建筑：智慧建筑能"感知"，能够监测并存储对人/物/环境的信息、数据等；懂"精算"，充分利用存储的数据，对用户的行为进行预估和判断；会"呼吸"，能够利用绿色技术最大限度地节约资源能源，保护环境；能"管理"，实现物业在安防、大数据管理及行为管理等方面的智能化。

2. 关键步骤和技术

（1）开展建筑系统的综合效能调适，是绿色建筑交付的先决条件之一，具体包括对通风空调、楼宇控制系统、照明系统、供配电系统等建筑设备系统进行调试验证、性能测试验证、季节性工况验证和综合效果验收，使系统满足不同负荷工况和用户使用的需求。

（2）合理确定绿色运营目标和管理制度，根据绿色策划和设计的总体目标，制定建筑运行能耗、水耗、室内环境质量等方面的绿色运营目标，并以此为导向，建立完善的运行管理制度、工作指南以及应急预案和设施设备的维护保养管理制度。

（3）科学开展设施设备的维护保养工作，依据维护保养清单和工作计划，进行日常维护管理，建立设施设备全生命期档案，保证设施设备的高效稳定运行，具体包括定期巡检、维护机电设备和围护结构，补种绿化植物等。

---

① 全国市长研修学院系列培训教材编委会.绿色建造与转型发展[M].北京：中国建筑工业出版社，2019：55.

（4）引入数字化管理平台等先进智能技术，对建筑室内环境、设备运行进行实时监控，形成实时感知、自动故障检测、自诊断和自适应能力，最大限度地节约资源能源的同时，满足个性化的需求。

（5）定期进行绿色运营后评估，重在评价各项绿色技术和措施的综合实施效果，如能耗、水耗、室内外环境质量、建筑使用者反馈等评价指标，评价结果应向建筑用户公开，接受用户监督，评价结果不达标时应积极整改。

国内外实践

深圳的腾讯滨海大厦

腾讯滨海大厦全部进行了智能、数字化打造，从水电、安防、监控、停车等进行数字化管理（图5-161）。该项目应用了一套深度适配智慧建筑场景的物联网类操作系统——腾讯微瓴，通过智能化硬件设备和软件作为载体搭建了人脸识别门禁系统、智能照明系统、会议室后台管理系统、安防系统、能源管理系统、停车场管理系统。并建立综合管控系统，使得大厦内各个系统之间相互协同运作，让大厦运行的能耗更低、更安全、更舒适。

滨海大厦配备的智能寻车系统，在员工下班之后，可以打开QQ账号里的智能寻车导航系统，通过智能定位导航快速找到自己的车。在智能环境控制方面，大厦里的全落地玻璃窗自带遮阳系统，室内的温度能根据外界温度进行调节。同样，室内的光照强度也会根据光照的强弱自动调节。

图5-161　腾讯滨海大厦外观

资料来源：网络。

5.6.5 既有建筑绿色改造和绿色拆除

1. 基本概念

(1) 绿色改造：以节约能源资源、改善人居环境、提升使用功能等为目标，对既有建筑进行维护、更新、加固等活动。

(2) 绿色拆除：绿色拆除是指在建筑拆除过程中控制废水、废弃物、粉尘的产生和排放。新时期绿色拆除强调以建筑固废资源化为导向，通过损伤可控的有序拆解和对旧材料、旧构件的分类分级处理，促进构件再利用和材料再循环，提高建筑资源的再利用效率。

2. 相关标准

《既有建筑绿色改造评价标准》GB/T 51141—2015。

3. 关键步骤和技术

(1) 既有建筑绿色改造技术包括被动技术和主动技术两类。被动改造技术指在原有建筑物理基础上进行优化改造的技术，包括天然采光、自然通风、围护结构保温隔热、屋顶绿化等。主动改造技术包括热回收技术、非传统水源利用、分项计量等。在实际使用中，被动技术的应用率明显高于主动技术（表5-23）[1]。

(2) 建筑节能改造是绿色改造的重要

既有绿色改造实践和技术运用[1]　　　　　表5-23

气候区	改造技术应用
寒冷地区	结构加固、抗震、冰蓄冷、热回收、天然采光、智能控制
寒冷地区	外墙节能改造、太阳能热水、新风热回收、节水灌溉、活动遮阳、照明改造
寒冷地区	旧建筑利用、围护结构节能改造、太阳能热水、照明节能、分项计量、节水灌溉、室内环境改造
夏热冬冷地区	屋顶绿化、热回收、太阳能热水、太阳能光伏、雨水回收、自然通风、天然采光
寒冷地区	被动设计
夏热冬冷地区	围护结构保温隔热、太阳能热水、太阳能光电、绿色照明、分项计量、节水灌溉、雨水回收、室内空气质量监测
寒冷地区	围护结构保温、遮阳、新风热回收、太阳能光热、绿色照明、分项计量、节水灌溉、地源热泵机组
夏热冬冷	太阳能光热、太阳能光伏、土壤源热泵、活动外遮阳、自然通风、采光、绿色照明
夏热冬冷	自然通风技术
寒冷地区	
寒冷地区	工业建筑功能改造技术
夏热冬暖地区	结构加固、活动遮阳、屋顶隔热、太阳能光热、太阳能光电、温湿度独立控制、导光管
寒冷地区	围护结构保温（外墙、窗、屋面）、绿色照明、空调系统减噪
寒冷地区	水泵变频、排风热回收、PM2.5静电除尘

---

[1] 王清勤，王军亮，范东叶，郭建峰. 我国既有建筑绿色改造技术研究与应用现状 [J]. 工程质量，2016，34（08）：12-16.

续表

气候区	改造技术应用
寒冷地区	天然采光、通风，活动遮阳，太阳能空调系统，垂直绿化，外墙保温，绿色照明，分项计量，雨水回收
寒冷地区	扩建加层技术，天然采光，分项计量，节水器具
严寒地区	外墙保温，太阳能热水
严寒地区	透水地面，外墙自保温，外窗气密性，分项计量，自然通风，节水灌溉，导光筒，太阳能热水，风力发电
夏热冬冷地区	外围护结构保温，外遮阳，新风热回收，分项计量，雨水收集，太阳能光电
夏热冬冷地区	外围护结构保温隔热，天然采光，活动遮阳，绿色照明，空调系统改造，分项计量，室内空气质量控制系统
夏热冬冷地区	外围护结构保温，绿色照明，太阳能光热
夏热冬冷地区	屋顶绿化，排风热回收，绿色照明，节水灌溉，自然通风，天然采光，智能控制分项计量

内容，包括使用更现代化、更高能效的设备替换建筑现有的暖通空调系统、锅炉或热水器（和/或将这些系统电气化）；使用高性能的材料替换建筑现有的窗户、屋顶、墙壁和隔热层；使用高能效的LED灯替换建筑现有照明设备；使用更高能效的设备替换建筑现有的电器和电子设备；密封建筑围护结构，以减少能源浪费；安装建筑能源管理设备（运动感应灯、智能恒温器等）；安装实地可再生能源发电系统，如屋顶太阳能发电系统或地热井等项目[①]。

（3）建筑电气化是节能改造的重点，主要包括供暖和热水系统的电气化。生活热水电能替代：对于居住建筑和公建建筑的集中式生活热水系统，由于存在热损失大的问题，采用分散式电热水器能够有效实现节能。北方城镇供暖电能替代：北方城镇可充分利用城市内部或周边的热电联产和工业余热来进行集中供暖，供暖电气化技术主要用于补充供热缺口，可以在城镇集中供热中占据一定比例，但不应过分追求完全电气化。北方农村供暖电能替代：北方农村推广空气源热泵等采暖电气化技术是替代散煤、减少大气污染物排放的有效途径。为提高室内舒适度、降低农户的采暖成本、保障电力安全，农村采暖电气化应该与建筑围护结构保温、建筑需求响应技术共同实施。

---

① John O'Neill, Sha Yu, Christina Bowman, and Jiawei Song. "净零碳建筑：国际趋势和政策创新"（2020年8月）. 马里兰大学全球可持续发展中心. 66页.

国内外实践

雄安新区绿色拆除实践

2019年9月,雄安新区启动6个村的整体拆迁工作,为确保施工作业符合"绿色拆除"要求,在拆迁前编制了《绿色拆除实施方案》,该方案不仅对施工时间、防尘措施、降噪措施、建筑垃圾的清运和处置、土地平整等各方面提出了明确要求,还对施工工艺、施工机械型号、现场围挡高度等进行了规定,最大限度减少施工过程中噪声、扬尘等污染,并确保不对临近村庄居民正常生活造成影响。

在实际施工过程中,洒水车不断地在施工道路上进行洒水保持道路浸湿状态,每台挖掘机和炮机都配备了大功率雾炮车,不间断向正在拆除的房屋和施工机械上进行水雾喷洒,不仅抑制了房屋拆除产生的扬尘污染,还减少了施工机械行进过程中造成的扬尘污染(图5-162)。在房屋拆除过程中,墙体都是向内倒塌的,尽量避免建筑垃圾外溢到道路上以及村外。此外,为了避免被浸湿的尘土被晒干后在风力影响下造成二次扬尘污染,施工单位按照"拆除一处苫盖一处"的原则,对每一处拆除完毕的房屋上覆盖2000目密目网(图5-163)。

在拆除完成后,新区使用专用机械对建筑垃圾进行破碎和筛分,最终形成0~5毫米、5~10毫米、10~200毫米等不同粒径的优质骨料可用于市政园林堆山造景、高速公路路基、路床填筑和再生砖、再生砌块制作等。

图5-162 雄安新区绿色拆除施工中洒水
资料来源:网络。

该套"就地拆除、就地筛分、就地利用"全产业链生态系统,将雄安新区建设过程中产生的建筑垃圾变废为宝,再次用于新区建设中,实现建筑垃圾100%无害化处理及95%以上再生利用。

图5-163　雄安新区绿色拆除后防尘
资料来源:网络。

6

第6章

城乡绿色发展实践案例

6.1 城市化地区的绿色技术集成实践——以天津生态城为例

6.1.1 中新天津生态城概况

中新天津生态城，是世界上第一个国家间合作开发建设的生态城市。2007年，中新两国为应对气候变化、建设和谐社会、探索可持续发展道路，在中新成功合作开发苏州工业园区基础上进一步开辟两国互利合作形式、深化合作层次，中方积极呼应新方动议，迅速启动项目选址和商务谈判，半年后，生态城项目正式落户天津滨海新区，占地面积约31平方千米。2008年，中新两国专家团队联合编制了具有实施意义的生态城市总体规划（以下简称"08版总体规划"）。2013年底，滨海旅游区和中心渔港经济区并入中新天津生态城管辖范围，天津生态城管辖范围增长至约150平方千米。2018年，生态城完成了总体规划的修编提升，形成了以"生态为纲、产城融合、绿色宜居、以人为本"为特征的新版总体规划（以下简称"18版总体规划"）。

天津生态城具有重要的示范意义。它是一个广泛运用可持续发展新理念、新方法、新技术的开创性、探索性、试验性城市（图6-1），是一个致力于以攀登生态城市高峰、打造生态城市典范、树立生态

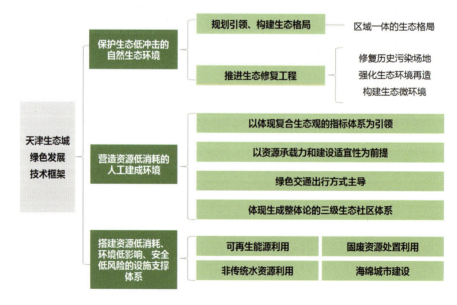

图6-1 天津生态城绿色发展技术框架

资料来源：王昆绘制。

城市标杆、发挥示范引领作用为目标的城市，是一个覆盖经济、社会、环境各个方面和规划、建设、管理各个环节的全要素城市，是一个以实现城市绿色、低碳、循环、可持续发展为主要特征的城市，是第一个采取国际合作形式开发建设的较大规模的城市，是在盐碱荒滩上从零起步、从头开始从而更好发挥样板作用的城市。

6.1.2 保护低冲击的自然生态环境

1. 规划引领、构建生态格局

2008年第一轮规划中，结合蓟运河故道、污水库、高尔夫球场等规划范围内自然要素和"大黄堡—七里海湿地连绵区"等区域本地自然资源，建立"中心生态核—片区生态廊道—区域生态基底"连通一体的生态格局（图6-2），构建"一岛、三水、六廊"的生态空间结构，形成"水库—漫滩湿地—河流—滩涂湿地—海水"的多级水生态网络。在故道河和清净湖围合的区域建设生态城的开敞绿色核心——生态岛；在生态岛西南侧，将原3平方千米的工业污水库进行整治，成为今天的静湖。以静湖、蓟运河和故道河三大水系为骨干，规划建设惠风溪、甘露溪、吟风林、琥珀溪、白鹭洲及鹦鹉洲六条以人工水体和绿化为主的生态廊道，形成内部相联、外部相通的生态网络。

图6-2　2008版总规中的生态格局示意（左）与用地布局规划（右）

资料来源：中新天津生态城总体规划（2008～2020年）。

2016年生态城扩区以后，延续合作区可持续发展的理念、先底后图的规划方法和生态空间塑造、湿地保护等经验。继续坚持生态优先原则，加强对区域性生态廊道、鸟类栖息地和河流水系的保护，保留入海口大面积生态湿地，确保生态系统有机衔接，形成区域一体化的生态格局，实现湿地净损失为零。加强滨海岸线资源保护，严格保护候鸟迁徙通道和觅食区域，严控周边的城市建设和开发，规划建设滨海新区遗鸥公园，打造生态城独具一格的"生态名片"；以静湖、故道河、南湾、贝壳堤等水系为依托，规划多级生态廊道，构建复合生态系统。规划建设东堤公园、南堤滨海步道、海堤公园、生态谷等线性绿色廊道，串联城市公园和社区绿地，形成蓝绿交织、清新明亮、水城共融的生态城市；建立健康的水循环体系，结合现状水系和人工河道，形成由自然建构循环生态水系、人工强化循环生态水系和自循环景观水系组成的多级水循环系统。

2. 推进生态修复工程

（1）治污为先，修复历史污染场地

生态城起步于环境恶劣的盐碱荒滩，十年来始终坚持在开发中保护、在建设中修复、在发展中优化的思路，治理了积存40年工业污染的"污水库"，形成了历史积存污染水体综合治理方案，获得50余项中国国家级专利，闯出了一条国际领先的污染场地治理新路（图6-3、图6-4）。生态城污染场地治理方案已在雄安新区白洋淀、河北省安新县唐河、山东省沂水县沂河、湖南省株洲市清水塘、天津市临港大沽排污河、浙江省玉环市等地的污染治理上得到推广复制。

（2）以土壤改良、植物群落为重点，强化生态环境再造

探索盐碱地改良路径，丰富植物群落。不同于传统盐碱地改良主要采用"客土"绿化方式，生态城探索实践出"物理—化学—生态"相结合的综合改良及植被构建技术，并获得中国国家级发明专利。生态城8.7万平方米城门景观的绿化全部采用盐碱地绿化新技术——节水型盐碱滩地物理化学生态综合改善及植被构建技术，昔日盐池、虾池连片的盐碱地如今已成为活力焕发的生态绿洲（图6-5）。同时，生态城分期分批逐步丰富植

图6-3　生态城污水库原貌

资料来源：网络。

图6-4　治理后的污水库变为静湖

资料来源：网络。

图6-5 环境再造的地貌对比

资料来源：网络。

物品种，根据土壤含盐量降低的情况，按植物对盐碱地的适应程度增加植物种类，充分发挥植物的自然美，丰富景观层次，完善植物群落结构。

（3）构建生态微环境

生态城区域内完整保留湿地和水系，预留鸟类栖息地，实施水生态修复和土壤改良，构建便捷的城市户外休憩体系，建立环境优美、和谐宜居的生态环境，陆续建成生态岛、生态谷、生态廊道、滨水景观、主题公园、街角绿化等，积累了丰富的盐滩生态构建的经验。永定洲公园、生态谷公园、动漫公园等三大公园"串联成线"；蓟运河故道、惠风溪生态廊道、印象海堤公园、贝壳堤湿地公园等四大滨水绿化景观形成规模，成为市民文化休闲娱乐健身理想之地。正在建设的城市级公园——中新友好花园将成为生态城和"城市客厅"。中新友好花园遵循可持续发展、生态恢复、物种驯化和湿地保护理念，以集群的温室和内部花园为核心，构建相对集中的空间，创造生态城特色景观，作为生态城居民文化、休闲活动的重要场所。

6.1.3 营造资源低消耗的人工建成环境

1. 以体现复合生态观的指标体系为引领

生态城创造性地采取了指标体系指导总体规划编制和后期实施的城市开发模式。这一模式在中国多地得到复制推广。2008年制定的生态城指标体系包括资源利用、环境友好、社会和谐、区域协调四个方面，共22项控制性量化指标和4项引导性指标，体现了人与经济、社会、环境和谐共生、协调发展的复合生态观。同时，生态城将26项指标分解为具体任务，并落实到责任部门、建设管理环节、土地空间上，形成了指标落实的路线图和施工图。2018年，生态城对标中外先进生态城市实施了指标体系优化升级，指标数量由"22+4"升级为"30+6"，以更好地适应外部环境的变化和自身发展需要。生态城标准化建设实践得到国际标准化组织高度认可，2017年授予生态城ISO/TC 268城市可持续发展管理标准体系ISO 37101/37104国际试点城市。

2. 以资源承载力和建设适宜性为前提

2008年总体规划编制中，采用了"先底后图"的规划方法，首先根据生态结构完整性和用地适宜性的标准划定禁建、限建、适建、已建的区域，在此基础上再进行建设用地布局。按照生态优先理念，总体规划编制首先选择"做减法"。根据生态敏感性分析和建设适宜性评价，先划定了需要重点保护和加强控制的区域，包括自然湿地、缓冲区以及河道两侧区域范围，剩余的部分作为生态城的建设区域。通过划定禁建、限建、适建、已建区域的范围，在保护区域生态的同时限制了城市的发展边界。以资源环境承载力为硬约束，划定生态红线和城市开发边界，形成总规编制的基础（图6-6）。

3. 绿色交通出行方式主导

为促进节能减碳目标的实现，塑造以人为本的社区组织结构和公共空间环境，生态城提出以"长距离轨道交通＋短距离慢行交通"为主导的绿色交通出行方式。按照公共交通为导向的发展模式（TOD），围绕轨道交通站点确定了"一轴、三心、五片"的城镇空间结构。同时，生态城的路网结构突破传统的快、主、次、支四级模式，分为双向6车道的干路和双向4车道的支路两级。为了鼓励慢行交通，生态城总体规划采用了富于特色的"路网—绿道"双棋盘格局，400米×400米的机动车路网与400米×400米的绿道系统相互间隔，将街区再次分割成200米×200米的小街坊，实现了小街区密路网的空间布局，创造了人车分流的空间体验。规划还强化了公交系统、慢行系统的无缝接驳（图6-7）。

图6-6 各类建设适宜性评价

资料来源：中新天津生态城总体规划（2008～2020年）。

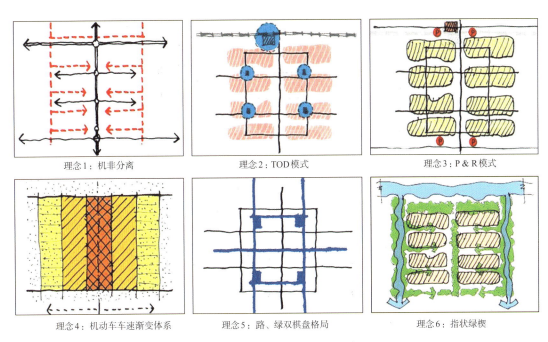

图6-7 生态城交通组织模式示意

资料来源：中新天津生态城总体规划（2008～2020年）。

4. 体现生成整体论的三级生态社区体系

借鉴新加坡"小区—邻里—市镇"的组屋规划经验，规划了"细胞—邻里—片区"的三级社区体系，其中"细胞"（基层社区）是居住地块的基本单元，开发商以其为单位进行开发建设，并按要求配备一定量的小区级商业设施，注重服务半径的均等化和服务功能的多样化。"邻里"（居住社区）参考新加坡邻里中心和民众俱乐部的建设理念，统一规划建设一站式、综合化的社区中心，配置政府管理服务和居民生活设施，具有休闲运动、医疗服务、餐饮娱乐等功能，强调设计的人性化和不同功能之间的相互融合。"片区"由4~5个"邻里"组成，结合场地灵活布置。拥有更加完善、便捷的公共服务设施配套，并引入大型商业综合体和高档商务文娱设施（图6-8）。

6.1.4 搭建资源低消耗、环境低影响、安全低风险的设施支撑体系

1. 可再生资源利用

按照可再生能源使用率达到20%的目标，在节约能源的基础上，生态城基于区域可再生能源禀赋，积极开发利用太阳能、风能、地热能、生物质能。一是全面推进区域节能降耗，以绿色建筑为抓手，全面实施四步节能，降低采暖能耗。率先实现所有居住小区计量供热收费，约80%以上居民实现节能降费；所有住宅建筑配备太阳能热水系统。二是合理开发利用新型能源，积极开发利用太阳能资源，2017年，新能源发电1432万千瓦时。大力推

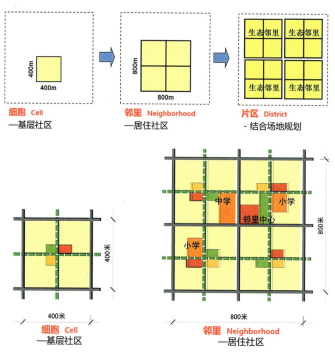

图6-8 "细胞—邻里—片区"三级居住体系

资料来源:中新天津生态城总体规划(2008~2020年)。

广地源热泵技术,采用土壤源热泵、深层地热热泵、污水源热泵、淡化海水源热泵等热泵技术,充分利用各类地热资源。截至2017年年底,已建设土壤源热泵项目25个,应用建筑面积99万平方米。积极开发风能资源。突破常规风电场建设及运行模式,选址在城市中,建成蓟运河口风电场项目。充分利用生物质能。利用餐厨垃圾发展生物质能,实现资源循环利用。三是建设智慧能源管理平台,生态城先后被国家和天津市列入"智能电网综合示范区""智能电网创新示范区""城市能源互联网综合示范区"。生态城积极探索基于能源大数据的城市管理模式,率先建设包含可再生能源和常规能源,能源供应和消耗,定期更新的能源管理平台,实现能源数据的自动采集、监测、管理及调配,实现能源管理的可视化和预警,实现能源系统一体化运作和集中管理,对生态城组织能源供应、调配及节能,实现供需平衡、降低能源成本发挥了重要作用。

2. 非传统水资源利用

按照非传统水资源利用率达到50%的要求,生态城结合自身禀赋条件,坚持"开源""节流"理念,以非传统水资源利用和控制用水总量为重点,按照"生态并举、节水优先、多源开发、循环利用、分质供水、优化配置"的水资源利用原则,借鉴新加坡水资源利用经验,建立了以市政供水、雨水收集、污水处理、中水回用、海水淡化为主体的水资源供应保障体系,核定各种水源供给额度,控制管网漏损率，全面推广节水设施和器具，实施分质供水。截至2017年年底，生态城污水处理率达到100%，非传统水资源利用率达到59.64%，地表水水质达到四类水体标准，为缓解北方地区缺水问题做出了有益探索，2016年获批中国国家级海绵城市建设试点。

3. 固废资源处置利用

2009年5月，生态城建立了中国第一套垃圾干湿分类的生活垃圾气力输送系统，包括相互独立的4套子系统，每套系统都包含公共管网、中央收集站及物业管网三部分。目前，垃圾气力输送系统已覆盖生态城南部片区约5.6平方千米，11个街区，35个生态细胞，服务人口10万人，总设计输送能力为87.2吨/日，总投资3.47亿元。

4. 海绵城市建设

生态城建设之初，就充分借鉴新加坡低影响开发、雨洪管理和水资源利用的先进经验，健全排水防涝体系，构建雨水利用及生态安全格局，并通过低影响开发、水系补水换水、水体循环、生态湿地处理等措施，建设海绵城市。2016年4月，天津市入选第二批海绵城市建设试点，生态城是两个试点片区之一。

6.1.5 小结

面向未来，中新天津生态城正在经历从"浅绿"走向"深绿"的过程，"生态城"已经成为这个区域可以看得见、摸得着的现实图景，正朝着人文、绿色、宜居、活力、和谐、智慧的发展方向，建设成为人们理想的栖居家园。

6.2 以传统山水营城理念规划城市
——以泰安市城乡一体空间发展战略为例

6.2.1 泰安概况

泰安市位于山东省中部，北依省会济南，南连济宁，东连临沂，西濒黄河，总面积7762平方千米。泰安市境内地形有高山峻岭、低山丘陵、河谷平原和沼泽湖泊，最高峰泰山玉皇顶海拔1545米，最低东平湖底海拔36米。泰山横列境区北部，东南有蒙山支脉、徂徕山脉、莲花山脉，鲁山纵列于泰山、蒙山之间。西部多山丘陵，中部和西南部为平原，间有洼地、湖泊，整个地形呈东北向西南倾斜的地貌特征。

泰安境内的泰山有"五岳之首""五岳独尊"的称誉，古代帝王登基之初，太平之岁，多来泰山举行封禅大典，祭告天地。先秦时期有72代君主到泰山封禅，自秦汉至明清，历代皇帝到泰山封禅27次。皇帝的封禅活动和雄伟多姿的壮丽景色，历代文化名人纷至泰山进行诗文著述，留下了数以千计的诗文刻石。泰安中心城区位于泰山脚下，依山而建，山城一体。

6.2.2 泰安城市特色

1. 自然生态特色：完整的大汶河流域生态圈

泰安市拥有完整且高质量的"山水林田湖草"要素，这些生态要素遍布于流域生态圈的每一处，借助不断运动的物质循环相互联系。可以看出，地形的特点使得泰安市形成了"泰山-汶水-汶阳田"完整的"降水-汇集-蒸发""大盆地"流域生态圈，而以汶水支流为核心又形成了诸如"蒙山/莲花山-柴汶河-柴汶田""泰山/徂徕山-牟汶河-牟汶田""牛山/云蒙山-康王河-康王田"等"小山-小汶河-小田"完整的"小盆地"流域生态圈。因此，泰安市拥有完整的流域生态圈，"山水林田湖草"生态要素在其中不但发挥着自身的功能，而且有着极为密切的共生关系，共同实现"生命共同体"（图6-9）。

图6-9 泰安市大汶河流域生态特色示意图

资料来源：泰安市城乡一体化空间发展战略规划。

2. 山水营城特色：理想人居的典范

泰安具有绝佳的山水格局，是古代理想人居环境的典范，具体表现为：岱岳奠后，汶水经前；徂徕偏左，泮河迤东；溪山峻隘，陵谷崎岖；双河护城，门阙对峙。现在的泰安城建设，基本延续了这种传统山水格局，具体表现为：山水相连，所有水系源自泰山、徂徕山等山地最终汇入大汶河；山城相依，泰山与泰城紧密联系，是现在五岳里唯一的山城庙一体的城市；城水相融，泮河、漆河等水系穿城而过（图6-10）。

3. 文化空间特色：天地人一体的三重空间

山城一体的泰安城古来被视作"三重空间"："天堂仙境—人间闹市—厚土大德"。泰山自岱宗坊至一天门，便由"人间"开始"登天"，攀登六千余级台阶，经中天门，至南天门便到了"天庭"；南天门以下奈河以东，包括泰城东半部属

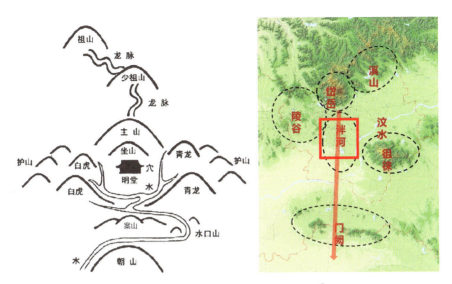

图6-10 泰安自然山水格局特色示意图[①]

于繁华热闹的"人间",以通天街、岱庙、岱宗坊为中轴,左右对称,布局严整;泰城奈河以西以南,以奈何桥和蒿里山为主,属于传说中的"阴曹地府"。"天堂仙境—人间闹市—厚土大德"这种空间组合,表现了人文思想与城市建设格局的结合,同时也与民间信仰有着密切的关系(图6-11)。

为了彰显泰安的自然生态、山水营城、文化空间三大特色,分别从自然生态

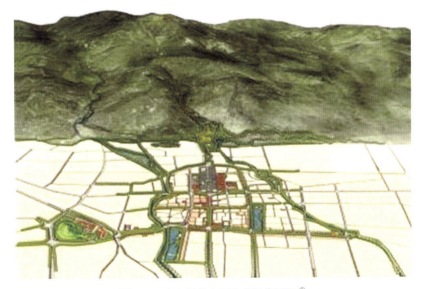

图6-11 泰安天地人三重空间格局图[①]

---

① 泰安市城乡一体化空间发展战略规划。

共同体、汶河绿链和泰山中轴三个方面，利用中华传统设计手法和语汇，塑造生态与文化融合的高品质空间。

6.2.3 以水文循环为纽带，构建有机有序的自然生命共同体

生态圈的核心是水文循环，它通过山区降水集流、河流集约转化、农田湖泊蒸发消失的水文循环和水资源分配机理，维系着流域基本的生态圈格局。在泰安，自然状态下，降水沿地形梯度从山地、盆地边缘向中央由强渐弱并最终汇集于汶河，同一方向沿河流两岸侧渗的地下水埋深经历由浅到深、潜水蒸发量由强到弱、侧渗带由宽变窄的有规律变化，相应的对植物的水分补给由多渐少、植被等级和盖度由高向低演变，河流下游水面面积增大，直至流入东平湖，最终水面在太阳辐射的作用下产生蒸散发水汽，回归大气。泰安市拥有完整且高质量的"山水林田湖"要素，通过完整的流域生态圈，以水文循环为核心，历经降水、汇流、蒸发、下渗等过程将"山水林田湖"要素串联起来，驱动生态圈合理演变，使得泰安市成为一个有机、有序的"生命共同体"（图6-12）。

为了维护和保护大汶河流域生态共同体，规划提出：源之保育，保护大泰山生态绿心和大汶河上游源头；流之畅通，构建水系联通段，预留水系缓冲区；汇之涵养，严格保护河流交汇口、河流湿地、东平湖稻屯洼等生态敏感地区。通过对水文循环过程的修补，从源头预防、过程控制到末端治理，以水为核心对"山水林田湖"生态要素进行修补，维持共同体

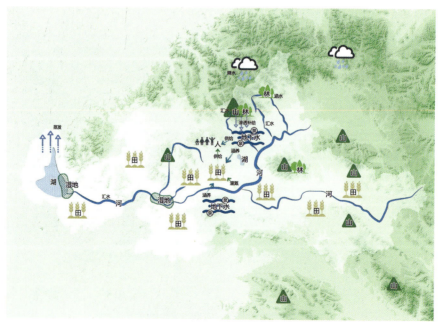

图6-12 泰安"生命共同体"运行示意图

资料来源：泰安市城乡一体化空间发展战略规划。

系统完整性和连续性，增强系统生态调控能力。

6.2.4 打造"汶河绿链"，促生态、文化和旅游相融合

泰安市众多的河网与复杂的地形地貌共同影响城市中河流的河床，致使其高低不平，在河流交汇口水位的涨伏与较高地形的河床双重作用下形成了河漫滩，局部甚至形成河心岛。河漫滩水位较低，是水陆交错带的一种类型，在城市中承载湿地的部分生态功能，是一类重要的生态基础设施，在发挥生态作用方面，河漫滩往往水源充足，富含生态物质，利于河流水生态系统中的动、植物系统生长，它们对净化水体，恢复和稳定河流生态系统起到积极作用，具有较高的生态敏感性；在净化污水方面，河漫滩可种植根系发达的湿生植物，对城市污水排放达到一定的净化效果；同时，河漫滩丰富、多样的动、植物群落也具有科普、教育等功能，通过亲水平台的建设可打造为具有休闲、游憩的亲水空间。

河流交汇口是另一类重要的生态基础设施。大汶河沿线存在诸多三叉河口。这些河口既拥有河漫滩的生态特性，又包含厚重的历史文化资源，可以通过生态修复、文化保护与发展休闲旅游打造"汶河绿链"（图6-13）。

6.2.5 打造"泰山中轴"，延续城市千年发展脉络

泰安城市发展依托重要建筑岱庙，城市的发展充分尊重泰山环境，彼此相辅相成。泰安古城位于泰山脚下，漆河梳洗河之间，岱庙位于城内西北区域，与遥参亭、泰安门等构成与泰山相对的南北轴线，形成山、城、庙一体的格局（图6-14）。

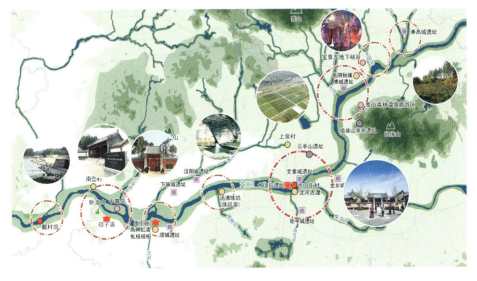

图6-13 "汶河绿链"规划意向图

资料来源：泰安市城乡一体化空间发展战略规划。

低冲击　低消耗　低影响　低风险的城乡绿色发展路径

图6-14　泰安古城意向图
资料来源：泰安市城乡一体化空间发展战略规划。

规划设计中提出延续传统营城理念，城内已有的时代发展轴和历史文化轴向南延续，其中历史文化轴延续传统的封泰山祭岱庙禅蒿里的空间关系由蒿里山归入泰山中轴，规划到泮河湿地公园结束的时代发展轴通过泮河归入泰山中轴，规划通过实现三轴归一，共同组成泰山中轴。

通过分析泰山文化基因，用传统空间语汇再现东方文化气韵；增加新的文化场所和精神空间，弘扬以新时代泰山"挑山工"精神为代表的泰山精神；借鉴与省会的山水同构，空间镜像关系，完善轴线序列，最终规划形成了泰山中轴，用空间秩序反映"礼"之秩序，延续泰安城市千年发展的脉络。泰山中轴既是泰山、泰城、汶河三大空间一体的象征，也是体现山水林田湖草一体的现代生态文明之轴（图6-15）。

6.2.6　小结

为彰显泰安的生态本底和文化底蕴，提出了三大规划策略营造高品质空间：一是从泰安完整的大汶河流域的角度，构建生态整体网络，通过源头保育-流动畅通-汇集涵养，重启生命共同体的循环；二是从理想人居典范的角度，通过对河流汇集地区严格管控，保护文化遗产，打造生态、文化与旅游于一体的汶河绿链；三是从天地人三重空间的角度，通过泰山中轴延续传统营城理念，用传统空间语汇再现东方文化气韵，构建泰安整体结构框架。

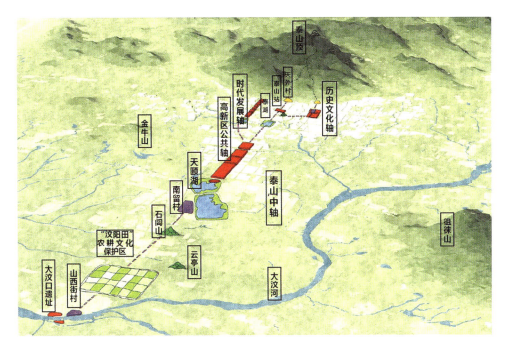

图6-15 泰山中轴意向图

资料来源：泰安市城乡一体化空间发展战略规划。

6.3 非城市化地区的绿色技术集成实践
——以东平湖生态保护和高质量发展专项规划为例

6.3.1 东平湖及周边区域概况

东平湖位于黄河下游宽河道向窄河道过渡的洼地，原是古大野泽及宋代梁山泊的一部分，清咸丰五年（1855年）黄河自铜瓦厢决口改道后，黄河洪水漫溢及大汶河来水停蓄自然形成了东平湖。1950年，黄河防汛总指挥部确定东平湖区为黄河自然滞洪区，1958年，改建为东平湖水库，1963年，国务院批准改建为"以防洪运用为主""有洪蓄洪、无洪生产"的滞洪区。

2009年，国务院确定东平湖为黄河流域唯一的重要蓄滞洪区。2013年，南水北调东线一期工程通水后，东平湖作为输水通道，肩负起向京津冀和胶东地区输水的重任。作为省内第二大淡水湖，东平湖也是泰安"国际旅游胜地"的重要支撑。

东平湖滞洪区总面积626平方千米，以二级湖堤为界分为新老两个湖区，老湖区208平方千米，新湖区418平方千米（图6-16）。周边环绕了8个乡镇，人口近40万，约占东平县总人口的一半。湖

第6章 城乡绿色发展实践案例 | 307

低冲击　低消耗　低影响　低风险的城乡绿色发展路径

图6-16　东平湖规划效果图
资料来源：东平湖生态保护和高质量发展专项规划。

区乡镇以种植业和渔业养殖为主导产业，二三产业发展薄弱，农民的人均可支配收入普遍低于东平县和山东省的平均水平。近些年随着东平湖生态环境综合整治工作的开展，湖区周边的生态环境有了非常显著的改善，取缔餐船和清理网箱使一部分渔民的收入减少了，但移民社区产业园和扶贫就业点的建设也让不少湖区居民获得了就近就业的机会。

贯彻习近平总书记关于黄河流域生态保护和高质量发展的重要讲话、指示批示精神，牢固树立和践行"绿水青山就是金山银山"理念，统筹"山水林田湖草"系统治理，在加强生态环境保护和保障黄河防汛安全的基础上，积极探索以生态优先、绿色发展为导向的高质量发展新路子，是当前东平湖保护和发展的核心目标。

东平湖基于自身的特点和保护发展的需要，在生态低冲击、安全低风险、环境低影响、资源低消耗等方面选择了适宜的绿色技术进行应用（图6-17），收获不错的效果。

6.3.2　生态低冲击方面的技术应用

1. 以生命共同体理念统筹流域治理

"泰山之阳，汶水西流，其阴济水东流"，东平湖发源于泰山山脉，大汶河西流与古济水交会在东平湖，后东流至海。"泰山—泰城—汶水—汶阳田—东平湖"共同组成了一个有机、有序的"生命共同体"。东平湖水环境的治理必须放在整个流域的视野下开展，联动流域上游城市，成效才能可持续。因此，规划提出协调济南莱芜和钢城区、泰安、济宁，建立大汶河流域生态流量调度制度，确保大汶河生态流量。开展大汶河流域生态涵养林修复

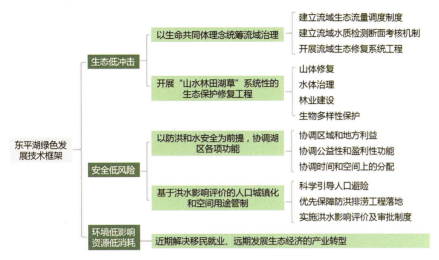

图6-17 东平湖绿色发展技术框架

资料来源：作者自绘。

工程和河堤围坝护坡水土保持工程，控制水土流失。加强沿线城市的工业点源污染控制、城镇污染控制和农业面源污染防治，对流域的水质监测断面进行考核，确保大汶河入湖水质达标。

2. 开展"山水林田湖草"系统性的生态保护修复工程

（1）山体修复

由于历史上开山采石等原因，东平县域内部分山体尤其是湖区周边山体出现一定程度的破损，主要分布在有仙子岭、青龙山、大山顶、枇杷山、铁山、银山、金山等区域。规划提出遵循自然修复为主、人工修复为辅的原则，通过削坡减载、裂隙封闭、场地平整、生态复绿、抚育更新、景观再造等综合措施，对受损山体进行修复，呈现绿意盎然的山体景观（图6-18）。

（2）水体治理

针对目前湖区存在的水体富营养化程度较高、夏季菹草生长过快腐败后影响水质、湖区污水收集处理设施建设滞后等问题，规划提出底泥清淤、菹草综合治理、发展生态渔业和环湖污水收集处理多措并举，让东平湖这一盆水更绿。

（3）林业建设

东平湖环湖一圈周长80余千米，为起到控制周边无序建设、实施生态防护以及提升环湖景观的目的，规划提出沿东平湖及大汶河两岸建设生态隔离绿带。除此之外，规划还提出沿全县重要的道路建设绿色廊道，完善农田林网、建设林田村镇，呈现"镇在山水里，村隐绿叶中"的意象。

（4）生物多样性保护

湿地对保护生物多样性发挥着重要的作用，东平湖湖体内有一片面积为13平方千米的国家滨湖湿地公园，在东侧还有一片面积达25平方千米的国家城市湿地公园，两片湿地现状面临不同程度的耕地

图6-18 湖区周边山体修复前和后的对比

图片来源：网络。

和渔业占用。考虑到国家湿地公园和城市湿地公园承担功能的差异性，位于生态红线范围内的国家湿地公园更多要发挥生态保护的功能，而城市湿地公园则要兼顾城市居民游憩和与现状坑塘养殖之间的关系，规划提出差异化的湿地修复路径。东平湖滨湖湿地修复以退耕还湿、退渔还湿为主，为吸引鸟类、野生动物营造丰富的动植物栖息地。稻屯洼湿地修复以改变渔业发展模式和景观再造为主，减少渔业污染，适度发展休闲农业和旅游业。

6.3.3 安全低风险方面的技术应用

1. 以防洪和水安全为前提，协调湖区各项功能

东平湖承担了多重区域性职能，包括黄河流域的蓄滞洪功能、南水北调东线的输水功能、山东省生态安全格局中的重要生态节点功能、区域性的文化旅游目的地功能、京杭大运河北段航运的功能（图6-19）。与此同时，东平湖还承担了周边乡镇的保民生功能，是维系湖区近40万民众生存和发展的空间载体。这些功能彼此之间存在一定的冲突，如何化解冲突，以保障防洪和生态功能为前提，兼顾其他各项功能的发挥是规划要解决的核心问题。

规划明确优先保障湖区面向更大区域的蓄滞洪和生态功能，通过人口疏解、产业转型、空间用途管制来实现人口减量下的高质量发展，同时建议引入生态补偿机制，保障湖区的可持续发展。蓄滞洪、输水和生态等不同功能对湖区的水位提出了不同的要求，防汛功能要求湖区的水位不

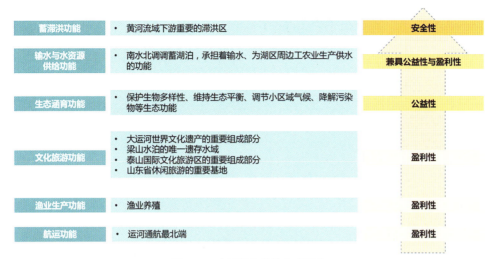

图6-19 东平湖身兼的多项职能

资料来源：东平湖生态保护和高质量发展专项规划。

能高，但水位过低又将带来生态系统的不稳定。为此，规划提出汛期保持低水位和充足库容应对防汛需要，在非汛期引黄入湖，进行生态补水，以缓解近年来由于上游来水不足、持续低水位对生态系统造成的不利影响，协调蓄滞洪功能和生态功能的发挥。旅游业的发展和京杭运河航运功能的恢复给东平湖区带来了新的发展契机，但也给水安全埋下了隐患。为此，规划对湖区两大航运作业区使用清洁燃料、污水和垃圾收集处理提出了明确的要求，也要求游船进行清洁改造，沿湖宾馆酒店和景区景点实现污水"零排放"。

2.基于洪水影响评价的人口城镇化和空间用途管制

东平湖作为黄河流域唯一的重要蓄滞洪区，其首要功能就是保障黄河长久安澜。当黄河花园口洪峰达到不同流量预警时，东平湖用于行洪的区域不断扩大，首当其冲受影响的为黄河滩区，面积约90平方公里，涉及居民5.8万余人。近些年在滩区开展了避险安置工程，已完成2.5万余人的外迁。规划提出湖区人口总量"只减不增"的目标，在充分尊重群众意愿、积极争取国家水利专项资金的基础上，完成黄河滩区避险安置剩余人口以及生态敏感区、重点生态功能区内的乡村居民点搬迁。配合人口的搬迁，推动湖区乃至全县的新型城镇化，引导人口向就业机会更多、公共服务更完善的县城、湖区重点镇进行转移。

结合洪水影响评价的结果，对行洪区域在空间用途管制上提出了具体的要求。规划提出优先保障堤坝、分洪入湖通道、退水通道、排涝通道、防洪村台和撤退道路等用于防洪排涝的空间。生态红线、基本农田保护线的划定协调防洪排涝工程。滩区和蓄滞洪区以内的乡镇严格实行土地利用和产业活动限制，对非防洪建设项目，实施洪水影响评价及审批制度。

6.3.4 环境低影响、资源低消耗方面的技术应用

东平湖的特殊性决定了它必须走一条环境低影响、资源低消耗的发展路径，突出表现在该区域的产业方向选择。近些年，配合滩区移民和库区移民迁建工程迫切需要解决居民迁移后失地和种植不便带来的收入无保障问题，湖区提出在新建移民社区周边配建服装、玩具加工类的产业小区，满足部分居民就近就业的需要（图6-20）。远期立足湖区资源本底条件，引导发展特色高效农业特别是绿色有机农业，在提高农产品附加值让农民增收的同时，减少对水环境的污染。以东平湖的水产品为例，过去是网箱养殖，大量投放饲料，造成了水体的富营养化。在全面取缔网箱的基础上，规划提出发展生态渔业、净水渔业，使湖体内的鱼、草和水达到平衡，同时严格控制湖体周边坑塘养殖的规模、品种、密度，确保养殖尾水达标排放。

近年来，东平湖的马拉松赛事、大清河休闲垂钓活动开展得红红火火，并产生了较大的区域影响力。作为地处省会经济圈腹地、距离济南和泰安中心城区仅1小时车程的山东省第二大淡水湖，培育医养健康产业已成大势所趋。规划提出通过区域合作，吸引济南、泰安的医学科学中心和重点医院在湖区设置分支机构或建设医联体，提升湖区健康服务的能力。依托湖区自然山水，重点发展路跑、骑行、露营、帆船帆板、垂钓等亲山、亲水、民俗类体育娱乐体验项目，举办一批高水平、高质量的运动主题赛事活动（图6-21）。

图6-20　湖区移民迁建配建产业小区

图片来源：网络。

图6-21　湖区发展休闲体育活动

图片来源：网络。

在第二产业的发展上,规划提出以节水、节能、节地、安全为原则,筛选项目、优化布局,重点培育农产品精深加工、绿色建材、服装定制加工等资源节约、环境友好型的生态工业,引导湖区散点企业逐步向县城、重点镇集中。

6.3.5 小结

1. 东平湖近年来生态环境综合整治取得的成效

2017年以来,东平湖持续开展生态环境综合整治行动,已取得非常大的成效。在环境整治方面,关停607家小淀粉加工厂、76家山石开采企业、3家小型造纸厂,搬迁关闭禁养区内280家养殖场;拆除网箱网围12.6万亩,低污染排放改造2000余只渔船,取缔1500余艘抽砂船,取缔21只餐船;打捞清理菹草10万亩。在生态修复上,造林2.4万亩,老湖镇滨湖段的环湖林带建设已完工。湿地面积扩大到30万亩,是2010年的1.5倍;动植物种类达到276类,是2010年的1.6倍;山坡治理3.2万亩,是2010年的2.6倍。东平湖水质由劣五类稳定达到三类标准,被评为省级生态功能区,呈现"水清、草茂、鱼肥、鸟翔"的美好景象(图6-22、图6-23)。

2. 非城市化地区绿色发展路径的选择

区别于人口和城镇建设密集的城市化地区,东平湖区是以湖体和广大的乡村为基底典型的非城市化地区,该地区绿色发展的总体思路首先是处理好生态保护和民生建设之间的关系,破坏自然山水、追求经济增长一定是不可行的,但一味强调保护而忽略民众的诉求也是不可取的,兼顾保护和发展,寻求一条匹配东平资源条件、符合东平发展阶段的包容性增长路径是关键。其次,实施"山水林田湖草"系统治理是非城市化地区生态保护建设的核心。在东平湖,"山水林田湖草"系统

图6-22　整治后的东平湖

图片来源:《今日东平报》2021年4月21日。

图6-23　东平湖的岸线

图片来源：网络。

包含两个层次，一个是东平湖所在流域的综合治理，解决了源头水土保持、上游来水、水质保障等一系列流域性问题。另一个层次是在东平湖周边，须将山体保护修复、水环境治理、湿地修复、有机农业、生态林网建设等工作进行综合施策，才能取得较好的效果。其三，在东平湖这样大尺度且欠发达的非城市化地区，绿色发展技术的选择不能盲目追求技术的先进性和技术使用后的立竿见影，而应因地制宜，遵循低成本、可承受、可持续、让自然做功等理念，来进行技术的选择。近些年已经开展并将长期持续的水环境整治、矿山修复和湿地修复工作充分体现这一理念，使用生态补水、生物净化、生境营造、生态复绿等以自然修复为主的方式，并把对水质影响较大的菹草、底泥进行打捞、清淤而后堆肥还田，实现资源的再利用，都是和生态地区、农业地区的特点相匹配。

6.4 流域生态保护和绿色发展规划探索
——以赣江中游（峡江库区）生态保护与绿色发展专项规划为例

6.4.1 基本情况

赣江是长江主要支流之一，也是江西省最大河流。赣江源起武夷山，汇于鄱阳湖、流入长江，是通山达湖的重要生态廊道。赣江中游地区以山为屏、以水为脉，集生态功能重要区、农业主产区和城镇建设密集区于一体，是重要的生态绿心、文化核心和区域社会经济发展重心。

为贯彻落实国家生态文明建设要求，打造美丽中国"江西样板"，吉安市组织编制实施《赣江中游（峡江库区）生态保护与绿色发展专项规划》。规划以吉安市域内赣江流域为对象，研究范围为264千米赣江中游干流全段，两侧各2～3千米纵深范围，面积约1500平方千米。

从生态低冲击、资源低消耗、环境低影响和安全低风险四个维度，对规划中的技术应用进行梳理（图6-24）。

6.4.2 生态低冲击方面的技术应用

1. 强化生态资源系统性保护与利用

识别"三山雁列、一水串城"区域总体生态格局，通过构建生态阻力面模型并

图6-24 赣江中游生态保护与城乡绿色发展技术应用框架

资料来源：作者自绘。

进行人工校核的方法，形成山、水、田、城相互交融的"一带、三廊、四区"生态空间格局。以森林资源和湿地资源为重点，统筹山水林田湖等生态资源的系统性保护和利用，严格保护生态用地，提升生态服务功能，突出生态重要及敏感地区、重要生态节点在赣江流域生态格局中的重要作用。

2. 以矿山、堆砂场为重点开展生态修复

提高采矿企业准入标准，严格把关审批采矿权，逐步腾退与生态敏感地区冲突的采矿用地，调整与生态红线及生态敏感重要区冲突的采矿权范围，加快实施赣江两岸3千米内废弃矿山生态修复。根据不同坡度和土壤条件，按照投资效率综合价值最高的原则，选取适合的修复工程措施，分类推进废弃矿山的修复。

按照河道采砂规划控制河道砂石开采总量，逐步减少采砂船舶数量、年度河道砂石开采总量，控制沿赣江两岸的堆砂场数量。

3. 以鱼类和鸟类为重点加强生物多样性保护

恢复鱼类生境，加强鱼类资源保护。一是通过上下游水库联合调度、完善水库鱼道建设等方式，统筹水利设施生态、防洪、发电等综合功能，合理保障洄游鱼类全生命周期生态流量，尤其是春季产卵期水文需求（图6-25）；二是合理管控河道采砂，河沙是缓冲洪道水流、涵养水源、保护提防与河岸的重要屏障，过渡非法捕捞以及挖砂作业会导致江底的底泥和草场吸走、清除，给鱼类栖息、产卵环境和底栖生物的生存场所带来极大的破坏；三是实施渔民补偿等多途径帮扶措施，有效推进赣江10年鱼类禁捕。

恢复与营造鸟类生境。以白鹭、牛背鹭为代表的涉禽和以赤颈鸭、绿头鸭为代表的游禽主要栖息于稻田、河岸、沙滩、泥滩及沿海小溪流等水域、湿地空间，通过划定鸟类保护区、构建鸟岛"洲链"等方式，营造深浅不一的水深、曲折蜿蜒的

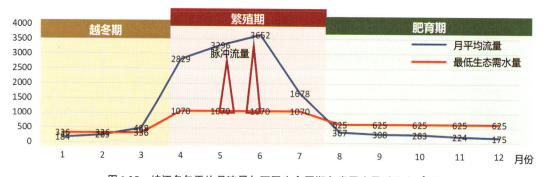

图6-25 峡江多年平均月流量与不同生命周期鱼类需水量对比（m³/s）

资料来源：赣江中游生态保护与绿色发展专项规划。

注：影响鱼类繁殖关键指标为温度、流量增长率和涨水持续时间，长江四大家鱼产卵繁殖所需要的最小流速在1～1.5米/秒之间，偏好水深3～5米。当江水流速降低至0.15米/秒时，表层水中已无鱼卵，水的中层鱼卵也很少，大部分鱼卵已沉落水底缺氧死亡。

岸线和人为扰动较少的环境，为鸟类提供良好栖息地。

4. 营造生态化城市环境

识别城市生态斑块，保护和梳理自然山体、河流水系、湿地、景观道路等城市重要生态景观要素。结合城市主导风向，以"通气、通景、通游、通络"为目标，打造东南-西北及东北-西南两个方向的通风廊道，串联生态斑块及山水景观空间（图6-26）。

图6-26 景观风廊构建项目指引图
资料来源：网络。

6.4.3 资源低消耗方面的技术应用

1. 提升岸线资源利用效率

将赣江中游地区滨水岸线作为城市更新与生态保护的重要抓手，通过岸线整治提高土地利用效率、提升城乡环境质量、丰富景观要素、促进社会经济发展。其中，城镇生活岸线重点体现亲水性，利用退台式驳岸，融入城镇生活；村庄农业岸线要发掘现有农田水利设施的景观功能，丰富岸线表达；林地生态岸线重点强化生态服务功能，塑造浅滩深潭自然河流结构，为动植物提供更多的生存空间。

2. 引导土地利用集约化与复合化

采取土地混合和集约利用、生态环境保护和建设、产业升级、绿色人文等技术方法，通过系统集成实现资源整合和节能减排，实现生态、社会与经济的协同。

以吉安中心城区为例，在滨江地区打造综合性城市活力节点，将原有的单一功能的批发市场逐步进行腾退，引入商业零售、线下体验、文化娱乐等复合功能，打造综合性城市活力节点，实现土地复合利用。

3. 沿江产业绿色化转型

以高质量发展理念为引领，推动沿江产业绿色化转型升级，坚持"存量升级"与"增量培育"并重，以面向未来眼光把握产业发展规律，对沿江产业结构进行调高、调绿、调优，加快推动产业层次提升和结构优化，形成产业集聚度高、技术新、竞争力强的"现代绿色产业走廊"。

明确沿江产业园区准入门槛，建立《吉安沿赣江流域工业园区产业准入负面清单》，开展沿江绿色生态园区创建工作，将园区产业门类划分为鼓励发展类、管控限制类与限期淘汰类三类。同时，整合优势资源，培育服务业产业发展新动能，引导一二三产业融合发展。

4. 低碳化配套生活设施引导

根据城镇等级规模，明确各级城镇公共服务设施辐射范围与服务人口。充分发挥滨江地区交通、景观优势，培育多层次的商业、休闲服务功能，倡导"乐活"的生活方式，建立绿色、健康的城市商业服务体系，彰显城镇魅力，提升城镇吸引力，实现滨江城镇由高速扩张向高质量发展的转变，满足人民群众日益增长的多样化、高品质生活服务需要（图6-27）。

5. 多层次绿色交通组织

提升滨江地区可达性，将城市内沿江道路与区域南北向滨江交通廊道打通。在人口密度较高的沿江区县中心城区地区适当增加跨江通道，保证两岸地区便捷联系。

发挥赣江水运功能，作为陆路交通的补充，串联旅游线路，打造集生活、旅游、休闲服务于一体的水上交通线路和客运码头综合服务设施体系。建立水上游线及客运码头综合服务设施建设工程，将水运枢纽与商业旅游业相结合，结合地方旅游资源增设特色陶瓷商业街、美食街、客栈等设施，通过完善水上游线及客运码头服务设施等方式提升吸引力和竞争力，推动旅游业提档升级（图6-28）。

构建多种选择、高质量、全覆盖的绿色交通网络，形成"1千米内步行，3千米内骑行，5千米内公交"可达的绿色出

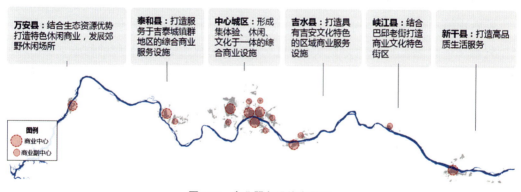

图6-27 商业服务设施布局图

资料来源：网络。

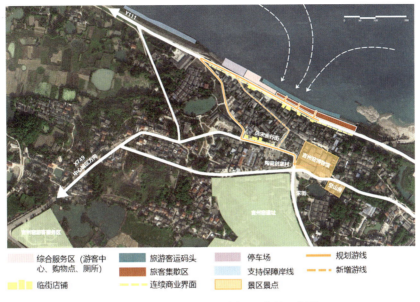

图6-28 永和客运码头规划平面布局示意图

资料来源：网络。

行方式。以现有道路为基础，结合滨江城镇和郊野休闲景观节点，打造赣江流域全域绿道体系，增强滨江地区城镇和休闲设施交通联系，结合赣江风光带建设，在绿道两岸打造优美的滨江景观环境（图6-29）。

6.4.4 环境低影响方面的技术应用

1. 水环境综合整治

加强水功能区监督管理，从严核定水域纳污能力，严格控制入河湖排污总量，根据重要江河湖泊水功能区水质达标要求，落实污染物达标排放措施。严格保护水源地，加强入河排污口整治，协调优化各类污水排放口与饮用水源保护区空间布局。

多措并举控制城镇污染源头排放，控制污水产生量。加快污水管网设施建设，推进城镇污水处理提质增效，提高城镇污水处理率，县城、城市污水处理率达到85%、95%以上，县级以上污水处理厂达到一级A排放标准。

2. 沿江工业专项整治

对沿江三公里范围内的零散工业企业进行识别，判断产业门类，并划分为低效高污、低效低污、高效高污、高效低污四类。分类提出功能置换策略，对属于淘汰类产业的企业，直接进行腾退。对其他产业门类的高效高污、高效低污企业，实行逐步搬迁就近入园，原址进行三产服务型功能改造。对其他产业门类的低效高污、低效低污企业，进行原址功能置换，不再保留原有功能。

3. 农村分散污水及生活垃圾治理

加强农村分散生活污水的收集处理，依据村庄空间位置、散落程度、与城镇距

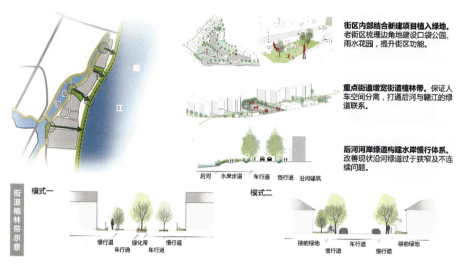

图6-29 后河两岸绿道空间效果图和竖向设计图

资料来源：网络。

离、人口密度、经济条件等，综合考虑造价和管理成本、处理效果等，按照纳入城镇污水处理系统、村组收集处理/小型污水处理站、就地收集处理/庭院式或街道式三种途径实现农村污水处理，完成相应污水处理设施建设，提高农村污水收集处理率。广泛实施河渠塘坝综合整治工程，实行清洁河道行动，截污治污、水系连通、清淤疏浚、岸坡整治、河道保洁。

加强垃圾收集运输处理设施建设，采用"组保洁、村收集、镇转运、市县处理"方式，持续推动农村垃圾的收运体系。每个乡镇可新增一座压缩式垃圾中转站，按每3户配1套垃圾桶的要求配套110L户外垃圾分类桶（可回收、不可回收），配置垃圾转运车、垃圾箱、垃圾清运板车（电动车）；按每50户左右农户配1名保洁员标准落实保洁人员，实现村庄保洁覆盖面达100%。

4. 农业面源污染防治

从源头减量、系统治理角度综合施策，加强农业面源污染防治。基于推广测土配方施肥法、农作物秸秆综合利用技术和农作物病虫害绿色防控技术，本身成熟度高、可操作性强、普适性等特点，建议可在全市范围内推广使用；在经济条件较好、种植高附加值作物地区，可采用新型缓控施肥技术、滴灌技术等；在基础设施完备、有固定水源地区，可采用喷灌技术、水肥一体化技术；在用地条件允许情况下，可采用生态沟渠、植被覆盖等水土保持技术进一步强化面源污染控制效果。结合农村面源污染汇集全路径，构建农村沟渠—坑塘—河道复合湿地系统，加强沟渠水系自净能力。

6.4.5 安全低风险方面的技术应用

1. 防洪安全保障

按照"全面规划、统筹兼顾、标本兼

治、综合治理"的原则，采取堤库结合、蓄泄兼施的综合防洪措施进行堤岸建设，保障防洪安全。

加强中心城区防洪工程设施建设，河西片对禾埠堤堤身进行扩建，堤顶宽设计5米，在堤顶增设防浪墙，远期达到抵御100年一遇洪水；延长赣江西堤，即兴建城北防洪堤，同时整治螺湖水；河东片完建河东堤，加固处理梅林堤；河南片在现有防洪堤基础上进行加高、加固，护坡护岸，堤基渗处理，以形成完整、封闭的防护圈。

2. 消防安全和居住安全保障

控制城市总体开发强度和建筑高度，既是显山露水的需要，也是保障消防安全的重要举措。整体布局注重通透性，降低临水区建筑密度，保证滨水空间与城市空间的通透性。在滨河和临山地段原则上布置低层和多层建筑，主城区新建居住建筑一般不得高于80米，江边、河边、山边等重点区域禁止采用大面宽的高层板式建筑。

为提升居住区安全性，对滨江地区棚户区进行系统梳理，根据棚户区所处区位、棚户区现状条件等因素，综合确定改造方式，分为拆除重建和有机更新两类。对于城市主要轴线或核心功能片区，以及现状条件较差的居住区，采取拆除重建的方式进行更新；对于城市非核心功能片区，或现状条件一般的居住区，采取有机更新的方式进行改造。

6.4.6 小结

作为"五级三类"国土空间规划体系的重要组成部分，赣江中游（峡江库区）生态保护与绿色发展规划定位于特定流域的专项规划，对赣江中游地区空间开发保护利用做出专门安排，通过统筹赣江中游全域要素配置，发挥国土空间规划的战略引领和刚性管控作用，整体谋划新时代赣江中游地区国土开发保护格局，是推进生态文明领域国家治理体系和治理能力现代化的重要举措，是全面深化改革的重要组成部分。

生态低冲击方面，采取系统施策、重点整治的方式，以优化生态安全屏障、构建生态廊道和生物多样性保护网络、提升生态系统质量和稳定性为目标，既关注总体生态格局的构建和各类生态资源的系统性保护，也结合实际确定生态修复、生物多样性保护和生态环境保护重点。资源低消耗方面，重点关注岸线资源利用效率的提升和建成区土地资源的集约复合利用，也通过引导沿江地区绿色生活、绿色生产和绿色交通等方式降低城乡资源消耗。环境低影响方面，以水环境为核心，明确综合整治方法，也关注沿江工业、农村地区和农业面源污染等重点方向。安全低风险方面，重点关注沿江地区的防洪安全，也从保障消防和居住安全等方面入手提出相应措施。